청소년을 위한
사회학 에세이

구정화 교수가 들려주는 교실 밖 세상 이야기

청소년을 위한
**사회학
에세이**

구정화 지음
경인교육대학교 사회교육과 교수

Sociology

해냄

사회학적 상상력을 위하여

나는 왜 학원에 다닐까? 반수생들은 왜 대학에 입학한 후에도 다시 대학 입시를 준비할까? 내 친구가 연예인 팬클럽에 가입한 이유는 무엇일까? 친구들은 왜 졸업식에서 옷을 벗을까? 꼭 이러한 질문들이 아닐지라도 이와 비슷한 질문을 해본 적이 있을 것이다. 질문에는 답이 있게 마련이다.

자, 다시 질문을 해보자. 나는 왜 학원에 다닐까? '성적을 잘 받기 위해서', 아니면 '부모님이 가라고 하니까', '주변 친구들 모두 다니니까', '안 다니면 불안해서' 등등 다양한 답이 있을 것이다. 이 모두 다 개인 차원에서 자신의 생각이나 심리 상태를 답한 것이다.

그런데 누군가가 나에게 왜 학원을 가는지 묻는다면 단순히 '불안해서'라고 할 수 있지만, 사회학자에게 "요즘 고등학생들은 왜 학원에 다닐까요?"라고 묻는다면 그는 개인적인 차원이나 심리적인 수준의 답변을 하지 않을 것이다. 사회학자에게 '고등학생이 학원에 다니는 것'은 사회 현상이다. 그것은 한두 명이 하는 것이 아니라 다수의 고등학생이 하는 일이기 때문에 단순히 개인적인 선택의 결과가 아니다.

고등학생이 학원에 다니는 일이 왜 그런지 원인을 알기 위해서는 우선 몇 가지를 고려해 보아야 한다. 학교와 달리 학원에서는 어떤 공부를 하게 하는지, 학원은 언제부터 활성화 되었는지, 학원이 위치한 곳은 주로 어떤 곳인지. 이외에도 가정의 소득과 학원비는 어느 정도 연관성이 있는지, 학원을 많이 다니는 것이 대학 입학과 어떤 관련성이 있는지 등도 살펴보자.

대학 입학률이 낮았던 시대에는 대학에 가기 위해 학원에 다니는 고등학생이 그리 많지 않았다는 점, 대학에 입학하는 사람들이 늘어나고 과외 금지가 헌법 불일치로 풀리면서 학원이 늘어났다는 점, 계층별로 과외비의 액수에 차이가 있다는 점, 한국에서 좋은 대학을 나오는 것은 매우 중요한 관심사라는 점 등은 어떨까?

이런 것을 고려하면 내가 학원에 다니는 이유는 나의 개인적인 선택이 아니다. 나는 대한민국이라는 사회에서 대학 입시를 앞둔 고등학생으로 살아가기 때문에 학원을 다니는 것이다. 대학의 서열을 중시하고, 학력을 강조하는 대한민국이라는 사회 조건이 나를 학원에 다니는 아이로 만든 근본적인 이유가 될 것이다.

사회학은 이처럼 한 사람의 행동이 단순히 그의 개인적이거나 심리적인 선택에 의한 결과라고 보지 않고 현실과 연관하여 이해하려고 한다. 바로 이러한 방식으로 어떤 현상을 이해하는 것이 사회학적 상상력을 발휘하는 것이다. 내가 스스로 내린 선택인 것 같지만, 상당히 많은 일들은 내가 사회적 존재로서 살아가기 때문에 선택한 것인 경우가 많다.

    나를 둘러싼, 혹은 내가 행하는 수많은 사회적 선택이나 행동에 대하여 왜 그런지 혹은 그것의 의미는 무엇인지, 우리 같이 질문을 던지면서 사회학적 상상력을 발휘해 보자.

2011년 9월
구정화

우리는 학교라는 작은 사회의 구성원이고 동시에 가족의 일원, 더 나아가 지역 사회의 일원이기도 합니다. 그런데 우리가 몸담고 있는 사회와 우리의 관계를 생각해 본 적이 있나요? 개인이 사회에 어떻게 적응하는지, 사회는 개인에게 어떤 역할을 요구하는지 등의 문제들 말입니다. 첫 장에서는 개인과 사회의 관계와 사회를 바라보는 관점들을 살펴봅시다.

1장

사회가 먼저냐,
개인이 먼저냐?

Check

나의 행동은 다른 외부의 영향 없이 나 스스로 내린 선택이라고 자신한다.	예 ☐	아니오 ☐
내가 속하고 싶은 집단이 있다.	예 ☐	아니오 ☐
무인도에 떨어져 혼자 사는 경우를 종종 생각해 본다.	예 ☐	아니오 ☐
일상에서의 내 행동에 특정한 상징이 숨어 있다는 것을 알고 있다.	예 ☐	아니오 ☐
문제 행동을 하는 사람들이 나쁜 것이 아니라, 사회가 그렇게 행동하도록 만들었다고 생각한다.	예 ☐	아니오 ☐
우리 사회는 서로 도우면서 발전한다.	예 ☐	아니오 ☐

우리도 매트릭스 같은
사회 구조에 갇혀 있는 걸까?

● 사회 구조와 행위

정말 A형 사람들은 모두 소심할까? 우리가 B형 남자를 전형적인 나쁜 남자라고 말하는 것처럼 혈액형으로 사람의 특성을 분류할 수 있을까? 사람들의 행동이나 성격을 혈액형으로 유형화할 수 있다고 주장하는 학자는 거의 없다.

그렇지만 사람들의 어떤 특성에 기초하여 사고나 행동을 분류하는 일은 흔히 찾아볼 수 있다. 대표적으로 대통령 선거 전 예비 조사에서 20대의 70퍼센트가 ♤♤정당을 지지하는 반면, 50대의 60퍼센트는 ☆☆정당을 지지한다고 발표하는 것을 볼 수 있다. 이것은 '연령'이라는 특성에 따라 정치적 성향이 달리 나타나기 때문이다.

사람들의 특성을 몇 가지 조합하면 그 유형별 경향성을 훨씬 정확하게 파악할 수 있다. 예를 들어 "강남에 거주하는 30대 미혼의 전문직 여성은 ~한 행동을 하는 경향이 있다"라는 진술을 보자. 이 진술은 어떤 사람의 행동 방식을 상당 부분 정확하게 예측하고 있다. 이런 예측이 가능한 것은 바로 사람들이 일정한 사회 구조 속에서 살아가기 때문이다.

개인의 선택에 영향을 미치는 사회 구조

사회 구조란 무엇일까? 사람들 사이의 사회 관계가 통일적이고 조직적인 총체를 이루는 상태를 말한다. 부모님, 선생님과의 관계에서 바로 내 모습을 떠올릴 수 있는 것처럼 쉽게 말하면 사회가 나로 하여금 어떤 행위를 하게 하는 보이지 않는 큰 프로그램이 존재한다는 것이다.

나의 하루를 보면 6시 30분, 자명종이 울리면 자동으로 일어난다. 그런데 어쩌면 내가 일어난 것이 아니라 일으켜진 것은 아닐까? 등교 시간이 정해져 있기 때문에 조금만 늦게 일어나도 지각하게 될 것이 뻔하다. 그러니 지각하지 않으려면 그 시간에 일어나야만 한다. 그러니까 6시 30분에 일어나는 것이 나의 선택에 의한 행동인 것 같지만 사실은 그렇지 않다는 것이다.

나는 매일 습관적으로 일어나서 학교에 간다. 정해진 수업을 듣고 점심을 먹고 자율 학습을 한 뒤 매일 같은 시간에 귀가한다. 나의 하루는 친구의 하루와 다른 것 같지만 가만히 살펴보면 서로 닮아 있다. 그래서 방학 동안 일기쓰기는 가장 어려우면서도 가장 쉬운 숙제일 수 있다. 미루고 미루다가 개학 이틀 전에 한꺼번에 일기를 써도 크게 문제가 되지 않았던 것은 비슷하고 반복적인 일상 때문인지도 모른다. 이처럼 우리의 하루는 반복적이고 유형화된 정해진 틀 안에 있다.

사람들과의 관계도 마찬가지이다. 내가 부모님께 해야 할 일과 해서는 안 되는 일, 학교 친구들과의 관계에서 해야 할 일과 그렇지 않은 일이 나뉘어져 있다. 이처럼 관계 속에서 일정한 유형이 나타나는 것도 바로 사회 구조 때문이다.

이를 고려하면 나의 삶이 어떤 사건이나 행위로 불규칙하게 배열된 결과가 아니라는 것을 알 수 있다. 내가 그렇게 행동할 수 있는 것은 사회 구성원으로 살아가면서 어떻게 행동해야 하는지 배웠기 때문이다. 사회 구조에 따라 판단하고 행동하게 되면 그것은 일정한 경향성을 보이게 된다. 대부분의 사람들이 정해진 사회의 경향성에 따라 자신의 행동을 선택하기 때문이다.

개인의 행동이 사회 구조에 미치는 영향

이처럼 사회 구조는 사람들의 행동을 규제하기도 하지만 다른 사람의 행동을 예측하고 이해하는 데 도움을 주기도 한다. 또한 다른 사람들의 행동을 평가하는 데도 영향을 미친다.

사복을 입은 학생이 교실에 들어왔다면 아마도 '전학생'으로 생각할 것이다. 그런데 한 달이 지나도록 교복을 입지 않으면 '전학 온 지가 언제인데 아직도 교복을 입지 않을까?'라고 생각하면서 그 아이를 문제아로 여길 수도 있다.

더 큰 문제는 사회 구조가 강하게 작용하는 사회에서 정해진 경향성을 따르지 않으면 정상적이지 않은 사람으로 구분되어 그 사람의 행동 자체를 문제로 삼는다는 것이다.

평일 낮에 고등학생으로 보이는 아이가 집에 있다면 "왜 학교에 안 갔니?"라는 질문을 받을 것이다. 일반적으로 10대는 학생이라고 생각하기 때문이다. 이처럼 다수가 하는 것을 하지 않으면 이런 질문을 지속적으로 받게 된다.

그렇다면 사회에서 개인은 영향력을 전혀 발휘할 수 없을까? 그렇지 않다. 사실 사회 구조는 사람들 사이의 규칙이 안정화된 일정한 틀이기 때문에 개인도 영향력을 미칠 수 있다.

예전에는 교실을 드나들 때, 선생님은 앞문으로 다니고 학생들은 뒷문으로만 다녀야 했다. 그런데 요즘에는 그렇게 구분하여 행동하는 사람은 거의 없다. 교실 문을 드나드는 행동에 대한 사회적 인식이 변화하자 이에 따라 사회 구조가 변한 것이다.

그렇다면 이러한 구조 변화는 어떻게 일어나게 되었을까? 사람의 행동에 변화가 일어났기 때문이다. 처음에는 학생 한두 명이 앞문으로 다니다가 그런 학생들이 점점 늘어났고 선생님도 더이상 그 규칙을 지키라고 요구하지 않게 되자 '선생님은 앞문으로, 학생은 뒷문으로'라는 구조가 무너지고 새로운 구조가 생기는 것이다. '모든 사람 = 앞·뒷문 모두 이용 가능'이 새로운 사회 구조로 형성된 것이다.

 ## 조직력을 갖춘 팀 vs. 개인기가 화려한 팀

사회 구조를 강조하다 보면 개인의 외부에 사회가 존재하는 것 같다가도 사회는 개개인이 모여 만들어진 결과물이 아닌가하는 의문이 들수 있다.

학자들도 크게 두 가지 관점으로 나뉜다. 사회는 개인의 단순한 합이라고 생각하여, 사회는 오로지 이름으로만 존재한다고 주장할 수 있다. 이것이 사회 명목론이다.

사회 명목론에 따르면 축구 팀의 역량은 오로지 선수들의 개인기에 의해서만 나타난다. 즉, 집단은 그 구성원인 개인들이 가진 특징의 단순한 합에서 벗어나지 않는다는 것이다. 그러니 집단의 영향력은 개인에 의해서 결정된다. 일반적으로 사람들이 배우자를 고를 때 집안보다 개인의 성품을 중요하게 본다거나 정당보다는 후보자 개인을 보고 투표하는 것이 이런 관점에 기반을 둔 인식이다.

따라서 사회 명목론자들은 사회를 연구할 때 개인의 행위에 초점을 두고 문제를 잘 해결하기 위해서도 개인의 의식을 개선하는 것이 중요하다고 본다. 당연히 개인의 권리를 더 중요하게 여기고, 사회 질서를 유지하기 위해 개인의 이익이 침해당하는 것은 용납되지 않는다. 이러한 사회 명목론은 자연 상태에서 인간이 가진 자연권을 보장하기 위해 개인들이 계약을 맺어 사회를 만들었다는 '사회 계약설'과 관련이 깊다.

한편 사회를 구성하는 개인들의 합 이외에 'α'라는 것이 존재하기에 사회를 단순히 개인의 합이라고 할 수 없다는 주장도 있다. 다시 말하면 개인들과 별개로 사회는 실제로 존재한다는 것이다. 이것은 사회 실재론이다.

그들의 관점에서 보면 축구팀의 역량은 선수 개인기를 뛰어넘어 조직력에 따라 좌우된다. 이 때의 조직은 사람들의 외부에 실재하여 힘을 발휘하는 셈이다. 그러니 집단의 영향력은 사회 집단이나 사회 구조에 의해 결정된다. 일반적으로 배우자를 고를 때 집안을 봐야 한다거나 후보자 개인보다는 정당을 보고 투표를 하거나, 도덕적인 사람들

이 모이더라도 규범에 맞지 않는 모임이 될 수 있다고 보는 것은 이 관점에 기반을 둔 인식이다.

　사회 실재론에서는 사회를 연구하려면 그 구조나 제도에 초점을 두어야 하고 사회 문제의 해결을 위해서 무엇보다 구조나 제도 개선이 중요하다고 본다. 사회 질서나 공익은 개인의 이익보다 우선되기 때문에 이를 위해 개인의 권리를 제한할 수 있다. 이러한 사회 실재론은 사회를 생물 유기체에 비유하여 사회 나름의 생명을 가진다고 주장하는 '사회 유기체설'과 관련이 깊다.

　문제는 사회 명목론과 사회 실재론 중 어느 하나로 사회 현상을 모두 설명하기 어렵다는 것이다.

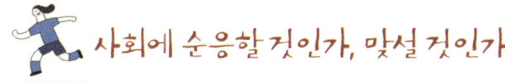

사회에 순응할 것인가, 맞설 것인가

　앞에서 본 것처럼 사회 구조를 변화시키기 위해서는 개인들의 행위가 중요하다. 문제는 개인들의 영향력이 어느 정도인가 하는 것이다. 사회 구조를 변화시키려면 거기에서 벗어난 행동을 해야 하는데 이것을 두려워하는 사람도 있고, 개인들의 행동이 변한다고 사회 변화가 쉽게 일어나지 않기 때문이다. 그래서 사회 구조를 바꾸려면 선각자가 되거나 사회와 투쟁하는 사람이 되어야 하는 경우가 많다.

　영화 〈매트릭스〉에서 토마스 앤더슨이라는 평범한 남자가 어느 날 낯선 사람의 방문을 받는다. 이 낯선 방문객들은 그에게 "당신은 현재 가상 프로그램으로 움직이는 매트릭스 속에 살고 있다"고 말하면서 빨간색과 파란색 알약 두 개를 내민다. 매트릭스에 살고 싶으면 파란색

을, 빠져나오고 싶으면 빨간색 약을 먹으라고 말한다. 주인공은 허구의 삶을 파괴할 '네오(Neo)'로 자신이 선택받았음을 깨닫게 되고 빨간색 약을 선택하여 새로운 삶을 시작한다. 어쩌면 이 영화가 말하고 있는 프로그램된 매트릭스는 바로 우리가 앞서 공부한 사회 구조일지도 모른다.

　일정한 사회 구조 속에서 살아가는 우리도 사회 구조에 지배받는 '토마스 앤더슨'과 같은 존재이다. 나의 선택이 사실은 내 스스로의 것이 아니고, 사회가 규정하는 방식대로 살고 있는 것일지도 모른다. 그런 사회 구조에서 벗어나려면 네오가 빨간색 약을 선택하면서 요원들과 싸움을 시작하는 것처럼, 우리를 지배하려는 사회 구조에 맞서야 한다.

　내일 아침에 눈을 뜰 때, 낯선 사람이 찾아와서 '너는 프로그램된 매
트릭스 안에 있다'고 하면서 빨간색과 파란색 약을 내밀면, 과연 나는
어떤 약을 선택할까?

사회학 개념 꼬집어보기

★ **사회 구조** : 사회 내에서 개인이나 집단이 상호 관계를 맺는 방식이 정형
화되어 안정적인 틀을 이루고 있는 상태

★ **구조화된 행위** : 사회에서 개인들 간에 상호 작용을 통해 어떤 행위가
반복적으로 일어난 결과로 사회 내 사람들이 당연한 것으로 받아들이는
행위

★ **사회 실재론** : 사회는 개인들의 단순 합이 아니며 개인 외부에 사회가 실
제로 존재한다고 보는 이론

★ **사회 명목론** : 사회는 개인들의 단순한 합이며 사회가 실제 존재하는 것
이 아니라 오로지 개인만이 존재하는 것이라고 보는 이론

사회를 이루는 본질,
통합일까 갈등일까?

● 기능론과 갈등론

조선 시대를 배경으로 한 TV사극을 보면 빠지지 않고 등장하는 것이 있다. 바로 사신이 중국과 조선을 오가는 모습이다. 중국은 주변의 약소국에게 예를 다하여 자신을 섬기게 하고 그 증거로 직접적인 현물을 바치게 했다. 조공은 약소국이 안전을 보장받기 위해 보내는 선물이었던 셈이다.

사회학에서는 조공을 어떻게 바라보아야 하는가? 어떤 학자들은 '공무역으로서 두 나라의 유대를 강화하는 외교 행위'라고 설명한다. 조공은 강대국이 힘 없는 나라를 보호하고 안전을 보장할 뿐만 아니라, 국가간 유대를 강화하는 행위라고 본 것이다. 즉, 국제 무역이 활발하지 않았던 당시 상황에서 서로가 가진 물품을 교환할 수 있었던 공무역의 과정이라는 것이다.

실제로 조선이 중국에 인삼, 화문석 등을 보내면 상대국도 답례로

약재, 서적, 예복 등을 보냈다는 기록이 있다. 또한 조선은 고려와 달리 정월 초하루를 기념하는 하정사나 동지를 기념한 동지사 등 새로운 조공례를 더 추가한 것도 나온다.

이런 점에서 조선은 조공을 약소국의 서러움으로 생각한 것이 아니라, 선진 문물을 더 많이 받아들이기 위한 방편으로 생각했다고 볼 수 있다. 결국 조공은 그 당시로는 중요한 외교적, 정치적, 경제적 기능을 한 셈이다.

그런데 한편에서는 이와 다르게 생각한다. 그들은 각 국가가 독립적인데도 불구하고, 한 나라가 오로지 힘이 세다는 이유로 주변의 국가를 속국으로 삼고 조공을 바치라고 하는 것은 강한 권력 관계를 보여주는 것으로 본다. 힘없는 약소국이기에 그 상황에 저항할 수 없었던 어쩔 수 없는 선택이었다는 것이다.

이런 관점에 따르면 결국 조공이라는 것은 지배-피지배 관계에서 살아남기 위한 필사적인 선택이며, 조공을 바치는 쪽에서는 여전히 부당하다는 생각을 떨칠 수 없었을 것이다. 이처럼 동일한 사회 현상이라도 바라보는 관점에 따라 다양한 해석이 가능하다.

조공에 대한 나의 생각은 어떠한가?

기능론: 모든 활동은 나름의 중요한 기능을 한다

월요일 아침 운동장에 전교생을 모아놓고 교장 선생님이 훈화 말씀을 하는 학교가 많다. 그런데 어떤 학생이 "조회는 도대체 왜 하는 거야?"라고 불만 섞인 물음을 던졌다면 아마도 선생님께 훈계를 들을 것이다.

전교생이 모이는 아침 조회에서 가장 먼저 국기에 대한 경례를 하고 애국가를 부르는 것은 애국심을 기르는 중요한 의례이다. 학교 생활을 잘한 학생은 단상에 올라가 상장을 받고 나머지 학생들은 박수를 보낸다. 또한 교장 선생님은 기나긴 훈화를 통해 학교에서 발생한 문제에 대해서는 왜 그것이 잘못되었는지를 설명하면서 앞으로는 그런 일이 일어나지 않기를 간곡하게 전한다. 마지막으로 인간으로서 어떤 삶을 살아야 하는지도 배울 수 있다.

다시 말해 아침 조회는 학생들에게 지위에 맞는 역할이 무엇인지 강조하고, 역할 수행을 제대로 했는지에 따라 상과 벌을 주는 기능을 수행한다. 아침 조회 시간은 학생들을 사회화하는 시간인 셈이다. 아침 조회는 그 자체로 일정한 기능을 한다. 이런 기능에 대해 머튼이라는 학자는 '명시적 기능'이라고 설명한다.

그런데 아침 조회는 이외의 기능도 한다. 어른이 이야기할 때에 바로 서서 듣는 훈련을 하면서 자아가 강한 청소년기에 타인과의 관계를 익히거나 반별로 나란히 줄을 서면서 사회 질서를 자연스럽게 배우게 된다. 이처럼 아침 조회는 또 다른 것을 사회화하게 하는 것이다. 이는 머튼이 말한 '잠재적 기능'이 작동하는 것이다.

> **머튼**
> (R. K. Merton, 1910~2003)
> 미국의 사회학자. 한 사회에 존재하는 명시적 기능과 잠재적 기능의 중요성을 설명하면서 기능주의적 관점을 강조하였다. 그는 사회 집단의 관료제, 아노미론, 그리고 종교 등에 대한 관심이 높았다. 『사회 이론과 사회 구조』 등의 저서가 있다.

이처럼 학교에서 아침 조회가 교육 기능을 담당한다고 보는 것과 같이 사회를 인식하는 관점은 '기능론' 또는 '기능주의 관점'과 연관되어 있다. 이 관점에서 사회를 이루는 개인이나 제도 등은 각각의 기능을 수행하면서 사회의 조화와 균형을 이루기 때문에 구성 요소가 자신의 역할을 제대로 수행하지 못할 때에 사회 통합이 깨어진다고 본다. 만약 아침 조회 시간 도중에 자리를 뜨는 학생들은 사회화를 제대로 하지 못한 것이다.

이런 경우에는 문제가 되며, 사회 문제를 해결하는 가장 좋은 방법은 사회가 요구하는 대로 적응하여 제대로 기능하게 만드는 것이다. 그러나 이러한 기능론적 관점에서는 사회 변화를 부정적으로 보기 때문에 급격한 사회 변동을 설명하기 곤란할 때도 있다.

학교 가는 길에 옆집 귤나무의 귤을 따다가 들킨 친구가 아침 조회 단상대에 세워졌다. 선생님은 "이렇게 남의 물건을 훔치는 어린이는 나쁜 사람이에요"라고 말했고, 그 친구는 학교를 졸업할 때까지 도둑이라고 낙인이 찍힌 채로 지냈다. 그 상처는 성인이 된 후에도 고스란히 마음 속에 남았다. 그리고 먼훗날 그 친구는 교사가 되었다. 본인은 학생에게 절대 그렇게 하지 않겠다고 다짐하면서.

그 친구는 정말 여느 교사들과 다른 사람이 되었을까? 갈등론자의 눈에 비친 아침 조회는 교사가 힘없는 학생들을 억압하는 기제로 사용하는 것이다. 학급별로 줄을 세우는 것은 기존의 사회 질서를 유지하는 데 적합하도록 학생들을 길들이는 과정이다. 높은 단상에서 교장 선생님이 학생들을 꾸짖거나 훈화하는 것은 자신의 권력을 내세우는 것이다.

사회 갈등론에 따르면 학교가 존재하는 한, 교사 집단과 학생 집단으로 나뉘어지고 지금과 같은 권력의 작동은 지속될 것이다. 따라서 교사가 된 그 친구가 옛날 선생님처럼 행동하지 않을 것이라 생각하는 것은 현실을 제대로 파악하지 못한 것이다. 나중에 교사 위치에 서게 되면 그 선생님들과 같아질 수 밖에 없기 때문이다. 결국 학교가 변하지 않으면 아무것도 불가능하다.

이처럼 갈등론자는 사회를 '지배 집단'과 '피지배 집단' 간에 희소 가치를 둘러싼 갈등과 대립이 항상 존재하는 곳으로 본다. 갈등은 지배 집단이 기득권을 유지하려고 하기 때문에 나타나는 것으로 현재의 사회 모습을 바꾸어야만 변화가 가능해진다.

그런데 이런 갈등론자들은 갈등의 측면만을 너무 강조하기에 구성원들이 합리적인 역할 분담을 하며 사회를 유지하는 것을 설명하는 데는 한계가 있다.

 ## 사회를 보는 관점에 균형이 필요한 이유

실제 사회의 모습은 기능론이나 갈등론이라는 이분법적 관점만으로 구분하기 어려운 경우가 많다. 아침 조회는 학생들이 사회 질서를 익히는 사회 통합적인 요소일 수도 있고, 선생님의 횡포일 수도 있어서 통합과 갈등의 측면을 모두 가진다고 볼 수 있다.

종종 학자들은 어떤 현상을 극단적으로 나누어 하나의 요소만을 강조하면서 설명하기 때문에 우리는 균형잡힌 눈으로 세상을 바라볼 필요가 있다.

학교 교칙에 대해 기능론자들은 규칙이 있어 수많은 학생들이 학교 생활에 잘 적응할 수 있고 학교의 질서와 안정을 이루는 데 도움이 된다고 이해한다. 그러나 갈등론자들은 교칙이야말로 학생들을 억압하는 가장 대표적인 수단이라고 본다.

두 이론에서 주장하는 내용은 실제 사회 현상에서는 부분적으로 나타난다. 즉, 교칙은 학생들을 억압하기도 하지만 학생들의 안전한 학교 생활을 위한 수단이 되기도 하는 것이다.

그런데 기능론과 갈등론에는 공통점이 하나 있다. 두 관점 모두 사회를 바라볼 때 개인보다 사회 구조의 영향력을 중시하는 거시적 관점이라는 것이다. 다만 사회 구조가 통합과 갈등 중에서 어느 쪽에 영향을 미치는지를 다르게 설명하는 것이다.

따라서 이 두 이론으로는 사회 현상을 이해할 때, 사회 구조라는 거시적 시각으로 그 영향력을 살펴볼 수는 있지만 세상을 살아가는 사람들의 일상 같은 미시적인 부분은 관찰하기 어려운 점도 있다.

사회학 개념 꼬집어보기

★ **기능론** : 사회를 유기체로 보고 사회를 이루는 부분이 조화와 균형을 이루면서 사회의 통합을 위해 기능을 수행한다고 설명하는 이론

★ **갈등론** : 사회는 희소 가치를 둘러싸고 지배집단과 피지배 집단 간에 대립이 일어나는 것이 사회라고 설명하는 이론

★ **명시적 기능** : 사회에서 유기적인 관계를 맺는 사람들이 의도를 갖고 하는 구체적인 기능

★ **잠재적 기능** : 명시적 기능으로 인해 의도하지 않게 이루어지는 기능

우리 반은
명랑반일까 문제반일까?

● 상징적 상호 작용론과 교환 이론

한 학년 중에서도 유난히 활기차고 시끄러운 반이 있게 마련이다. 똑같은 학생들이 있는데도 수학 선생님은 우리 반을 명랑반이라고 하고, 국어 선생님은 시끄러운 문제반이라고 각각 달리 표현하는 이유는 무엇일까? 그것은 바로 수업이 곧 선생님과 학생들이 나누는 상호 작용이기 때문이다. 선생님마다 성격이 다르고 수업 방식이 다르기 때문에 호흡이 잘 맞는 학생들도 다를 수밖에 없다.

학생들과 질문하고 답변하는 방식으로 활발하게 수업을 이끌어나가는 선생님 입장에서는 너무 조용한 반이 문제가 된다. 이와 달리 성격이 차분하거나 목소리가 작은 선생님의 경우는 학생들이 너무 야단스러우면 수업을 진행하기가 어렵다.

선생님마다 학생들과 어떻게 호흡을 맞추는가에 따라 그 학급의 성격을 다르게 평가하게 되는 것이다. 같은 반이지만 수업을 쾌활하게

진행하는 선생님은 "너희들은 '명랑반'이어서 수업하기가 좋은데"라고 하고, 반대로 조용하게 수업하는 선생님 입장에서는 "아휴, 이렇게 떠드는 '문제반'에서 수업을 하면 힘이 빠진다"고 하소연을 하기도 한다. 두 선생님은 '명랑반'과 '문제반'이라는 언어 표현으로 자신과 학급 간의 상호 작용에 다른 의미를 부여한 것이다.

　이처럼 개인간의 상호 작용으로 일어나는 사회 현상에 주관적 의미를 부여하는 관점을 상징적 상호 작용론이라고 한다. 이 이론에 따르면 사회의 행위자가 일상 생활에서 상징 행위를 통해 상호 작용을 한 결과로 발생한 주관적인 의미가 담긴 것이 바로 사회 현상이다. 바로 '명랑반'이나 '문제반'이라고 표현하는 것도 이에 해당한다.

그런데 이런 관점에서는 선생님이나 학생과 같은 개인간의 상호 작용을 중요하게 여길 뿐 여기에 영향을 미치는 사회 구조 문제를 간과하는 경향이 있다.

'명랑반'과 '문제반'이라고 규정하는 현상의 이면에는 교사-학생의 관계가 수직적이거나, 성적만을 중요시하는 사회 분위기처럼 사회 구조 문제가 근원적인 이유가 아닐까? 학업 성적만 강조하다 보니, 학생들의 학교 생활이 다양하지 못하고 학생에 대한 평가도 단순히 '명랑반'이나 '문제반'으로만 규정되는 것이다.

 **개인 행위는 최선의 의사 결정의 결과**

남태평양 멜라네시아라는 곳에서는 '쿨라(kula) 교환'이라고 불리는 독특한 현상이 나타난다. 그곳의 여러 섬 중 뉴기니에서는 동쪽 끝과 그 주변의 섬들이 반지 모양을 이루고 있는데, 이 지역 사람들은 카누를 타고 나가서 다른 섬 사람들과 교역을 한다.

이 때 교역의 핵심 상품은 '바이과'이다. 이것은 '술라바'라는 붉은 조개 목걸이와 '음왈리'라는 흰 조개 팔찌이다. 술라바는 남성을, 음왈리는 여성을 상징하기에 이 둘의 교환은 결혼을 의미한다. 때문에 바이과는 실용적 가치도 없고 다른 물건과 교환도 불가능하지만 이 지역의 섬에서는 최고의 보물로 여겨진다. 그리고 '쿨라 교환'에는 아무나 참석할 수 있는 것이 아니기 때문에, 쿨라에 참석하는 것은 이 지역의 남성에게는 성공한 삶의 상징이다.

이처럼 아무런 실용적 가치도 없고 다른 물건으로 바꿀 수도 없는데도 계속해서 '쿨라 교환'이 일어나는 이유는 무엇일까? 겉으로는 '쿨라 교환'으로 인해 보상받는 것이 전혀 없는 것 같지만 그 행위로 인해 남성은 지위나 성공을 보상받을 뿐만 아니라 다른 섬의 사람들과 결속을 강화하는 계기가 된다. 이처럼 인간의 행위에 대하여 투입되는 비용과 그에 따른 보상을 교환하는 관계로 이해하는 관점이 교환 이론이다.

교환 이론에서 인간은 비용과 그에 따른 보상을 고려하여 자신에게 이익이 되는 행동을 선택한다. 이 때 이익은 돈과 같은 물질적인 것일 수도 있고 사회적 지위나 명예, 때로는 애정 같은 감정일 수도 있다. 그리고 이익을 기대하는 교환 행위는 1 대 1로, 1 대 다수로, 현재와 다음 세대로, 순환적으로 매우 다양하게 이루어진다. 또한 교환은 집단 간에도 이루어진다. 그래서 교환 이론은 인간 행위에 초점을 두는 미시적 관찰은 물론 사회 구조에 초점을 두어 사회를 설명하는 거시적 관점에서도 활용된다.

이런 관점에서 학생들이 유독 담임 선생님의 수업 시간에 성실하고 과제나 시험 공부를 열심히 하는 이유를 설명할 수 있다. 다른 선생님들과 달리 담임 선생님은 아침 조회와 저녁 종례에서 매일 만나기에 학생들은 담임 선생님의 위치를 다르게 생각한다. 학생들은 가끔 만나는 교과 담당 선생님보다 날마다 보는 담임 선생님 시간에 더욱 열성을 다하는 것이 이익이 될 것이라는 계산을 하지 않을까? 결국 학생들의 행동은 담임 선생님의 영향력이 큰 한국의 학교 제도가 반영되어 나타난 결과라고 볼 수 있지 않을까?

또한 이 이론으로 학생들이 국어나 수학처럼 단위 수가 더 높은 과목을 열심히 공부하는 현상도 설명할 수 있다. 단위 수가 더 많아서 내신 산정에 더 유리한 과목이거나 내가 가고자 하는 대학의 학과에 진학하기에 유리한 과목을 더 열심히 공부하는 것이 나에게 궁극적으로 이익이 되기 때문이다.

그런데 주변 친구들을 보면 이와 다르게 담임 선생님 시간에 심한 장난을 쳐서 선생님 눈밖에 나거나, 단위수가 낮은 과목에만 열중하는 친구들이 있다. 이런 현상은 어떻게 이해해야 할까?

그런 친구들의 행동도 이면을 자세히 살펴보면, 나름대로 자신의 이익을 고려한 것일 수 있다. 예를 들면 조금이라도 눈에 띄어 선생님께 눈길을 받고 싶어 하는 경우일 수도 있다. 아니면 비록 단위 수는 낮아도 그 과목 공부를 정말로 열심히 해서 성적을 잘 받았을 때 스스로 흡족한 마음이 들기 때문일 수도 있다. 교환 이론의 가장 큰 문제는 인간의 비합리적인 행동을 설명해 내지 못한다는 데 있다.

우리 반의 정체는 무엇일까?

우리 반은 명랑반일까, 문제반일까? 우리가 담임 선생님 시간에 좀 더 열심히 공부하는 것은 이익을 기대하는 합리적인 행동일까? 우리 반의 행위는 상징적 상호 작용으로도, 교환 이론으로도 설명이 가능하다. 그런데 그것은 우리 반의 행동에 대한 관찰 결과이거나 해석의 결과이다. 결국 이러한 관찰이나 해석으로 우리 반의 실체를 정확하게 드러내는 경우도 있지만 어떤 경우에는 아닐 수도 있다.

검은 선글라스는 햇볕이 따가운 날 해를 가리는 데는 유용하지만, 실제 사물을 정확하게 보기를 어렵게 하기도 한다. 사회 현상을 보는 다양한 관점이나 이론도 사회 현상을 이해하거나 설명하는 데는 유용하지만, 현상의 실체를 왜곡할 가능성도 있다. 그러니 우리 반의 실체가 무엇인지는 결국 관점에서 벗어나서 보아야 할 것이다.

사회학 개념 꼬집어보기

★ **상징** : 한 사회 내에서 사물이나 인간의 행위 등에 특정한 의미를 부여하여 그 의미를 공유하는 것

★ **상징적 상호 작용론** : 인간이 주관적으로 인식하고 부여한 의미에 초점을 두어 사회를 설명하려는 이론

★ **교환론** : 인간이 어떤 행위를 비용과 이익을 고려하여 행하는 것으로 설명하려는 이론

★ **합리적 행위** : 비용과 이익을 고려하여 이익을 추구하는 인간의 행위

로빈슨 크루소는 왜
무인도에서 탈출했을까?

● **사회화**

    사람들은 지금 하는 일이 너무나 힘들 때에 "아, 아무도 없는 무인도에 가서 살고 싶어"라고 말한다. 무인도에 혼자 떨어져 살아가는 상상은 이미 소설과 영화로 많이 만들어졌다. 그래서인지 사람들은 무인도에 홀로 남겨지는 것에 낭만을 갖는 것 같다.

    무인도에서의 삶을 그린 대표적인 소설은 『로빈슨 크루소』이다. 로빈슨 크루소는 표류할 당시 타고 갔던 배에 있던 작물과 동물, 그리고 다양한 기구를 이용하여 그곳을 경작하면서 살아간다. 그러면서도 그는 끊임없이 원래 자신의 고향으로 돌아가기 위한 탈출을 시도한다. 그런데 알고 보니 그 섬은 무인도가 아니라 식인 풍습을 가진 사람들이 살고 있었고, 그가 식인종에게 구출해 낸 사람을 '프라이데이'라고 부르며 충실한 하인으로 삼는다. 결국 그는 28년 만에 그 섬에서 탈출하여 고국인 영국으로 돌아간다.

좀더 많은 사람들이 무인도에 표류한 이야기도 있다. 무려 15명이나 되는 소년들의 무인도 생활 이야기인 『15소년 표류기』는 로빈슨 크루소의 무인도 삶과는 조금 다른 모습을 보인다. 그들이 도착한 섬은 사냥감과 식용 작물이 풍부한 곳이었고, 무엇보다도 15명이나 같이 있었다는 점이다. 그래서 이 책의 원래 제목은 『2년간의 휴가』였다.

무인도에 표류한 15명 소년들이 2년간 섬에서 살아가는 모습은 무인도에서의 삶이라고 보기 어렵다. 그들은 시간표를 짜서 공부도 하고, 표범의 기름을 이용하여 등잔불을 밝힐 정도로 표류 전과 유사한 생활을 해나간다. 가장 재미있는 부분은 이들이 선거를 통해 대표를 뽑는 것이다.

이들은 무인도라는 공간에만 있을 뿐 실상은 사회 속에서 살아가는 다른 사람들과 비슷한 행동을 하고 있다. 이것을 가능하게 한 것은 무엇일까?

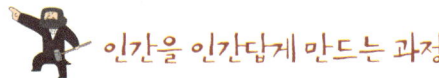

인간을 인간답게 만드는 과정

무인도에 떨어지더라도 우리는 사회에서의 경험을 통해 무인도에서도 사회를 만들어 나갈 가능성이 크다. 바로 '사회화' 때문이다.

대부분의 동물은 태어나면서부터 본능적으로 행동한다. 갓 태어난 거위 새끼는 처음 본 대상을 자신의 어미로 알고 쫓아 다닌다. 그것은 본능이다. 본능에 의해 생활하는 동물들은 학습에 의한 행동의 변화가 잘 일어나지 않는다.

그런데 사람은 자라면서 언어를 배우고 주변 사람들의 행동을 바라보면서, 사회에서 요구하는 일정한 규범이나 사회적 역할 등을 체득하고 자신의 정체성을 형성한다. 사람들이 사회적 관계를 맺고 사회성을 익히는 이런 과정이 바로 사회화이다.

바로 이런 점 때문에 이미 사회화된 15명 소년은 무인도에서도 사회를 이루면서 2년간 생활을 할 수 있었던 것이다. 그들은 결국 그곳을 탈출해서 그들의 고향, 자신이 사회화된 곳으로 돌아간다. 소설이나 영화를 보면 사회 생활을 하다가 무인도로 간 사람들은 결국 자기가 살던 곳을 그리워하면서 무인도를 탈출한다.

그런데 반대로 인간으로 사는 것을 거부하면서 인간이 없는 곳으로 돌아가려고 한 경우도 있다. 1996년에 나이지리아의 숲속에서 침팬지가 기르던 4살 된 아이가 발견되었다. 벨로라고 불렸던 이 아이는 생후 6개월 정도에 버려져 2년 반 동안 침팬지가 키운 것으로 밝혀졌다. 아이에게 인간의 말과 행동을 가르쳤지만, 아이는 또래 아이들과 어울리기를 싫어하고 침팬지의 사진을 보여주면 침팬지 소리를 내면서 울었다고 한다. 이 아이에게 인간 사회는 바로 '무인도'인 셈이다.

 ## 사회와 개인의 특성에 따라 다르게 나타나는 사회화

벨로의 경우를 보더라도 인간이 사회화하는 데에 가장 큰 영향을 끼치는 것은 가정이다. 그 다음이 학교이다. 가정과 학교가 사회화의 중요한 기관이 되는 이유는 아동의 인지적 발달과 관련이 있다. 본능에 따라 움직이던 아이는 자라면서 언어를 학습하고, 다른 사람의 행동을 배우면서 자기중심성에서 벗어나게 된다.

사람은 가정이나 학교에서의 지속적인 사회화를 통해 사회에서 요구하는 기대와 가치를 배우고 내면화하면서 인성을 형성한다. 식사하는 자리에서 먼저 숟가락을 들면 "어른이 먼저 수저를 든 다음에 먹어야지"라고 이야기를 듣는 것은 단순히 식사 자리에서 지켜야 할 행동을 배우는 것일 뿐만 아니라 어른에 대한 예의가 중요함을 사회화하는 과정이다.

그런데 모든 사회에서 어른이 먼저 수저를 들어야 한다고 가르치는 것은 아니다. 또한 사회에서 무엇을 어떻게 해야 하는지에 대한 기본적인 가치나 규범 등은 개인들이 처한 상태에 따라 구체적인 학습 내용이 달라지기도 한다.

『타고난 반항아』라는 책에서는 종교 개혁, 프랑스 대혁명 등과 같이 세계적인 사회 변혁을 일으킨 주역은 보수적인 성향이 있는 첫째가 아니라 둘째나 막내였다고 주장한다. 2010년 펜실베이니아 주립대학 연구팀의 실험 결과도 이 주장을 지지한다. 가족 내의 위치가 개인의 성격을 규정한다는 것으로, 사회화의 내용이 모든 개인에게 동일하지 않을 수 있음을 시사하고 있다.

즉, 가정에서 첫째는 둘째나 막내와는 다른 방식으로 사회화했다고 볼 수 있다. 부모로서 충분히 준비되지 않은 상태에서 낳은 첫째에게는 "그건 안 돼!", "이렇게 하면 안 돼!"와 같은 통제와 억압으로 아이를 양육하기에 아이는 변화를 두려워하는 보수적인 경향으로 사회화하게 될 가능성이 크다.

이에 반해 둘째 이후의 아이들에 대해서는 좀더 허용을 하기 때문에 첫째에 비하여 좀더 혁신적이고 개방적인 성격을 가질 수 있게 사회화된다는 것이다. 같은 부모일지라도 자녀마다 다르게 사회화시키는 셈이다.

 ## 사회 통합의 동력일까, 기존 체제의 학습일까?

사회화는 단순히 어린 시절 가정이나 학교를 통해서만 이루어지는 것이 아니라 평생에 걸쳐 일어나게 된다. 또한 한 번 이루어진 사회화가 그것으로 끝나는 것도 아니다. 사회의 변화에 따라 새로운 가치나 규범이 생겨나면 그것을 새롭게 학습하게 되는데 이렇게 다시 사회화하는 것을 재사회화라고 한다.

재사회화는 사회 변화에 따라 새로운 내용을 학습하는 경우도 있지만, 사회화 결과로 마땅히 해야 하는 것을 실행하지 않는 일탈 행위자나 범죄자를 대상으로 이루어지기도 한다.

이와 달리 앞으로 일어날 일을 미리 생각하면서 그에 맞추어 사회화를 하기도 하는데 이것은 예기 사회화라고 한다. 예를 들어 미국 유학을 준비하는 친구들이 미리 영어를 배우는 경우는 예기 사회화에 해당된다.

그런데 사회화를 바라보는 학자들의 관점에는 차이가 있다. 어떤 학자들은 사회화가 사회 통합에 긍정적인 역할을 한다고 보는 반면, 어떤 학자들은 지배 이데올로기의 학습 과정이라고 보기도 한다. 사회 통합을 강조하는 학자들은 사회 유지를 위한 보편적인 가치와 규범을 배우는 것은 개인이 사회에 적응하는 데 도움을 준다고 생각한다. 예를 들어 운전면허를 딸 때 도로 운전에 필요한 규칙을 잘 배우면 교통사고를 내지 않고 안전하게 운전을 할 수 있다는 것이다. 이 관점은 기능론과 가깝다.

이와 상반된 주장을 하는 학자들은 한 사회의 보편적인 가치나 규범이라고 규정하는 것은 사실은 일부 사회 지배층의 이데올로기이고, 사회화는 바로 이러한 사회 지배층의 이데올로기를 정당화하는 것이라고 본다.

예를 들어 학교에서 등교 시간을 정하고, 일정 시간 공부하고, 쉬는 시간 등이 정해져 있는 것은 자본주의 체제에서 기업가가 노동자를 양성하는 것처럼 정해진 시간에 일을 하기 원하는 기업가의 이데올로기가 반영된 것이라는 주장이다.

결국 사회화는 일부의 지배 집단의 가치와 규범을 학습하도록 하는 과정이며, 이로 인해 지배층의 이데올로기는 더욱 강화된다는 것이다. 이 관점은 갈등론과 가깝다.

그런데 상징적 상호 작용론에서는 개인의 자아 형성 과정이나 상호 작용에 초점을 두고 사회화를 바라본다. 가령 '나는 덜렁대는 사람이다'라는 생각은 부모님께 "제발 좀 얌전하게 행동해라"라는 말을 자주 들었기 때문은 아닐까? 이처럼 사람들은 자신에 대한 주변 사람들의 의견이나 평가를 판단의 근거로 삼아서 자아를 이해하는데, 이를 '거울에 비친 자아'라고 한다.

또 다른 생각을 해보자. 모르는 사람들이 잔뜩 모여 있는 곳에 가서 우리는 함부로 욕을 하거나 침을 뱉지 않는다. 왜 그럴까? 누군가는 "그건 나의 행동을 평가하는 많은 사람들의 시선을 염두에 두기 때문"이라고 설명한다.

결국 우리는 다른 사람들의 행동을 따라하는 것이 합당하다고 생각하고 그것이 받아들여지면 그 행동을 터득하는 것이다. 이처럼 우리가 신경을 쓰는 사회 구성원을 '일반화된 타자'라고 한다.

그런데 종종 '열심히 공부하면 엄마는 나를 칭찬하실 거야'라거나 '이런 옷을 입으면 친구들이 나를 매력적이라고 느끼겠지'라는 생각을 하는 경우도 있다. 엄마나 친구의 시선을 짐작하고 판단하는 것은 '일반화된 타자'에 비해 이들이 내게 더 중요한 사람들이기 때문이다.

미드
(G. H. Mead, 1986~1931)
미국의 사회학자, 상징적 상호 작용론자이다. 사회심리학적 작업을 통해 한 개인이 타인과의 상호 작용을 통해 어떻게 자의식을 갖는지를 주로 설명하였고, 이 과정에서 일반화된 타자와 의미있는 타자를 설명하였다. 『정신·자아·사회』 등의 저서가 있다.

쿨리
(C. H. Cooley, 1864~1929)
미국의 사회학자, '거울에 비친 자아' 개념을 통해 개인과 집단의 관계가 분리되어 설명되지 않는다고 하였다. 『인간성과 사회질서』 등의 저서가 있다.

이들을 '의미있는 타자'라고 부른다. 이렇게 보면 우리가 행하는 일상적인 행동은 의미있는 타자나 일반화된 타자의 기대나 가치에 영향력을 받는 셈이다.

이렇게 거울에 비친 자아나 일반화된 타자를 사회화의 과정에서 중요하게 여기면서 한 개인이 사회 속의 다른 사람들과 상호 작용을 통해 사회화하는 것으로 보는 관점은 상징적 상호 작용론에 해당된다. 이 관점에 따르면 여자가 '여자답게' 사회화하는 것도 일반화된 타자나 혹은 의미있는 타자의 기대에 부응하는 과정이다. 타자들이 "여자가 조신하게 다녀야지"라고 했을 때 그것에 신경쓰면서 생긴 거울 속 자아 때문일 수 있다.

이러한 관점에서 보면 거울에 비친 자아를 긍정적으로 바라보거나, 나를 긍정적으로 바라보는 사람을 의미있는 타자로 삼을 때 우리는 행복해질 수 있다. 불행은 거울 속 자아를 부정적으로 보거나 나에게 부정적인 이야기를 하는 사람을 의미있는 타자로 삼을 때 시작되기 때문이다.

최근에는 사람들의 행동과 생각이 다양해지면서 사회와 접촉을 하지 않으려는 사람들도 생겨나고 있다. 은둔형 외톨이나 코쿤족이라고 불리는 사람들이다. 그들은 집 밖에 나오는 것을 싫어하고 오타쿠처럼 홀로 특정 취미에 심취하기도 한다.

이들처럼 정신적으로 무인도에 사는 사람들이 정말로 무인도에 홀로 표류하게 되면 어떻게 될까? 그곳을 탈출할까? 아니면 그곳에서 홀로 살아가려고 할까?

아마 그들 역시 무인도에 홀로 남는 것을 원하지 않을 것이다. 나홀로족이라고 외치지만 이들의 기본적인 삶은 사회 속에서 이루어지기 때문이다.

그렇다면 과연 학교와 학원 등에 치여 사는 우리나라 고등학생 15명이 무인도에 표류하게 되면 그들은 한국으로 다시 돌아오고 싶을까?

사회학 개념 꼬집어보기

★ **사회화** : 개인이 살아가는 사회에서 사회 생활에 적합한 가치, 규범, 지식 등을 내면화하는 과정

★ **재사회화** : 사회 변화 과정에서 나타나는 새로운 가치나 규범 등을 익히기 위하여 학습하는 과정

★ **탈사회화** : 새로운 사회에 적응하기 위하여 기존 사회에서 배운 내용을 버리는 과정

★ **예기 사회화** : 장래에 속할 새로운 사회에서 요구하는 가치나 규범 등을 미리 익히는 과정

★ **사회화 기관** : 사회화를 행하는 기관으로 학교는 공식적 사회화 기관이고, 가족이나 친구 등은 비공식적 기관이다. 또한 가족이나 또래 집단같이 자연발생적으로 만나서 사회화하는 경우에는 1차적 사회화 기관이라고 하고, 학교나 정당, 직장처럼 의도를 가지고 인위적으로 사회화하는 기관은 2차적 사회화 기관이라고 한다.

서로 다른 아이돌을 응원하는 팬클럽끼리 왜 싸울까?

● 내집단, 외집단, 준거 집단

TV 가요 프로그램을 보면 아이돌 스타를 좋아하는 팬클럽마다 각기 다른 색상의 풍선을 들고 환호하는 모습을 보게 된다. 이는 아이돌 그룹 간의 구별짓기 활동의 대표적 사례이다.

동방신기는 펄 레드 풍선을, 2PM은 펄 블랙 풍선을 사용한다. 따라서 들고 있는 풍선의 색만 보아도 어느 아이돌 그룹이 모여 있는지 쉽게 알 수 있다.

풍선 외에도 수많은 아이돌 팬클럽은 응원 수단을 각기 다르게 선정하기 때문에 팬들뿐만 아니라 아이돌, 혹은 스타들도 누가 자신의 팬인지 정확하게 구분한다. 동일한 풍선 색상, 응원 도구는 스타와 팬클럽 간의 강한 동지애를 상징한다.

예전에도 가수와 팬은 심리적 동지애를 공유했지만 요즘 아이돌 그룹은 해체 등 중요한 일신상의 변화가 생기면 가장 먼저 팬카페에 털

어놓고 중요한 결정도 함께 공유한다. 그러면 팬들은 그들의 문제를 분석하고 대책을 세우는 등 즉각적인 반응을 보인다. 따라서 스타와 팬의 유대는 더욱 깊어진다.

한류스타 배용준은 자신의 팬을 '가족'이라는 가장 원초적인 집단으로 표현한다. 팬들의 반응도 단순히 풍선을 들고 소속을 표시하는 데 그치는 것이 아니라, 그의 신작 등을 발 빠르게 홍보하는 데 힘쓴다. 생일축하 기념으로 '검색어 1순위 만들기'와 같은 특이한 이벤트를 열기도 한다.

현대 사회에서 스타와 팬클럽만큼 쫀득쫀득하게 연결된 원초적인 집단은 찾아보기 어렵다. 가입과 탈퇴가 자유로운 2차 집단임에도 가족같은 1차 집단처럼 느껴진다. 복잡한 일상에 외로워서인지 현대인은 그것이 어떤 집단이든 수많은 사회 집단에 소속되어 살아간다.

이처럼 사회 집단은 어떤 공통의 속성을 가진 2명 이상의 사람들이 모여서 지속적인 상호 작용을 해 나가는 인간 공동체를 말한다. 사회 집단 속에서 살아가는 개인들은 다른 사람들과 지속적으로 상호 작용을 하면서 사회 집단 내에서는 지위와 역할을 만들어 수행한다. 또한 집단은 나름의 규범을 통해서 일정한 구조를 만들어낸다. 이런 과정을 통해 사회 집단은 나름의 고유한 경계를 갖게 된다.

 싸움의 원인, 우리 집단과 그들 집단의 갈등

내가 소속되어 있어서 '우리'라고 생각하는 집단이 있는가 하면, 소속되어 있지 않기에 '그들'이라고 규정되는 집단이 있다. 이렇게 우리라는 동질감을 갖는 집단을 '내집단' 또는 '우리 집단'이라고 한다. 반대로 그들이라는 배타성을 갖는 집단을 '외집단' 또는 '그들 집단'이라고 한다. 같은 색깔의 풍선을 흔들면서 한 스타에게 무한한 애정을 드러내는 팬클럽은 대중 문화가 지배하는 현대 사회에서 가장 분명한 색깔을 드러내는 내집단이자, 우리 집단이다.

이렇게 내집단과 외집단이 구분되면 집단은 경계를 소중하게 생각한다. 명확한 경계를 드러내기 위해서는 집단을 상징하는 소재를 많이 활용하는데, 우리가 살펴보았던 색깔 풍선도 바로 집단 상징의 대표적인 소품이다. 일상에서도 이러한 상징은 자주 볼 수 있다. 예를 들어 우리 학교 교복은 다른 학교와의 경계를 만드는 사회 집단의 상징이다.

팬클럽 내의 강한 소속감은 불가능할 것 같은 특이한 현상을 만들기도 한다. 과거 서태지와 아이들이 〈come back home〉을 부르자 가출한 많은 학생들이 집으로 돌아갔다는 전설과 같은 이야기는 아이돌 팬클럽이 자신이 좋아하는 스타와 내집단으로서 얼마나 강한 소속감을 갖는지를 알게 한다.

그러나 이렇게 스타와 팬클럽간의 강한 내집단의 결속력은 종종 다른 아이돌 팬클럽인 외집단과의 갈등을 유발하기도 한다. 자신이 좋아하는 스타에 대한 강한 애정이 괜히 다른 스타에 대한 미움으로 나타나는 것이다. 결국 내집단이나 우리 집단에 대한 소속감이 과하면 내가 속하지 않은 '그들 집단'을 '다르다'고 보지 않고, '잘못되었다'고 여겨 이로 인한 마찰이 생기는 것이다. 팬클럽간에 생기는 감정 싸움이 대표적이다.

2010년 걸그룹 팬클럽 간 싸움이 일어났다. 이 사건은 어느 음악 프로그램 녹화에 참석했던 팬이 라이벌 가수의 팬이었던 A의 스타 CD

를 빼앗았다는 소문이 떠돌면서 시작되었다. 그것이 진실인지 명확한 판단을 할 새도 없이 양쪽 팬클럽 간에는 큰 마찰이 일어났다. TV의 음악쇼 시청자 게시판이나 인터넷 게시판에서 상대의 팬클럽에 대해 소모적인 비난을 했고 결국 스타나 기획사가 나서서 자제해 달라고 부탁해야 할 지경에 이르렀다.

이러한 팬클럽 외에도 우리는 어디에서나 내집단과 외집단을 구별한다. 문제는 단순히 구별짓는 데서 끝나는 것이 아니라 배타적인 시선으로 싸움을 벌이는 것이다. 내가 속한 집단은 항상 옳고 내가 속하지 않은 집단을 항상 틀리고 잘못된 것이라는 생각이 싸움의 원인이 된다. '우리'라는 용어를 사용하여 편 가르기를 하는 우리의 단일 민족 문화를 생각해 보면, 내집단과 외집단을 구별짓기 위해 하는 차별과 배타적인 행위가 얼마나 위험한지 알 수 있다.

 ## 스타 따라잡기: 인간이 되려 했던 인어공주의 비극

스타에 대한 맹목적인 사랑은 그 사람처럼 살고 싶은 욕망으로 표출되기도 한다. 연예인의 모든 것이 자신의 신념이나 가치, 태도를 결정하는 지침이 되어 하나부터 열까지 따라하는 것이 대표적인 예이다. 마치 인간처럼 살고 싶었던 인어 공주처럼.

자신의 소속 여부와 상관없이 삶의 기준으로 삼아서 그것을 염두에 두고 무엇인가를 결정하고 행동하게 하는 집단을 바로 준거 집단이라고 한다. 사람들은 대체로 준거 집단을 따라서 생각하고 행동하게 된다. 수많은 스타들이 나오는 광고는 바로 이런 점을 노린 것이다. 일명 스타 마케팅이라고 불리는 광고 전략은 바로 스타를 준거 집단으로 삼는 소비자를 겨냥한 것이다.

　인어공주가 목소리를 내어주고, 인간의 다리를 갖는 아픔을 견딘 것도 자신의 준거 집단이 바로 인간이었기 때문이다. 우리는 인간으로 살고 싶었던 인어공주처럼 스타의 모습대로 살고 싶은 욕망에 지갑을 열고 광고 속 물건을 산다. 그러나 인어공주가 인간이 되고도 사랑을 얻지 못한 것처럼 우리도 경제적 문제만 떠안게 되는 경우가 많다. 어쩌면 스타는 허상의 '우리 집단'을 묶어서 우리에게 허망한 소속감을 느끼게 하고, 광고 속의 물품을 사라고 우리에게 유혹하는 '그들 집단'인 것은 아닐까?

사회학 개념 꼬집어보기

★ **1차 집단** : 친밀감을 바탕으로 인격적이고 대면적인 접촉을 주로 하는 사회 집단으로 원초 집단이라고도 하며, 가족이나 또래 집단 등이 해당됨

★ **2차 집단** : 어떤 특수한 목적을 위하여 모이기에 형식적이고 간접적인 접촉이 주로 이루어지는 사회 집단으로, 회사나 정당 등이 해당됨

★ **내집단(우리 집단)** : 개인이 소속되어 그 집단에 대하여 강한 소속감과 공동체의식을 느끼는 사회 집단

★ **외집단(그들 집단)** : 개인의 소속감을 갖지 않으며 이질감이나 적대감을 갖는 사회 집단

★ **준거 집단** : 한 개인이 어떤 행동이나 선택을 할 가치나 태도에서 기준으로 삼는 사회 집단. 자신이 속한 집단과 다른 경우도 있다.

인간은 사회적 동물이다, 고로 조직한다?

● 사회 조직

자신을 소개할 때 우리는 주로 어떤 표현을 사용할까?

우리는 대개 "저는 ○○ 고등학교 2학년 한지혜입니다"라고 말한다. 또 친구의 부모님께서 "너희 가족은 어떻게 되니?"라고 질문하시면, "네, 저희 집은 아버지와 어머니……"로 가족 소개를 시작할 것이다. 이처럼 나의 정체성을 묻는 질문과 그에 대한 답을 보면 대체로 사회 집단이나 조직으로 귀결되는 경우가 많다.

어쩌면 인간의 삶이 사회적이라는 것은 우리의 정체성이 어느 사회 집단이나 사회 조직과 연관되어 있음을 표현하는 말인지 모른다.

사회 집단은 2인 이상의 구성원이 소속감을 가지고 지속적으로 상호 작용하는 집합체라고 하였다. 여기에는 앞에서 살펴본 것처럼 1차 집단과 2차 집단과 같이 구성원의 접촉 방식에 따른 분류도 있고, 소속감의 여부에 따른 내집단과 외집단, 결합 방식에 따른 공공 사회와 이익 사회도 있다. 그리고 자신이 행동의 기준으로 삼는 준거 집단도 있다.

이들 집단은 인원 구성원에서 2인 이상이라고 하여 매우 적은 사회 구성원이 있는 경우에도 사회 집단으로 분류한다. 또한 사회 집단의 경우 구성원들의 소속감이 중요하지 집단의 목적이나 구성 자체가 항상 명료해야 하는 것은 아니다.

 ## 사회 집단과 사회 조직의 차이

그렇다면 사회 조직은 사회 집단과 어떤 차이가 있을까? 우선 사회 조직은 사회 구성원의 수적인 측면에서도 사회 집단보다 좀더 많다. 더 중요한 특징을 보면 사회 조직은 말 그대로 집단이 조직화되어 있어야 한다. 또한 구성원의 행동에 대해 조직의 공식 규범이 제재를 가하며, 조직의 목표가 명료해야 한다.

그렇다고 사회 집단과 사회 조직이 완전히 다르다는 것은 아니다. 사회 집단 중 어떤 것은 사회 조직의 사례가 되지만 사회 집단 중에서 사회 조직이 아닌 경우도 있다.

가족의 경우는 대표적인 사회 집단이지만 사회 조직이라고 보기는 어렵다. 가족은 집단의 크기도 작고, 누가 대표인지가 명시적으로 고정된 것이 아니고, 나머지 가족들의 위치나 역할도 명료한 편이 아니다. 따라서 가족을 사회 조직이라고 부르기는 힘들다.

이에 비해 학교를 살펴보면, 학교에는 교장 – 교감 – 교사 – 행정 직원 – 학생 등 각 개인들의 위치와 역할이 명료하게 정해져 있다. 그리고 학교는 목표가 뚜렷하고 공식적인 규범에 의해 구성원들의 행동을 규정한다. 그래서 학교는 사회 집단으로도 분류되고, 사회 조직으로도 분류된다. 사회 집단이 다양한 분류에 따라 구분되듯이 사회 조직도 분류할 수 있는데, 대표적으로 공식 조직과 비공식 조직으로 나눌 수 있다.

 ## 산업 사회 이후 더 중요해진 비공식 조직

1924년에서 1932년까지 8년에 걸쳐 매우 중요한 경영학 실험이 이루어졌다. 호손 공장에서 진행된 실험이었기 때문에 '호손 실험'이라고 불린다. 원래 이 실험의 목적은 '회사라는 공식 조직에서 구성원들의 생산성은 임금, 작업 시간, 작업 환경 등 공식적인 조건에 의해 결정될 것'이라는 가설을 검증하는 것이었다.

그런데 8년간의 실험, 관찰, 인터뷰 등을 통해 생산성은 작업에 대한 동기, 구성원의 상호 유대감, 그리고 비공식 조직 활동을 통한 비공식적 인간 관계 등에 의해 영향을 받는 것으로 나타났다.

그렇다면 비공식 조직은 공식 조직의 생산성에 어떻게 영향을 미치게 되었을까? 구성원이 자발적으로 만든 비공식 조직은 삶의 만족감을 높이고 높은 소속감을 주어 친밀감을 형성한다. 그래서 조직에서 받은 스트레스나 피로를 해소하여 업무의 효율성을 높이는 데 긍정적인 역할을 한다. 이로 인하여 공식 조직은 조직 내에 다양한 비공식 조직이 만들어지는 것을 선호한다. 일부 공식 조직은 비공식 조직에 재정적인 지원을 하기도 한다.

일반적으로 회사나 학교, 정당처럼 구성원들의 지위와 책임이 명시적으로 규정되고 조직의 운영 방침, 정해진 규정과 절차 등이 존재하면서 어떤 목적을 위해 의도적으로 만들어진 사회 조직을 공식 조직이라고 부른다.

이에 비해 공통의 관심사나 취미를 이루기 위해 자연스럽게 만들어진 사회 조직을 비공식 조직이라고 부른다. 가령 회사가 공식 조직이라면, 회사 내의 동호회는 비공식 조직이 된다.

산업 사회 이후 인간의 삶은 대체로 공식 조직 내의 활동이 주가 되었다. 그러나 공식 조직 내의 인간 관계에 기초를 둔 비공식 조직도 많이 만들어지고 있다. 종종 대학에 고등학교 동창회를 두는 경우는 공식 조직 내에서 비공식 조직을 두는 예가 된다.

그렇다고 모든 비공식 조직이 공식 조직 내부에 존재하는 것은 아니다. 고등학생들이 학교라는 공식 조직의 일원이면서 초등학교 반창회를 할 경우에는 공식 조직과 비공식 조직의 연계성은 없어진다.

한편 비공식 조직이 공식 조직에 항상 도움이 되는 것은 아니다. 회사 내에 동창회 모임이 있을 때 이 동창회가 연고나 친분으로 회사의 인사를 좌지우지하는 등 공식 조직의 업무와 규율을 흔드는 일이 발생하면 문제가 된다.

현대 사회에서 새롭게 부각되는 자발적 결사체

퀴즈 하나! 직장 내 등산 동호회 모임, 회사 내 노동 조합 모임, 정부의 환경 정책을 감시하는 환경시민단체. 이 셋의 공통점은 무엇일까? 바로 구성원들이 자신들의 목적을 위하여 자발적으로 만든 모임이라는 것이다. 이처럼 구성원들이 어떤 공동의 목표를 가지고 자발적으로 결성한 집단을 자발적 결사체라고 한다.

자발적 결사체는 모임의 성격에 따라 공식 조직인 경우도 있고 아닌 경우도 있다. 말 그대로 '자발적'이라는 특성을 강조하기에 가입과 탈퇴가 자유로운데, 특히 조직의 목표가 구성원 개인의 철학이나 목표와 일치할 때 가입하면 되고 그 조직의 운영도 민주적이다. 따라서 월드컵의 붉은 악마를 떠올려보면 알 수 있듯 자기가 좋아서 하는 일인 만큼 구성원의 열의가 대단하다.

자발적 결사체는 크게 세 가지 유형으로 나타난다. 하나는 동창회나 향우회처럼 원초적인 이해관계를 기초로 하여 형성된 경우이다. 두 번째는 노동 조합이나 의사회, 변호사회, 전국경제인연합회 등과 같이 직업 활동과 관련된 구성원의 이익이나 권익을 강조하는 단체로, 주로 이익 단체인 경우가 많다. 세 번째는 정부나 기업 활동을 감시하는 역할을 통해 일반 다수의 공적인 이익과 권리를 대변하려는 단체로, 시민단체나 NGO 등이 여기에 속한다.

그 목적이 무엇이든 공통되는 이익을 추구하기 위한 조직인 자발적 결사체는 현대 사회에서 가장 빈번히 다양하게 많은 사람들이 참여하는 조직이다. 왜냐하면 다원화된 사회에서 개인이 다양한 이해관계를 추구할 수 있기 때문이다. 또한 과거에 비해 2차 집단 활동으로 인해 겪는 인간 소외 문제나 개인의 욕구 표출을 해결하는 데 도움을 주기 때문이다.

그런데 이런 자발적 결사체는 추구하는 이익이 너무 사적인 영역으로 치우칠 경우 공익을 추구하는 부분과 충돌할 가능성이 있으며 어떤 경우에는 '자발적'이라는 의미를 상실하여 관료제처럼 변하기도 한다.

종합병원에 가서 가장 먼저 하는 일은 접수를 하는 것이다. 배가 아픈지, 다리를 다쳤는지를 이야기하고, 번호표를 받은 후에 진료 순서를 기다린다. 의사 선생님에게 진료를 받고 간호사의 설명에 따라 채혈실에 가서 피를 뽑거나 방사선과에 가서 MRI를 찍는다. 모든 진료가 끝난 후 수납하는 곳에서 진료비를 계산하고, 다음 약속 일정을 정한다.

다음 방문도 마찬가지이다. 병원에 도착하자마자 접수대로 가서 다시 또 이 비슷한 일을 소화해야 한다.

종합병원은 관료제의 대표적인 기관이다. 말 그대로 관료가 지배하는 조직인 정부 부처처럼 움직이는 조직을 관료제라고 하는데, 산업화에 따른 거대한 업무를 효율적으로 관리하기에 적합하다.

베버는 관료제의 특징을 크게 5가지로 정리한다.[1]

첫째는 분업이다. 병원에서 '접수→의사→간호사→채혈실→방사선실→수납'이 순서대로 이루어지는 것처럼 관료제 조직에서는 각각의 전문적인 업무가 분할되어 이루어진다.

둘째는 위계서열이 분명하다. 의사는 의사대로 '병원장–과장–전문의–수련의' 등으로 나누어지고, 접수대의 경우에도 그 업무와 관련하여 '원무부장–과장–차장' 등으로 서열이 나누어진다.

셋째는 문서화된 규칙에 의해 업무가 이루어진다는 것이다. 위 사례에서처럼 모든 일이 문서화되고 표준화되어 있기에 다른 사람이 들어와도 그 일을 자연스럽게 대체할 수 있다. 나를 담당하던 의사가 휴가를 가더라도 내 차트가 있는 한 동일한 전문 분야 의사라면 내 병력과 치료 과정을 이해하고 무엇을 어떻게 해야 할지 파악할 수 있다.

넷째, 업무처리 방식에서 몰인격적이고 공식적인 소통을 강조한다. 업무가 주로 문서를 통해 이루어지기 때문이다. 의사와 간호사가 환자에 관하여 이야기를 나누는 과정은 매우 공식적인 언어로 이루어지며 개인적인 감정 개입은 가능한 배제된다.

다섯째, 관료제의 핵심은 바로 구성원들이 가진 기술적 자질에 근거하여 채용과 승진이 이루어진다. 의사는 의사 자격이 있어야 하고, 예산을 맡아보는 부서에는 그 분야의 전문가가 있어야 한다. 그래서 관료제에서는 사람을 뽑는 자격 기준이 매우 분명하며 그 분야의 경력을 가진 사람을 우대하는 양상을 보인다.

관료제는 이런 특징 때문에 거대하고 복잡한 업무를 매우 효율적으로 처리할 수 있다. 업무 자체가 사람에 의해 움직이는 것이 아니라 표준화된 규범, 즉 시스템에 의해 움직인다. 따라서 구성원이 빠지더라도 쉽게 대체할 수 있어 지속적인 업무가 가능하여 조직이 매우 안정적이다. 또한 조직 구성원의 역할 규범이 명확하기에 갈등을 최소화할 수 있다.

그런데 문제는 이런 관료제가 현실적으로 운영되는 과정에서 잘못된 모습이 나타날 수 있다는 점이다. 예를 들어 응급 환자가 왔는데 보호자 동의 없이는 수술할 수 없다는 규정이 있을 경우, 보호자와의 연락만 시도하다가 시기를 놓쳐 환자가 사망한다면 이는 병원이 원래 갖

베버
(M. Weber, 1864~ 1920)
독일의 사회학자로 연구 방법론, 관료제, 계층 이론 등에 탁월한 업적을 남겼다. 연구 방법론에서 과학과 가치 판단을 구별하면서 이원론적 연구방법론을 주장하였고, 연구자의 가치 중립을 강조하였다. 연구자가 사회 현상에 대하여 주관적으로 구성하는 사회 현상의 특정한 측면을 발견하게 되는데 이것을 '이념형'이라고 하였다. '관료제' 연구 등에서 이런 논의를 대표적으로 볼 수 있다. 『사회과학적 및 사회 정책적 인식의 객관성』 등의 저서가 있다.

는 조직의 목적을 도외시한 것이 된다. 이렇게 관료제에서는 종종 엄격한 조직의 규범으로 인해 목적과 수단이 전치되는 '목적전치' 현상이 일어나기도 하고, 비상사태에 쉽게 적응하기 어려운 측면을 보이기도 한다.

또한 모든 것이 업무 중심으로 움직이다 보니 사람들이 소외되는 현상이 나타나기도 한다. 조직의 위계 서열로 인해 소수 권력층만 정보를 독점하여 전체와의 소통이 어려워지면서 업무처리가 효율적이지 못하다. 이렇게 되면 하부 조직에 있는 구성원들은 적당히 일을 하고 마는 무사안일주의에 빠질 수 있다.

초기의 관료제 조직은 산업화 사회에서 나타나는 효율적인 업무 처리에 매우 적합한 조직으로 여겨졌다. 그러나 정보화나 과학기술의 발달로 인해 사회가 급격히 변화하면서 관료제의 조직 대처 능력이 약해지자 이러한 문제점을 개선하기 위한 탈관료제 조직이 등장하게 되었다.

아이폰을 만들어낸 애플 같은 IT기업의 경우 관료제적인 조직의 형태를 띨 경우 창의적인 사고가 어렵다고 본다. 아이폰을 공식적으로 소개하는 무대에서 간편하게 청바지와 검정 티셔츠를 입은 CEO 스티브 잡스의 복장만 보아도 이들이 관료제 조직과 얼마나 거리가 있는지 알 수 있다.

애플에서 일해 본 사람들의 이야기에 따르면 회사 건물이 대학 캠퍼스처럼 여러 개로 나뉘어 있어서 조직의 느낌이 덜하다고 한다. 업무의 처리 과정에서도 문서에 의존하기보다는 중요한 아이디어를 중심으로 ppt자료를 통해 의견을 나누는 것이 일상적이다. 업무를 처리할때는 그 일에 관계된 사람들이 직급에 상관없이 모여서 회의를 하는데

직위 상하를 막론하고 매우 다양한 의견을 개진한다.

관료제가 하나의 큰 팀으로 움직이는 것과 달리, 작은 팀을 형성해서 움직이는 탈관료제 조직은 하나의 조직 안에 여러 개의 팀이나 업무를 나누어 담당한다. 어떤 경우에는 개인 하나하나가 그 역할을 하기도 한다. 전체 조직과 어느 정도 연계를 맺지만 자율성을 가진 전문가들이 그 분야의 업무를 수행하는 것에 초점을 두며 자율적인 의사결정을 중시한다.

따라서 빠른 사회 변화에 대응하기가 쉽다는 장점이 있다. 또한 탈관료제는 관료제에서는 불가능했던 개인 구성원의 자율성과 창의성을 발휘할 수 있으며 수평적인 의사소통을 강조한다.

〈베토벤 바이러스〉라는 드라마에서 악명 높은 지휘자 강마에 선생은 최고의 소리를 만들어내기 위해 오케스트라 단원에게 이렇게 소리쳤다. "너희들은 내 악기이다!"라고. 오케스트라의 경우 지휘자가 전권을 가지고 정해진 악보에 맞게 단원들이 연주할 수 있도록 지휘자가 내려보는 구조로 자리를 배치한다. 모든 단원은 지휘자에 맞게 일사분란하게 움직여야 하고 개별 악기의 특성을 창의적으로 내는 것을 안 된다. 지휘자의 악기 노릇을 충실히 해야 한다.

반면 재즈 음악은 조금 다르다. 재즈 연주는 크게 악보에 구애받지 않고 변주하면서 연주를 해나가기에 지휘자의 역할이 중요하지 않다. 서로 각자의 위치에서 자신의 악기를 연주면서 다른 악기와 조화를 이루는 것이 중요하다.[2]

이처럼 오케스트라가 관료제적 요소를 보인다면, 재즈는 탈관료제적 요소가 강하다.

그러나 이 둘 중 무엇이 더 낫다고 하기는 어렵다. 무엇을 연주하기 위한 조직이냐에 따라 선택은 달라질 것이다. 즉, 어떠한 일을 하려는지 그 특성을 고려하여 조직을 구성해야 하고 그 안에서 조직이 갖는 문제점을 개선하려는 노력이 필요하다.

사회학 개념 꼬집어보기

★ **사회 조직** : 특정한 목적을 수행하기 위한 사회 집단으로 집단 구성원들이 공통의 이익을 위하여 다른 구성원들과 기능적으로 활동하는 조직

★ **공식 조직** : 특정한 목표 달성을 위해 인위적이거나 의식적으로 만든 사회 조직

★ **비공식 조직** : 공통의 목적이나 구조 관계가 비교적 명확하지 않은 사회 조직

★ **관료제** : 많은 양의 업무를 규칙이나 명령에 따라 처리하는 특정한 형태의 대규모 분업 체제

★ **자발적 결사체** : 공통의 목표나 이해관계를 갖는 사람들이 자발적으로 결성한 집단이나 조직

★ **공동 사회** : 가족이나 민족과 같이 본능적으로 결합 의지를 통해 자연 발생적으로 형성된 사회 집단

★ **이익 사회** : 회사나 학교처럼 선택적인 결합 의지를 통해 인위적으로 형성된 사회 집단

경쟁과 협동,
우리는 어떤 삶을 살고 있는가?

● 사회적 상호 작용

　옛날에 세 부족이 살았다. 한 부족은 매사에 경쟁하기를 좋아했다. 그들은 무슨 일이든지 다른 사람과의 경쟁에서 이겨서 일등하고 싶어했다. 가장 살기 좋은 동굴을 찾아내기 위해, 가장 좋은 사냥감을 차지하기 위해, 가장 좋은 정원을 차지하기 위해서 경쟁하였다. 음식을 차지하지 못한 사람과 쾌적한 동굴을 차지하지 못한 사람은 죽었다. 살아남은 자들은 점점 더 위험한 방법으로 경쟁을 계속 했다. 그들은 맨손으로 호랑이를 잡는 시합을 하다가 죽었고, 음식과 좋은 자리를 차지하려다가 죽어갔다. 마침내 한 사람만이 살아남았으나 곧 그도 죽고 말았다. 왜냐하면 누군가와 경쟁하지 않고 살아가는 방법을 몰랐기 때문이다.

　또 다른 부족은 혼자 살기를 좋아하는 성미를 가졌다. 혼자 사냥을 했고 혼자 동굴에서 작업을 했으며, 위험이 닥쳤을 때에도 혼자 해결했다. 큰 홍수가 일어났을 때 많은 사람들이 죽었다. 왜냐하면 자기의 동굴에만 제방을 쌓았기 때문이었다. 또한 많은 어린이들이 호랑에게 물려 죽었다. 호랑이가 나타난 것을 다른 사람에게 경고해 주지 않았기 때문이다. 이런 상황들이 계속되면서 이 부족은 사라지고 말았다. 극단적 개인주의로 다른 사람과 관계를 형성하지 않아서 생산에 어려움을 겪었으며, 갓난아이들마저 어른들의 보살핌을 받지 못해서 죽어 갔기 때문이다.

다른 한 부족도 있었다. 이들은 집단을 이루어 서로 도우면서 사냥을 했다. 일부는 사냥감을 몰아주어서 쉽게 사냥감을 포획할 수 있었다. 또 일부는 따뜻하고 편안한 옷과 담요를 만들어 음식과 교환하였다. 어떤 이는 활을 잘 만들었고, 어떤 이는 화살을 잘 만들었다. 이들은 함께 부족민들에게 활과 화살을 공급하였다. 모든 구성원은 어떤 방법으로든 부족의 생존에 일익을 담당하였다. 그들은 서로 도우면서 생활하였기에 서로 인정해 주고 친하게 지냈으며 자주 잔치도 벌이고 즐겁게 생활하였다. 이들은 일을 하고 여가를 즐기는 데 필요한 의사소통법, 인성을 개발하는 방법 등을 발달시켰다. 이 부족은 살아남아 오랫동안 번영하였다.[3]

 ## 인간이 사회적 동물이라는 증거

부족의 사례에서 볼 수 있듯이, 인간의 삶은 상호 작용의 과정이다. 인간은 사회 속에서 다른 구성원들과 상호 작용하면서 살아간다. 이것을 사회적 상호 작용이라고 하고, 이것은 협동·갈등·경쟁 세 가지로 유형화할 수 있다.

협동은 앞서 세 부족 중 가장 번성하는 모습을 보인 이들의 행동 방식이다. 일반적으로 협동은 사회 구성원들이 공동의 목표를 이루기 위하여 서로 업무를 분담하거나 돕는 상태를 말한다. 대표적인 예로 두레, 품앗이와 같은 우리 전통적인 집단 활동이 해당된다.

협동이 실제로 잘 이루어지기 위해서 필요한 조건이 있다. 집단의 상호 작용 과정이 모든 참여자에게 공정하게 개방되어야 하고, 결과가 공정하게 분배되어야만 한다. 아무리 협동이 잘 될지라도 누군가가 자신의 기여도에 비해 받는 대우가 불합리하다고 여기면 갈등이 생기고, 더 이상 협동만으로 집단을 유지하기가 어렵기 때문이다.

갈등은 일상에서 관찰하기 쉬운 상호 작용이다. 한 집단에서 구성원들 간에 추구하는 목표의 방향이 달라서, 즉 이해 관계가 상충되어 집단 구성원들이 서로를 적대시하거나 대립하는 상태를 말한다. 노사분규가 대표적이지만, 자녀와 부모와의 대화 부족으로 인해 생기는 세대 갈등도 한 예로 볼 수 있다.

여기서 질문을 하나 던져보자. 그렇다면 갈등은 정말 나쁜 것일까. '비온 뒤에 땅 굳는다'는 우리 속담을 생각해 보면, 갈등이 일어나는 것 그 자체가 나쁜 것은 아니다. 다른 관점으로 보면 갈등은 집단 내부에 다른 생각이나 다른 이해를 추구하는 사람들이 있다는 것을 의미한다. 이는 다양성이 존재하는 상태로도 해석할 수 있다.

한 가지 예를 보자. 19세기 아일랜드에서 감자 기근으로 백만 명가량이 굶어 죽었다. 수많은 사람들의 목숨을 앗아간 감자 기근의 원인은 여러 종의 감자 중에서 오로지 한 종만을 경작했기 때문이었다. 사람들은 가장 수확량이 좋은 한 종류의 감자만을 경작하였고, 실제로 많은 감자를 캐서 이익을 얻었다. 그런데 한 종류만 키우다 보니 감자는 당연히 유전적 다양성이 결여되었고, 치명적인 전염병이 돌자, 들에 있던 감자뿐만 아니라 저장고에 있던 감자까지 모두 썩고 말았다. 당시 주식인 감자가 사라지자 사람들도 죽음에 이르게 된 것이다.

갈등은 집단 내의 협동을 가로막고 집단의 분열을 가져오게 하는 단점이 있지만, 단일종 감자만 경작하는 사회에서 생기는 면역력 약화 같은 문제점을 막을 수 있는 장점도 있다. 또한 사회 내에서 갈등을 해결할 경우, 그 집단이 발전할 수 있는 원동력이 되기도 한다. 결국 갈등이라는 상호 작용은 그 자체가 문제가 아니라 그것을 어떻게 해결하느냐가 더 중요하다.

또 다른 사회적 상호 작용인 경쟁은 이제 우리에게 너무나 익숙한 것이다. 경쟁은 집단 구성원들이 동일한 방향의 목표를 서로 지향하면서 그것에 먼저 도달하려고 하다 보니 발생한다. 입시를 앞두고 점수 경쟁을 하는 학생들이나 월드컵 경기처럼 대진해야 하는 선수들의 관계가 대표적이다.

월드컵에서 선수들이 규칙을 지키지 않으면 옐로 카드나 레드 카드로 주의를 받고, 심판이 오심을 할 경우 비난을 받는다. 이처럼 경쟁 관계에서는 공정한 규칙의 적용과 절차를 지키는 정당성이 중요하다. 규칙과 절차를 벗어난 경쟁으로 인해 갈등이 생길 수 있다. 경쟁은 이기려고 하는 과정에서 집단 간의 분열을 가져오기도 하지만, 경쟁을 위한 준비 과정에서 개인의 성장이 일어나기도 한다.

협동·갈등·경쟁은 의미있는 사회적 상호 작용이며, 서로 장단점을 가지면서 구성원들이 사회 생활을 하는 가운데 다양하게 나타난다. 그런데 앞서 보았듯이 협동에서 정당한 분배가 이루어지지 않거나 경쟁에서 정당한 규칙이 적용되지 않을 경우 갈등이 나타나기도 한다. 갈등이 잘 해결되면 집단의 협동심을 높일 수 있는 계기가 되기도 한다. 이러한 점에서 이 세 가지 유형은 독립적이라 보기 어렵다.

 사회 구성원으로서 갖는 지위와 역할

인간의 삶은 다른 사람과 사회적으로 상호 작용을 하는 과정이지만, 개인적으로 보면 수많은 지위와 그에 따른 역할 수행의 과정이다.

나는 어떤 지위를 가지고 있을까? 나는 우리 학교의 학생, 우리 집의 맏딸, 동아리의 총무 등 많은 지위를 가지고 있다. 시간이 지나 어른이 되면 지위는 더 많아진다. 회사에서의 대리라는 직책, 동문회 회원, 아내, 아이의 엄마이자 학부모 등이 그 예이다.

앞으로 살아가면서 '딸'처럼 기본적으로 태어날 때부터 누리게 되는 귀속 지위보다는 회사원이나 학생 등 내가 노력하여 스스로 성취하게 되는 성취 지위는 더 늘어나게 된다. 중요한 것은 지위에 따라 정해진 역할이 있다는 것이다. 학생이라는 지위에는 교칙을 잘 지키고 공부를 하는 등의 역할이 요구된다. 역할이란 지위에 따라 기대되는 행동 양식이다. 기대되는 행동 양식을 실제로 실행하는 것이 바로 역할 수행 또는 역할 행동이라고 한다.

학생이라는 지위에 따라 기대되는 행동 양식은 일정하지만, 실제로 그 역할을 수행하는 방식은 제각기 다르다. 공부를 하는 것이 학생의 역할이라도 실제 수업 시간에 공부를 열심히 하는 학생도 있고, 예습, 복습을 전혀 하지 않는 학생도 있는 것처럼. 이처럼 역할 수행이나 행동은 개인에 따라 달라진다.

또한 역할 수행이나 역할 행동에 따라 보상이나 제제를 받기도 한다. 가령 학생이 공부를 열심히 하여 좋은 성적을 받으면 장학금이나 우등상 등 사회적 보상을 받는다. 반면에 학교를 여러 번 빠지면 정학 처분을 받는 것처럼 사회적 제제를 받기도 한다. 사회적 보상을 받느냐 제재를 받느냐는 이처럼 내가 가진 지위에 적합한 역할 수행을 했는지에 의해 결정되는 것이다.

그런데 내가 가진 지위에서 경험하는 역할 갈등도 있다. 여기 한 사진 작가가 있다. 케빈 카터, 프리랜서 사진 작가였던 그는 수단 남부에서 유엔 식품 보급소로 가던 중 한 아이를 목격한다. 식품 보급소를 불과 1km 앞두고 굶주림에 지쳐서 쓰러져 있던 아이, 그리고 그 뒤에서 아이의 죽음을 숨죽여 기다리던 독수리. 보도 사진 작가로서 그는 사진기의 셔터를 누른 후, 30초 후에 독수리를 쫓아내고 소녀를 안고서

식품 보급소로 갔다.

그가 찍은 이 사진은 〈수단 아이를 기다리는 게임〉이라는 이름으로 세상에 알려져 수단의 기아 문제에 대한 세계적인 반향을 일으켰고, 이 사진으로 그는 1994년 퓰리처 상을 받았다. 그러나 사진을 본 사람들은 왜 아이를 먼저 구하지 않았냐고 그를 질타했다. 그는 퓰리처 상 수상 후 얼마 되지 않아 스스로 목숨을 끊었다.[4]

그는 사진을 찍은 후 소리내어 울었다고 했다. 보도 사진 작가로서 자신의 역할과 한 인간으로서 역할 중 보도 사진 작가의 역할을 선택했던 자책감 섞인 울음인지, 그 아이를 위한 울음인지 불분명하다. 보도 사진 작가로서의 역할 수행을 한 그는 보상을 받았지만, 그는 동시에 인간으로서 역할 수행을 하지 못한 비난을 받았다. 결국 그는 스스로 세상을 포기했다.

세월이 지난 후, 그의 딸은 "세상은 아버지를 독수리와 동일시했다. 그러나 내게 아버지는 독수리의 공격 앞에 속수무책이었던 그 소녀였고, 내게 세상은 바로 독수리였다"고 했다. 과연 나는 이러한 역할 갈등에서 어떤 선택을 할 수 있을까?

우리 모두 무수한 역할 갈등을 경험하면서 살아간다. 부모님 말씀을 잘 듣고 싶지만, 친구들과 마음껏 어울려 놀고 싶기도 할 것이다. 결국은 그런 상황에서 어떤 선택이 최선인지, 그리고 그 선택에 따라 역할 수행을 했을 때 받을 사회적 보상과 제재에 대해 어떻게 수용할 것인가를 고려해야 한다.

오늘도 우리는 타인과 관계를 맺으면서 정해진 지위에 요구되는 역할을 수행하고, 또 그로 인해 역할 갈등을 하기도 한다. 다른 사람들과 협동, 또는 경쟁 그리고 갈등하면서 살아간다. 그러면서 우리는 우리

뒤에 있는 독수리로부터 스스로 생명을 지켜야 한다.

그러나 우리가 절대 잊지 말아야 할 것은 오직 하나, 세상 사람들 등 뒤에서 그들의 죽음을 기다리는 독수리는 되지 말자는 것이다. 그래서 더불어 번성하는 부족이 되어야 한다는 것이다.

사회학 개념 꼬집어보기

★ **사회적 상호 작용** : 사회 구성원들이 집단에서 지속적으로 관계를 맺고 의사소통하는 것

★ **지위** : 개인이 사회 구성원으로 사회 내에서 차지하는 위치로 귀속 지위 와 성취 지위로 나뉨

★ **역할** : 지위에 따라 기대되는 행동 양식

★ **역할 행동** : 주어진 역할에 대하여 개인들이 실제 수행하는 구체적인 행동

★ **역할 갈등** : 한 개인에게 요구되는 역할의 충돌로 인해 일어나는 심리적 갈등으로, 하나의 지위에 상반된 역할 수행을 요구하여 일어나는 역할 긴 장과 두 가지 이상의 지위를 가지고 있어서 상반된 역할 수행을 요구하여 일어나는 역할 모순으로 구분함

'김모 군'은 왜,
어떻게 문제아가 되었나?

일탈과 비행

　열다섯 살 중학생이 담배를 피운다. 학교 친구를 왕따시켰다. 고등학생이 유흥업소에 드나든다. 학교를 중퇴한 열일곱 살 여자아이가 편의점에서 물건을 훔쳤다.

　이 사례 속 주인공들의 공통점은 무엇일까? 간단히 말하면 일탈 행동을 한 것이다. 일탈은 한 사회에서 규범으로 여기는 것에서 벗어나는 일을 말한다. 위에 서술한 사례는 현재 한국 사회의 규범에서 벗어난 행동이기에 일탈 행동이다. 그 중에서 특히 법 규범으로 금지된 일을 한 경우를 범죄라고 한다.

　범죄 사회학자들은 인간 범죄에 대해 다양한 연구를 시행했는데, 특히 인간의 외모가 범죄에 영향을 미치는가에 대한 연구가 오래 전부터 이루어졌다. 범죄학의 아버지라고 불리는 롬브로소는 범죄자는 뚜렷한 외형적 특징이 있어서 다른 사람과 구분이 가능하다고 주장했다.

그가 주장하는 범죄자는 어떤 외형을 가졌을까? '튀어나온 이마, 고르지 못한 치열, 들어간 턱' 등 타고난 신체적 특징 이외에도 '나이에 비해 많은 주름살, 문신'과 같이 다양한 특징을 통해 범죄자와 그렇지 않은 사람들을 유형화하려고 하였다. 종종 경찰이 불심검문을 하는 경우, 무작위로 사람을 고르는 선택적 행동은 이러한 외형에 따른 범죄자 인식 여부와 관련성이 높다는 것이다.

그러나 오늘날의 범죄 사회학자들은 롬브로소의 이론을 잘못되었다고 본다. 그리고 일탈 행동이나 범죄, 또는 청소년 비행 등을 좀더 과학적으로 접근한다. 과학적인 이론에서는 크게 두 가지 측면에서 접근한다. 하나는 구조적인 측면에서 청소년 범죄가 왜 일어나는지 원인에 초점을 맞추어 설명하는 것이고, 다른 하나는 청소년 범죄나 일탈은 어떤 과정을 거쳐 이루어지는지 설명하고자 한다.

일탈 행위의 원인에 관심 갖기

'가난한 집안 형편으로 고등학교를 중퇴한 열여덟 살 김모 군과 십대 무리가 도둑질을 하다가 경찰에 잡혀 실형을 선고받았다'는 기사를 보고 사람들은 무슨 생각을 할까? 사회학자들은 이 현상을 보면 그들이 왜 그런 행동을 하는지 원인에 관심을 갖는다. 이때 이러한 사회적 일탈 행위를 바라보는 관점에는 여러 이론이 존재한다.

아노미 이론
사회학자인 뒤르켕의 설명에 따르면, 자본주의가 급격히 발달하는

과정에서 사회 해체가 일어나고 사회 규칙이
붕괴되는 무규범 상태인 아노미가 발생한다.
예전에는 도둑질을 하면 안 된다는 규범을
잘 지켰지만, '돈'을 가장 중요하게 여기는
사회적인 분위기가 팽배하자 청소년들은
'돈'을 갖고 싶은 그 욕망을 누를 수 없게 되
고, 결국 도둑질을 하게 된 것이다. 결국 김
모 군과 같은 청소년들의 도둑질 행위는 규
범이 혼란한 사회 구조적 문제 때문에 발생한 것이다.

> **뒤르켐**
> (E. Durkheim, 1858~1917)
> 프랑스의 사회학자. 특히
> '자살'에 대한 연구로 유
> 명하며 이기적 자살, 이타
> 적 자살, 숙명적 자살, 아
> 노미적 자살 등으로 분류
> 하여 설명하였다. 그의 이
> 론을 이어받은 뒤르켐 학
> 파가 나오기도 하였다.

  머튼이라는 학자는 아노미를 조금 다르게 설명하기도 한다. 자본주
의 사회에서는 '돈'이 사회적으로 중요한 목표인데, 하류층이면서 고
교 중퇴자인 김모 군의 경우는 제도적으로 '돈'을 획득할 수 있는 수
단, 즉 사회적 목표에 도달할 수 있는 합법적인 수단을 가지지 못했기
에 도둑질이라는 범죄를 저지를 수 밖에 없다는 것이다.

  즉, 그 사회에서 중요하게 여기는 목표를 성취할 만한 합법적인 수
단을 갖지 못하는 괴리로 인해 범죄를 저지른다고 설명한다.

  아노미 이론은 비행이나 일탈 행동의 원인을 사회 구조와 개인의 관
계 속에서 찾으려 했다. 결국 일탈이나 비행은 사회생활을 하는 개인
이 가치 혼란 속에서 자신의 욕망을 누르지 못하거나, 제도화되지 않
은 비합법적인 수단을 사용하기 때문에 생기는 것이다.

사회 해체론

  아노미 이론과 유사한 이론으로 사회 해체론이 있다. 이 이론은 주
로 도시빈민에 관심을 가진 미국 시카고 대학의 사회학자의 논의와 관

시카고 학파

1920~1930년대 미국 시카고 대학의 사회학자들. 질적 연구 방법을 통해 산업 사회에서의 도시에 관심을 가지고 연구하면서 지역 사회에 대한 연구를 실시하였다.

련이 있다. 이들의 관점에서 김모 군의 행위를 설명을 해보자.

김모 군이 살아가는 지역 사회는 급격한 공업화와 도시화로 인해 새로운 이주민들이 급격하게 들어오게 되었을 것이다. 그러면서 김모 군이 기존에 살던 지역에서 강조하던 1차적인 인간관계나 가치 규범 등은 무너지고 익명성이 강해진 환경으로 변하게 된다. 기존의 사회 질서가 해체되는 것이다.

결국 사회의 변화로 인해 사회 규범 등이 무너지면서 십대들을 통제할 기능을 상실하고, 그로 인해 김모 군과 친구들이 범죄를 저지른 것이다. 이는 주로 근대화 과정에서 도시화를 경험하는 지역에서 발생하는 범죄나 일탈을 설명하는 이론으로 많이 사용된다.

하위 문화론

청소년들의 행동을 다르게 설명하려는 사람들도 있다. 예를 들어 하류층의 중퇴자 집단만의 독특한 생활 방식이 그런 범죄를 만들었을 것이라고 보는 것이다.

일반적으로 문화는 한 사회 구성원들의 의식주나 가치나 행동 등이 나타나는 일상의 생활 양식을 말한다. 그런데 문화는 그 사회 전체에 동일하게 나타나는 것이 아니며, 한 사회 내에서도 부분적인 환경의 영향을 받아서 다르게 나타난다.

이처럼 한 사회에서 부분을 이루는 집단들에게서 나타나는 특이한 문화를 하위 문화라고 한다. 예를 들어 여성 문화, 청소년 문화, 학생

문화 등이 모두 하위 문화이다.

코헨이라는 학자는 하위 문화 측면에서 비행이나 일탈 행동을 설명한다. 그의 이론에 비추어보면 김모 군은 계층적으로 하류층이고, 고교 중퇴자라는 특징을 갖는다. 인간은 자신이 속한 집단의 규범을 학습하면서 사회화하는데, 이 과정에서 자신이 속한 무수한 집단의 규범 중 어느 하나를 선택하게 된다.

하류층에 속한 김모 군은 중산층에 의해 움직이는 사회 규범에 불만을 품는다. 그리하여 기존의 문화에 거부하면서 지배 계층이 선호하지 않는 다른 행동이나 문화, 즉 도둑질과 같은 비행 문화를 경험하게 된다. 결국 하류층 내에서의 독특한 하위 문화로서 비행 문화를 익혀 사회화하고, 그것을 실행하게 되는 것이다.

동일하게 하위 문화를 주장하지만, 밀러라는 학자의 설명은 조금 다르다. 하류층 고교 중퇴자인 십대들의 문화는 이미 그 자체로 하류 계급의 독특한 문화로서 오랫동안 역할을 해왔고, 김모 군은 당연히 그 계층에 속하므로 그 문화를 학습하게 되며, 그 결과 비행이나 일탈을 하게 된다고 본다.

결국 하위 문화론은 하류층에서 일탈이나 비행이 일어나는 이유를 설명하는데, 지배 문화에 대항하기 위해 또는 자신이 속한 계급 문화를 사회화했기 때문이라고 본다.

지금까지 살펴본 아노미 이론이나 사회 해체론, 하위 문화론은 모두 개인이나 어떤 집단의 일탈 행동이나 비행의 원인을 밝히려는 시도로 그 원인을 사회 구조적인 문제나 사회 문화적인 요인에서 찾고자 한다. 그들은 비행이나 일탈 행동이 생기는 것은 개인들이 사회 구조에 적응하지 못하거나 사회 질서가 제대로 작동하지 않아서라고 설명한다.

이러한 점에서 사회 구조적인 측면에 관심을 주로 가지며, 상당 부분 기능론적인 관점을 취한다. 이런 기능론 관점에서 문제 해결의 방향은 사회 구조나 사회규범이 적절한 기능을 다시 회복해야 한다. 더불어 비행이나 일탈 행동을 하는 김모 군과 같은 십대들에게 그 사회에서 중요하게 여기는 지배적 가치나 규범을 명확하게 사회화시키는 것이 중요하다.

 ## 비행 청소년이 되는 과정에 관심 갖기

그럼 하류층 청소년들 모두가 일탈 행위를 하는 것일까? 그들이 어떻게 비행 청소년이 되었는지 관심을 가진 연구자들도 있다. 그들의 이론을 살펴보자.

차별적 교제이론

서들랜드라는 학자는 이렇게 설명한다. '결국 김모 군과 같은 십대들의 범죄 행위도 누군가와 상호작용을 통해 배운 것이다.'

서들랜드의 이론에 따라서 김모 군의 범죄를 재구성해 보자. 김모 군의 주변에는 아마도 도둑질을 하는 사람이 있었을 것이다. 그는 그들에게서 도둑질을 배웠으며, 그것이 잘못되었다는 것을 배우지 못해서 그런 범죄를 저지르게 되었을 것이다.

이처럼 범죄자들은 교도소에서 다른 재소자에게 새로운 범죄 기술을 배우거나 함께 공모하여 범행을 저지르기도 한다. 결국 '누가 범죄나 일탈을 하는가'라는 문제는 누구와 교제하고 무엇을 학습하는가에

대한 차별적인 상황에서 일어나는 상호 작용의 과정이다. 이 과정에서 범죄나 일탈 행위를 학습하고 그것을 실행하게 된다는 것이 바로 차별적 교제이론의 주장이다.

낙인 이론

또 다른 설명도 가능하다. 김모 군이 도둑질한 행동을 보고, 그들을 일탈 행동을 한 범죄자나 청소년 비행을 저지른 사람이라고 사회적으로 규정했기 때문에 그런 정체성이 더 강화되고 결국 범죄자로 살아가게 되는 것이다. 이 주장은 왜 비행 행위를 하는가에 대해서는 설명하려 하지 않는다. 다만 어떤 과정을 거쳐서 일탈 행위자나 범죄자로 살아가는가에 초점을 둔다.

대표적인 학자인 벡커의 주장에 따르면, 일탈은 한 사람의 행위에 의해서 결정되는 것이 아니라 다른 사람들이 규범을 정하고 그 규범을 위반한 사람에게 제재를 가했기 때문에 생겨난다.

따라서 김모 군이 도둑질한 것 그 자체가 문제가 아니라, 그것을 범죄라고 규정하면서 그를 일탈 행위자로 만드는 것이 문제인 것이다.

그런데 김모 군이 일탈 행위자로 한번 규정을 받게 되면 주변 사람들에게 영원히 범죄 가능성이 있는 사람으로 인식된다. 이렇게 되면 그는 이미 범죄자라고 낙인찍혀 여러 제재나 불이익을 받을 뿐만 아니라 유사한 사건이 생기면 경찰이 가장 먼저 그를 관찰할 것이고, 범법자라는 꼬리표 때문에 취업이 힘들어진다. 결국 이런 불이익 속에서 그는 다시 범죄를 저지를 가능성이 커진다.

결국 '낙인'을 설명하는 주장은 어떤 과정을 거쳐서 범죄자가 되는가에 초점이 있는 것이 아니라 그를 범죄자라고 누가 그렇게 규정하는가에 초점을 둔다. 이런 주장은 갈등이론에서 말하는 '지배-피지배' 계층간의 가치 갈등의 문제와 연계성이 있다.

차별적 교제이론을 주장한 학자들이 사회 해체론자들과 관련성이 있기 때문에 기능론적 요소도 담겨 있다. 또 낙인 이론을 '누가 낙인을 하는가?'로 이해하면 갈등론적 요소와 연관되기도 한다.

그럼에도 차별적 교제이론과 낙인 이론은 김모 군이 어떻게 해서 범죄자가 되는가에 초점을 두어 설명하기 때문에 상징적 상호 작용론과 깊은 연관이 있다.

🛶 사회 불평등으로 인한 일탈 행위

김모 군이 범죄자가 된 것은 인간의 물질적 욕망을 조장하는 사회 체제에서 가난하게 살아가기 때문이다. 더구나 김모 군이 상류 계층이었다면 그러한 행동을 했을지라도 미리 조치를 취해서 범죄자가 되지 않았을지도 모른다. 결국 그가 범죄자가 된 것은 지배 계층이 정한 법과 규범들이 그들에게는 유리하게 작동하고, 피지배 계층에게는 불리하게 적용되기 때문이다.

갈등론에서는 기존 이론이 설명하지 않는 다른 측면에도 관심을 기울인다. 김모 군의 행위가 지배 계층에 의해 범죄로 과대 포장될 수 있다는 점이다. 실업이나 경제적 어려움이 생기면 국민들은 정부를 매도하는데, 이 때 사람들의 관심을 딴 곳으로 돌리기 위해 김모 군이 한 가벼운 행동을 과대 포장하여 사회 문제처럼 왜곡한다는 것이다. 이를 통해 정부는 강력한 법을 집행하여 강한 힘을 유지하려고 한다는 것이다.

사실 갈등론은 김모 군의 행동인 '도둑질'이라는 일탈 행동에 초점을 맞추기보다는 그런 행동을 사회 문제라고 포괄적으로 인식하는 것에 초점을 두어 설명한다. 결국 갈등론에서 보면 '범죄와의 전쟁'과 같은 구호 또한 그 사회에서 일어나는 일탈 행동을 과대 포장하여 공권력을 강화하려는 지배 계층의 음흉한 행위인 것이다.

기능론과 갈등론은 모두 비행이나 범죄, 일탈이 일어나는 이유를 사회 구조에서 찾는다. 그러나 사회 구조가 일시적으로 문제가 생긴 것으로 보는 기능론과 달리 갈등론은 사회 자체의 불평등 때문이라고 설명한다.

모든 사람이 일탈을 하지는 않는다

사회 통제론(사회유대이론)

"왜 김모 군과 같은 십대들은 도둑질을 하였을까?"라는 질문을 반대로 "왜 사람들은 규범을 준수할까?"라고 바꾸어보자. 한 사회에서 구성원이 규범을 잘 지키는 것을 이해하게 되면 비행이나 일탈 의 원인도 이해할 수 있지 않을까? 이런 생각을 기본으로 하여 비행이나 일탈을 연구한 학자들도 있다. 이는 크게 '인간의 행위는 합리적인 선택의 결과'라는 교환 이론과 연계된다.

허쉬라는 학자의 이론에 비추어서 규범을 잘 지키는 다른 청소년들을 살펴보자. 김모 군을 비롯한 대다수의 청소년들은 규범을 어기고 싶어하는 충동을 느낀다.

그런데 다른 청소년들은 김모 군과 달리 가족간의 유대가 강하거나 학교에서 선생님의 관심을 받거나, 규범이 잘 지켜지는 지역 사회에 속해 있을 수 있다. 이들은 규범을 잘 지키면서 살아가게 하는 사회적 유대와 통제가 강한 사회의 구성원인 것이다.

이들 모두 잠정적으로 일탈 행동을 할 가능성이 있는 사람이지만, 규범을 잘 지키는 청소년은 자신이 일탈 행동을 하게 되면 부모나 친구와 같은 주변 사람들이나 학교에서의 자신의 위치 등에서 해를 입게 될 것이라는 두려움이 더 크기 때문에 일탈 행동을 하지 않는다. 반면에 김모 군은 부모나 친구들의 통제를 덜 받기에 관계에서 문제가 생기는 것에 대한 두려움이 없고 이에 따라 일탈 행동을 선택한다는 것이다.

결국 이들 모두 일탈 행위를 할 경우 자신이 얻을 이익과 위험을 고려하면서 계산한다. 규범을 잘 지키는 이들은 위험이 더 크기 때문에 일탈을 선택하지 않는 것이고, 김모 군은 위험이 이익에 비해 적기 때문에 일탈 행위를 하는 것이다.

이처럼 행위는 하나인데 그것을 설명하는 학자들의 관점은 너무나 다양하다. 김모 군의 행위는 어느 이론으로 설명하는 것이 좋을까?

사회학 개념 꼬집어보기

★ **일탈 행동** : 한 사회에서 통용되는 사회적 규범에서 벗어난 행동

★ **시회 문제** : 한 사회에서 발생하는 문제로 그 사회의 제도나 구조의 문제나 결함, 혹은 모순으로 인해 나타나는 것

★ **하위 문화** : 어떤 사회에 전반적으로 나타나는 문화와 달리 그 사회의 일부 특정한 집단에서 나타는 문화

하늘 바라보기

오늘은 친구들과 사람들이 많이 오가는 거리로 나가 실험을 하나 해 보자. 실험 과정은 간단하다. 당신과 친구들이 무리를 지어 하늘을 올려다보고 있으면 된다. 주의해야 할 점은 딱 하나. 누군가는 조금 떨어진 곳에서 당신들의 실험을 살펴보아야 한다.

자, 먼저 당신과 친구 1명이 지나가다가 돌발 행동을 하는 것처럼 갑자기 하늘을 올려다보자. 나머지 친구들은 숨어서 주변을 지나가는 사람들 중 몇 명이나 따라서 하늘을 바라보는지를 기록하자.

시간이 조금 지나면 당신과 친구 4명, 그러니까 5명이 하늘을 올려다보자. 실험 방법은 동일하다. 이번에도 지나가는 사람들 중에서 몇 명이나 하늘을 바라보는지 기록해야 한다.

이렇게 점차 함께 하늘을 보는 친구의 수를 늘려서 마지막에는 친구 1명을 제외하고 모두가 거리로 나가 동시에 하늘을 보면 된다. 몇 명이나 여러분들의 행동을 따라하는지 기록한다.

어떤 결과가 나올까? 이 실험은 밀그램이라는 사회학자가 1969년에 했던 '하늘 바라보기' 실험이다. 연구자들은 집단의 크기가 어느 정도일 때 개인들이 집단을 따라하는지 동조 현상을 살펴보고자 했다. 이 실험에서 2명보다는 5명일 때, 5명보다는 8명일 때, 즉 집단의 크기가 커질수록 하늘을 바라보는 행동에 동조하여 따라하는 사람들의 수가 증가했다. 그것이 아무런 의미가 없는 행동임에도 말이다.

우리가 살아가면서 사회 구조가 요구하는 행동을 하고, 일탈을 하지 않으려는 이유는 무엇일까? 이 실험에서 해답을 찾을 수 있다. 실험 결과에 따르면 개인의 행동은 보이지 않는 어떤 사회적 힘의 영향을 받고 있고 그 사회의 규모가 클수록 영향력에 더욱 지배받기 쉽기 때문이다.

그런데 인간이 이러한 사회적 영향력을 수동적으로 받아들이기만 하는 존재일까? '하늘 바라보기' 실험을 했을 때 그냥 지나쳤던 사람들도 많았음을 기억할 것이다. 결국 인간은 사회에 동조하면서도 또 어떤 경우엔 자율적인 선택을 하는 그런 존재가 아닐까?

최근 우리나라의 영화나 음악이 아시아는 물론 유럽에서까지 굉장한 인기를 끌고 있습니다. 하지만 20년 전까지만 해도 우리나라 십대의 우상은 대부분 할리우드의 영화 배우들이었습니다. 이처럼 문화는 시대의 흐름에 따라 변하기도 하고 다른 문화와의 교류를 통해 발전하기도 합니다. 이제 우리의 일상과 문화가 어떻게 연결되어 있는지, 그리고 문화를 이해하는 올바른 관점은 무엇인지 살펴봅시다.

2장

우리를 인간답게 하는 것,
문화

Check

인간과 동물을 구분짓는 것은 문화이다.	예 ☐ 아니오 ☐
나는 다른 사회의 문화에 개방적이다.	예 ☐ 아니오 ☐
다른 지역으로 여행을 하면 현지 문화에 잘 적응하여 불편함이 없다.	예 ☐ 아니오 ☐
생소한 문화 현상을 보면 어쩐지 이상하다는 생각부터 든다.	예 ☐ 아니오 ☐
한국은 다양한 문화를 인정하는 사회이다.	예 ☐ 아니오 ☐

웨딩드레스를 입을까
사모관대를 입을까?

문화의 의미와 속성

일본 고지마 섬의 동물 연구소에서는 원숭이들에게 흙이 묻은 고구마를 먹이로 주었다. 어느 날 어떤 원숭이 한 마리가 우연히 고구마를 바닷가에 떨어뜨렸다가 먹어보니 맛있었는지, 다음 날도 그런 행동을 했다. 시간이 지나면서 그를 따라 하는 원숭이가 늘어났고, 마침내 그 연구소의 모든 원숭이들이 그렇게 고구마를 먹게 되었다. 그러자 다른 섬에 살면서 이들과 접촉이 없던 원숭이들도 이들처럼 고구마를 씻어 먹는 현상이 나타나게 되었다.

이는 '백 마리 원숭이론'으로 원숭이 백 마리에게서 일어난 변화가 사회 구성원 혹은 더 나아가 사회 전체를 바꿀 수 있는 힘으로 작용한다는 것이다.

즉, 어떤 한 사람의 힘은 약하지만 100번째까지 변화가 일어나면 그 것이 임계치가 되어 사회 전체를 변화시킬 수 있다는 것이다. 이것은 사회 구성원인 행위자의 노력으로도 사회를 변화시킬 수 있다고 주장하는 점에서 긍정적이다.

그러나 곧 이것이 허구라는 주장이 제기되었다. 고지마 섬의 원숭이가 고구마를 씻어 먹은 것은 사실이지만 그런 원숭이가 백 마리까지 되지 않았다는 것이다. 그 섬에 있던 원숭이 모두가 그런 행동을 한 것도 아니었다. 그리고 그 행동은 10여 년이 지난 이후에는 완전히 사라져버렸다.

그런데도 이것을 확대 재생산하여 백 번째 원숭이를 만들어내고 이것을 통해 사회적 행위자로서 개인의 역할을 강조하여 책을 쓴 것은 원숭이와 달리 인간이 가진 창조적 능력 때문에 가능한 일이다.

 ## 문화의 의미가 다양한 이유

"너도 문화 생활을 좀 하는 게 어때?", "저 나라 사람들의 행동이야말로 문화 시민으로서 모습이지", "저건 청소년들만의 독특한 문화야"라는 말에서의 문화는 모두 다른 의미로 사용된다.

문화의 어원인 라틴어 'cultura'는 '경작, 재배'에서부터 '교양, 예술' 등의 의미가 되었다가 '인간이 사회 구성원으로 살아가는 행동 체계나 신념 등의 생활 양식'으로 이해된다.

즉, 문화는 동물과 달리 창조적 능력을 가진 인간을 구분하는 개념이다. 원숭이를 비롯한 다른 동물은 가지지 못한 것, 인간만이 갖는 유일한 것이 바로 문화이다.

앞서 '문화 생활'에서 말하는 문화는 음악, 연극 등 인류가 만들어낸 가치의 소산물을 말한다. 일반적으로 신문의 문화면은 문화의 이러한 측면을 핵심적으로 다루는 공간이다. 이에 비해 '문화 시민'에서의 문화는 특히 세련되거나 고급스러운 것, 혹은 서구적인 것을 의미하기도 한다. 따라서 세련되지 못하거나 교양이 없는 사람에게 '문화적이지 못하다'고 평가하는 경우가 많다. 이와 달리 '청소년 문화'에서 말하는 것은 부분적으로 어떤 집단에서 나타나는 문화라는 의미로 부분 문화, 하위 문화라고도 한다.

가장 일상적으로 사용하는 문화라는 말은 '인간에게만 나타나는 사유나 행동 양식'을 의미한다. 부분 문화, 하위 문화에서의 문화와 같은 의미이다. 그 문화를 가진 집단이 민족인지 청소년 집단인지의 차이만 있을 뿐, 인간의 일상적인 사유나 행동 양식이라는 의미는 동일하기 때문이다. 이렇게 문화의 개념을 정의하면 문화는 모든 시대와 사회에 걸쳐 나타난다.

이처럼 문화가 모든 시대와 사회에 걸쳐 나타나는 것이 가능한 이유는 무엇일까?

그 답은 바로 제일성(濟一性)이다. 이는 인간이 가진 생물적·심리적·본성적으로 공통된 성향을 의미하며 바로 이 때문에 문화의 보편성이 나타난다. 문화의 보편성이라는 것은 인간 문화가 가진 공통적인 성향을 말한다. 대부분의 사회에서 적정한 연령이 되면 결혼을 하며 도둑질이나 살인을 금기시하는 것이 나타나는 것이 그 예이다.

그러나 시대나 사회마다 결혼 풍습의 세부 내용은 모두 다르다. 문화의 세부 내용이나 형태가 다른 이유는 인간 집단의 고유한 환경이나 역사 등을 통해 문화가 독자적으로 발전해 왔기 때문이다. 시대나 사회에 따라 문화의 세부 내용이 달리 나타나는 것을 문화의 특수성이라고 한다. 문화의 특수성으로 인해 문화의 다양성이 나타난다.

 ## 문화의 보편성과 특수성

우리의 결혼 문화를 한번 살펴보자. 요즘 흔히 볼 수 있는 결혼식은 어떤 모습일까?

예식장에서 제일 먼저 눈에 띄는 것은 웨딩드레스를 입은 신부와 정장을 입은 신랑이다. 웨딩마치가 울리고 신랑과 신부 입장이 이루어진 후 주례사가 이어지고, 예식이 끝나면 다함께 사진을 찍거나 신부가 부케를 던지는 간단한 예가 이루어진다. 신랑 신부가 폐백을 드리는 사이 결혼식에 참석한 사람들은 식당에 모여 잔치 국수와 같은 음식을 먹으면서 다른 사람들과 인사를 나눈다. 폐백을 마친 신랑 신부는 가족의 인사를 받으며 신혼여행을 간다.

결혼식을 통해 문화의 속성을 살펴보자.

결혼식에서 신랑이 먼저 입장하고 신부가 뒤에 입장하며, 자신의 결혼을 축하하기 위해 온 사람들에게 어떻게 행동해야 하는지 신랑 신부는 자연스럽게 안다. 누구나 웨딩드레스를 입고 입장하는 여자를 신부라고 여기고, 결혼식에 참석한 사람들은 당연히 축의금을 낸다. 그리고 이웃집에서 함을 팔러 온 사람들을 보면 곧 그 집에 결혼식이 있다는 것을 알게 된다.

이것은 그 문화의 학습성 때문이다. 문화는 후천적인 사회화의 결과물이다. 배가 고픈 것은 인간의 본능이지만, 수저를 사용하여 밥을 먹는 것은 후천적으로 학습하여 배웠기에 가능하다.

　왜 그럴까? 한국 결혼식에서 그렇게 한다는 것을 이미 사회 구성원 모두가 알고 그런 문화를 공통적으로 받아들이기 때문이다. 이것을 문화의 공유성이라고 한다. 바로 이러한 문화의 속성으로 인해 신부가 신랑보다 먼저 입장하거나 축의금 접수대에 돈 대신 사탕을 넣은 보따리를 건넨다면 사회 구성원들은 이상하게 생각할 것이다.

　이처럼 문화의 공유성으로 인해 어떤 상황에서 사람들이 어떤 행동을 할 지 예측할 수 있으며, 그렇게 하지 않을 때에는 사회적 제재를 받기도 한다.

　자, 이제 다른 생각을 해보자. 폐백을 드릴 때 시부모는 신랑 신부를 향해 밤과 대추를 던진다. 밤은 조상을 잘 섬기라는 의미이고, 붉은 대추는 아들을 뜻하기에 많은 자손을 낳기를 바라는 소망이 담겨 있다. 우리나라 결혼식에서만 이런 예가 이루어지는 것은 바로 유교에서 조상을 섬기는 정신과 가부장적인 사고가 연결되어 있기 때문이다. 결혼은 단순한 예식이 아니라 조상들에 대한 신념, 가족 제도 등의 의미가 서로 연관되어 있는 셈이다.

이렇게 문화가 그 사회의 다른 문화 요소와 상호 유기적인 관련성을 맺으면서 존재하는 것을 총체성이라고 부른다. 즉, 문화의 각 요소는 서로 간의 교류를 통해 전체를 이룬다. 이는 앞서 읽은 '사회유기체론'과 같은 맥락이다.

한 사회의 문화 요소가 달라지면 다른 부분도 달라지기도 한다. 과거에는 시댁 어른께만 드리던 폐백을 요즘에는 처가 어른께도 드리는 것은 현대의 성평등 의식이 반영된 것으로, 이 또한 문화의 총체성으로 인한 것이다.

이처럼 문화는 고정되어 있는 것이 아니라, 시간이 지나면서 변화한다. 과거 신랑은 사모관대를 입고 신부는 족두리를 썼던 것과 달리 요즘 결혼식 예복은 완전히 달라졌다. 이처럼 문화의 내용이나 형태에 시간이 지나면서 새로운 것이 덧붙여지거나 기본적인 원형만 남고 달라지는 현상을 문화의 변동성이라고 한다.

그런데 우리는 기록을 통해 문화 변동의 과정을 이해할 수 있다. 문화는 언어와 문자를 통해서 다음 세대로 전승되고 축적되므로 인간은 문화를 학습할 수도 있고 새로운 요소를 더하면서 더욱 풍부한 문화를 갖추게 된다. 이처럼 어떤 문화 요소가 시간의 흐름 속에서 그 내용이 구전되거나 기록되어 다음 세대로 전달되는 것을 문화의 축적성이라 한다.

결국 문화가 갖는 학습성·공유성·총체성·변동성·축적성은 서로 긴밀하게 연결되어 서로의 속성을 이루는 특성을 보인다. 이 점에서 어떤 문화 현상을 하나의 속성으로만 설명하기는 어렵다. 그러므로 문화가 가진 다양한 속성을 함께 고려하면서 지금 현재 우리가 누리는 문화를 바라볼 필요가 있다.

사회학 개념 꼬집어보기

★ **문화** : 인간 생활 양식의 총체로서 언어, 사고 양식, 행동 양식 등이 담겨 있음

★ **하위 문화** : 사회의 일부 특정한 집단에서 나타는 문화

★ **인간의 제일성** : 인간의 심리적 부분에서 보편성이 나타나는 것

★ **문화의 학습성** : 인간이 문화를 갖는 것이 본능에 의한 것이 아니라 후천적으로 학습을 통해 얻는다고 보는 문화의 특성

★ **문화의 공유성** : 한 사회에서 그 사회 구성원이 문화에 대하여 다함께 알고 있다고 보는 문화의 특성

★ **문화의 총체성** : 한 사회의 문화들은 서로 연관되어 있어서 상호 간에 영향을 미친다고 보는 문화의 특성

★ **문화의 변동성** : 한 사회의 문화가 고정된 것이 아니라 시간의 변화와 더불어 변모한다고 보는 문화의 특성

★ **문화의 축적성** : 한 사회의 문화 내용이 구전이나 기록되어 다음 세대로 전해지면서 문화 내용이 누적되는 문화의 특성

한 사회에는
하나의 문화만 있을까?

● 하위 문화와 반문화

　한국 문화를 대표하는 것은 무엇일까? 어떤 사람은 김치나 비빔밥 같은 음식을, 어떤 사람은 소녀시대나 배용준 같은 한류 스타를, 또 다른 사람은 열정적이면서도 급한 성미의 민족성을 떠올린다. 이처럼 한국 문화에 대한 사람들의 생각은 매우 다양하다. 이 속에는 상징도 있고 가치도 있고 예술도 있다.

　아시아와 아프리카로 영향력을 넓히던 유럽의 여러 나라들은 자국의 식민지에 인류학자를 보내어 그들의 문화적 특성을 파악하고자 했다.

　2차 세계대전 당시 미국은 적군이었던 일본에 대한 정보가 부족했다. 적국의 문화를 이해해야 그들에게 적합한 전략을 세울 수 있다는 점을 고려하여 일본 문화에 대한 연구가 필요했지만, 전쟁 중에 적국을 방문하는 일은 불가능했다. 이에 미국은 루스 베네딕트라는 인류학자에게 일본의 문화에 대하여 연구하도록 하였다.

그는 일본에 관한 정보와 서적뿐만 아니라 당시 미국에 살고 있는 일본인과의 면접을 통해 일본인의 민족성을 연구하여 정부에 보고하였다. 전쟁이 끝난 후 그 내용을 정리하여 출간한 책이 바로 『국화와 칼』이다.

이 책의 제목은 일본의 민족성을 상징한다. '국화'는 예의바르고 매우 섬세한 일본인의 성향을 상징적으로 표현한 것이고, '칼'은 말 그대로 무(武)를 숭상하고 호전적이면서

군국주의적 성향을 갖는 일본인을 의미한다. 베네딕트는 국화와 칼이라는 두 가지 상징을 활용하여 불손한 듯하면서도 예의를 강조하고, 완고한 듯하면서도 융통성을 갖고, 보수적인 듯하면서도 새로운 것을 잘 수용하는 일본인들의 이중적인 문화를 설명하였다.

그가 국화와 칼, 그리고 이외의 다양한 요소들을 활용하여 일본 문화의 특징을 서술한 것처럼 한국 문화, 미국 문화, 청소년 문화 등과 같이 어떤 독특한 문화의 복합체를 설명하는 기본 요소를 문화 요소라고 한다. 한국 문화도 '김치, 태극기, 무궁화, 한강의 기적, 인내와 끈기, 아리랑' 등 다양한 요소로 설명할 수 있을 것이다.

 ### 하나의 문화를 이루는 다양한 요소

한 문화는 상징, 언어, 예술, 기술, 규범, 가치 등 다양한 문화 요소로 구성된다. 앞서 국화와 칼로 일본 문화를 설명한 것은 상징을 활용

한 것이다.

상징은 일상적인 대상에 그 문화를 누리는 사람들이 의미를 부여한 것이다. 일상에서 칼은 매우 다양한 의미로 사용되지만, 일본 문화를 설명하는 칼에는 '무'와 '전쟁'이라는 상징이 부여되었다. 또한 붉은 악마는 '붉은 티셔츠'로, 한국 지도는 '호랑이'로 상징된다. 상징은 언어 표현으로도 가능하다. 예전에 한국을 'Morning Calm: 고요한 아침의 나라'라고 했지만, 최근 들어 'Dynamic Korea: 역동적인 대한민국'이라고 하는 것도 언어로 상징을 부여한 것이다.

국가 이미지를 변화시키기 위하여 일부러 상징을 부여하기도 한다. 일제 강점기 때는 힘없는 나라의 유약한 이미지를 조작하려고 한반도의 모양을 '토끼'처럼 생겼다고 했지만, 최근에는 대륙을 향해 포효하는 '호랑이'의 이미지로 한반도의 모양을 강조한 것이 그 예이다.

언어 또한 문화를 파악하는 중요한 요소가 된다. 추운 지역과 더운 지역에서 각기 기후를 표현하는 언어는 다르다. 언어는 생활이 반영된 단어에서도 차이를 보인다. 어업을 통해 삶을 살아가는 곳에서는 고기잡이와 관련된 언어가, 농업을 하는 곳에서는 농사와 관련된 언어가 세분되어 발달된다. 존대말을 강조하는 한국어와 시제를 강조하는 영어의 차이는 이 언어를 사용해 온 사람들의 가치가 반영되어 있다. 또 계층 언어나 사투리도 문화를 드러낸다고 할 수 있다.

기술로도 문화를 이해할 수 있다. 인터넷이 발달한 우리나라에서는 지하철이나 길거리에서도 인터넷 검색을 하고 DMB로 뉴스나 드라마를 시청할 수 있다. 그렇게 되면서 좋아하는 드라마를 보기 위해 시간에 맞춰 퇴근하는 '퇴근시계 드라마' 같은 문화 현상은 사라졌다. 언제나 누구에게나 쉽게 연락할 수 있는 휴대전화와 인터넷의 발달로 낭만적인 손편지를 보내지 않게 되었다.

예술을 통해서도 문화를 느낄 수 있다. 인간은 자신의 생활을 음악이나 그림, 몸짓 등 다양한 예술 활동을 통해 표현하므로 인간의 창작물에는 그들의 문화가 반영된다. 남미의 탱고, 미국의 힙합, 한국의 아리랑, 선사시대의 암각화, 조선시대의 문인화 등을 유심히 살펴보면 어떠한 문화가 반영되어 있는지 느낄 수 있다.

문화를 이해하는 데 규범이나 가치도 중요한 역할을 한다. 한 사회에서 권장 혹은 규제하는 삶의 방식이나 지향하는 정신적 윤리는 각 사회마다 다양하다. '효'와 '남아 선호 사상'은 가부장제였던 조선 사회를 잘 드러내는 가치이다. 더불어 법에서 부모를 대상으로 한 범죄는 가중 처벌하는 우리의 법에도 '효'와 관련한 문화가 담겨 있는 것이다.

이처럼 다양한 문화 요소들이 모여서 하나의 집합으로서의 문화를 만들어내고, 또 그 문화가 반영되어 문화 요소에 담긴다. 따라서 하나의 문화를 이해하기 위해서는 그 사회의 다양한 문화 요소에 담긴 내용을 잘 살펴보는 것이 중요하다.

 전체 문화 속에 존재하는 하위 문화

한국 문화는 영동 문화, 호남 문화, 영남 문화 등 지역별로도 차이가 난다. 또 60대와 10대의 문화는 너무나 이질적이어서 이해하기 어려운 경우가 많다. 상류층의 문화와 하류층의 문화가 다르고, 변호사들의 문화와 의사들의 문화도 다르다. 이런 현상이 한국에만 있는 것은 아니다.

한 사회 전체에 해당되는 문화 양상을 '전체 문화' 혹은 '주류 문화'라면, 특정 사회를 이루는 집단 구성원들에게 나타나는 문화를 '부분 문화' 혹은 '하위 문화'라고 한다.

예를 들어 한국 문화라는 전체 문화에서 호남 문화는 하위 문화이지만, 그것은 전북 문화와 전남 문화로 또다시 구분이 가능하다. 이섬에서 호남 문화가 전체 문화라면 전남 문화는 하위 문화가 되는 셈이다. 이처럼 전체 문화와 하위 문화는 상대적인 개념이다.

하위 문화는 전체 문화 속에 존재하는 것이기에 전체 문화와 긴밀한 영향을 주고 받는다. 한·중·일 삼국의 청소년 의식을 조사하면, '중요하게 생각하는 가치', '국가에 대한 인식' 등의 항목에서 차이가 난다. 이런 차이는 소속 국가의 문화에 영향을 받기 때문이다.

반면 하위 문화도 전체에 반영되므로 새로운 하위 문화가 나타나면 전체 문화가 변하기도 한다. 최근 한국 사회에 외국에서 온 결혼 이민자들이 많아지면서 단일 민족 국가로의 문화를 자랑하던 한국 문화에 외국 문화의 형태가 섞여서 나타난다.

하위 문화들로 인해 재미있는 현상이 나타나기도 한다. H군은 오랜 기간 경상도에서 자라면서 사투리를 쓰다가 서울에 있는 대학으로 진학하면서 표준어를 사용한다. 하지만 고향 친구를 만나거나 명절에 고향에 내려가게 되면서 다시 자연스럽게 경상도 사투리를 사용할 것이다. 이것은 하위 문화 특성을 유지하면서 내집단으로서 동질성을 보이기 때문이다. 만약 고향에 가서도 표준어를 쓰게 되면 "인자마, 서울 사람 다 돼뿟네" 혹은 "니, 서울말 쓰네" 등의 말을 들으면서 외집단으로 구분당할 수 있기 때문이다.

이처럼 하위 문화는 집단의 정체성을 알려주는 문화로서 중요한 삶의 양식이 된다. 따라서 어떤 사회를 이해하기 위해서는 전체 문화를 살펴보는 것도 중요하지만, 그 사회의 밑거름이 되는 다양한 하위 문화의 양상을 살펴보는 것도 필요하다.

 ## 한 사회의 지배 문화에 저항하는 반문화

유교를 국가의 이념으로 삼았던 조선 후기에 천주교가 들어온 것은 사회적 충격이었을 것이다. 사람과 사람이 신분에 의해 구별되고 조상을 섬기는 것을 중요히 여기던 조선 사회에서 인간은 평등하고 하느님을 믿어야 한다는 것은 상상조차 힘든 것이었다. 그러니 그 당시 양반의 가치관으로는 천주교인들이 신분과 성별을 떠나서 한밤중에 한 방에 모여 예배를 드리는 모습은 도저히 받아들이기 어려운 모습이었다. 그들의 행위는 당시 주류 사회에 반하는 것이었기 때문에 수많은 천주교인들은 형장의 이슬로 사라졌다.

이처럼 한 사회에는 그 사회의 주류 문화에 저항하거나 반하는 문화를 하위 문화 중에서 따로 규정하여 반문화 혹은 대항 문화라고 한다.

어떤 학자들은 반문화와 주류 문화를 구분하여 범죄를 반문화, 주류 집단의 문제점을 제시하는 문화를 대항 문화로 설명한다. 1960년대 미국의 주류 집단에 대응하여 반전과 평화를 주장하던 히피 문화를 대항 문화로 보는 것이 그런 경우이다. 그러나 반문화와 대항 문화를 명확하게 구분하지 않는 경우도 많다.

또한 시대나 장소에 따라 반문화가 달라지기도 한다. 이제 천주교는 한국의 대표적인 종교로 자리잡았고, 미국 히피 문화는 일부 사람들의 생활 양식으로 받아들여진다. 이 점에서 하위 문화가 반문화로의 성격을 지니는지 아닌지는 시대나 공간에 따라 다르게 결정되는 것임을 알 수 있다.

종종 기존의 주류 문화를 뒤엎고 오히려 반문화가 주류 문화가 되기도 한다. 18세기 프랑스의 왕족과 귀족 문화에 반하던 부르주아 문화가 프랑스 대혁명의 혁명 정신으로 작용하였다. 결국 왕족과 귀족 중심의 '앙시앙 레짐(구체제)'을 뒤엎으면서, 왕권 체제와 신분제가 없어지고 자유와 평등에 기반한 자유주의 국가 체제로 바뀌었다. 결국 부르주아 문화가 새로운 주류 문화가 된 것이다.

이처럼 문화는 고정되어 있는 것이 아니라 계속 움직이는 것이다.

 ### 무엇을 한국 문화라고 해야 할까?

한국 사람들은 밥이든 라면이든 김치와 함께 먹고, 김장철에는 대부분의 가정에서 김치를 담근다. 외국에서 들어온 햄버거나 피자도 어김없이 김치 버거나 김치 피자로 재탄생한다. 그런데 김치를 못 먹는 한국 사람은 한국 문화를 누리지 않는 것일까? 우리는 외국인들에게 한국 문화를 소개할 때 한옥과 한복을 빠뜨리지 않는다. 그런데 한국 사람들 중에서 한옥에 사는 사람은 얼마나 되고 한복을 평상복으로 입는 사람은 얼마나 될까?

이외에도 정(情)이라는 문화 특성도 한국 문화를 설명하는 중요한 요소라고 한다. 그런데 아파트 이웃집에 누가 사는지도 모르고 사는 요즘 과연 그것이 한국 문화의 핵심이라고 할 수 있을까?

그렇다면 우리는 현재 한국 문화를 무엇으로 규정지을 수 있을까?

한국의 지리적 특성, 역사와 전통, 사회적 맥락 등이 연결되어 현재 한국 문화가 존재하는 것이다. 그러므로 한국 문화에는 한국의 공간적 특성과 시간적 특성, 사회적 상황이 모두 반영되어야 한다.

전국의 대학생과 성인을 대상으로 한국 문화를 이루는 중요한 요소를 물었더니, '남녀 차별·지위와 명성 추구·신분 차별·물질주의·체면과 명분·교육열과 학식 존중·집합 및 연고주의·상하위계·핑계와 책임 전가·허례허식' 등이 한국 문화에 강하게 나타난다고 응답하였다.[5]

이렇게 복잡한 한국 문화를 가장 잘 설명하는 것은 과연 무엇일까? 일본 문화를 '국화와 칼'로 명료하게 설명했던 것처럼 한국 문화를 '그 무엇'으로 단정짓는 연구를 한 경우는 아직까지 찾아볼 수 없는 듯하다. 어쩌면 정말로 너무 역동적이어서 한국 문화를 분석하기 어렵거나 아니면 하위 문화의 다양성으로 인해 한국 문화가 분석하기 어려운 것은 아닐까?

사회학 개념 꼬집어보기

★ **반문화** : 한 사회의 지배적인 문화에 전면적으로 반대하고 저항하는 하위 문화를 특정하여 부르는 표현

★ **전체 문화** : 하위 문화에 반하는 표현으로 한 사회의 전반에 나타나는 문화를 말하며, 주류 문화라고도 함

★ **세대 문화** : 한 사회 내에서 특정한 세대에서 나타나는 하위 문화, 대표적으로 청소년 문화, 노인 문화 등이 있음

★ **지역 문화** : 한 사회내의 특정한 지역에서 나는 하위 문화

떡볶이는 세계인의 입맛을
사로잡을 수 있을까?

● 문화 변동

　우리의 입맛을 사로잡는 대표적인 간식, 떡볶이. 말랑말랑한 떡과 매콤한 고추장이 어우러져 환상적인 맛을 자랑하는 떡볶이에는 쌀을 주식으로 하는 우리의 전통 음식 문화가 몽땅 담긴 것만 같다. 그런데 지금 우리가 먹는 떡볶이가 사실은 60여 년도 안 된 음식이라는 사실을 알고 있는가!

　원래 떡볶이는 떡과 다양한 채소를 간장에 볶아서 먹었던 궁중 떡볶이에서 시작된다. 궁중 떡볶이는 누구나가 쉽게 먹을 수 없는 고급 음식이었다. 그러면 어떻게 한국을 대표하는 길거리 음식이 되었을까? 한국 전쟁이 끝난 후, 어떤 사람이 자장면에 떨어진 가래떡을 먹어본 후 그 맛이 좋아서 가래떡에 고추장 양념을 넣어서 팔기 시작한 것이 지금의 즉석 떡볶이가 되었다고 한다.

　최근 한식의 세계화를 바라는 정부의 바람과 쌀 소비 증가의 필요성이 제기되면서 떡볶이 연구소까지 만들어졌다. 이 연구소에서는 전 세계 곳곳에서 먹을 수 있는 스파게티처럼 떡볶이를 세계화하는 방안을 연구하고 있다. 떡의 종류나 모양도 다양화하고 고추장 외에도 다양한 소스를 개발하겠다는 것이 이 연구소의 주요 지향점이다.

60여 년 후의 떡볶이는 지금과 다른 색다른 맛을 자랑하고 있지 않을까?

발명, 발견, 그리고 전파

힙합은 1970년대 말 미국에서 자체적으로 만들어진 음악 장르이다. '엉덩이를 흔들다'는 뜻의 힙합(hip-hop)음악은 미국 할렘가 청소년들이 만든 것이다. 기존에 없던 새로운 발명이었던 셈이다.

힙합은 1990년대 들어 세계적으로 사랑받는 음악 장르가 되면서 패션에도 영향을 미쳐, 자유롭고 즉흥적인 힙합 스타일을 만들어냈다. 그 대표적인 것이 바로 힙합 바지이다. 벙거지 모자를 눌러 쓰고 헐렁한 티셔츠와 바지, 이어폰을 꽂은 청소년의 스타일은 힙합이 단순히 음악에서만 그치는 것이 아니라 삶의 양식 그 자체임을 보여준다.

힙합이 미국 청소년들에 의해 발명된 것이라면 리듬 앤 블루스(R&B)는 각기 다른 사회의 음악 요소가 만나서 이루어졌다. 기본적으로 리듬 앤 블루스는 블루스 음악에 1940년대 이후 댄스풍 재즈의 영향을 받아 리듬이 가미된 것이다. 이것은 고향을 떠나온 아프리카계 흑인의 애환을 담아내던 블루스와 달리 현대인들의 낭만적인 사랑과 이별의 애절함을 담아내면서 좀더 대중성을 갖게 되었다.

이렇게 유행하는 음악을 보면 그 자체로 발명된 것도 있지만, 한 사회와 다른 사회의 음악 요소가 만나 새로운 음악으로 탄생되는 경우도 있다. 한 사회 내부에서 오는 문화 변동의 요소에는 힙합처럼 '발명'에 의한 경우도 있고, 불을 찾아낸 것처럼 기존에 있던 것을 찾아내는 '발견'도 해당된다.

그러나 상당히 많은 문화 변동은 어떤 집단의 문화가 다른 집단과 접촉하게 되면서 일어난다. 아프리카 흑인이 미국으로 이주하면서 그들 문화가 미국 내에 전파된 것처럼 하나의 문화가 다른 문화에 전파되면서 문화 변동이 일어나는 셈이다.

지금 우리가 일상에서 누리는 다양한 문화들, 햄버거, 아파트, 청바지 등은 모두 외부 문화 요소가 우리에게 전파되어 나타난 것들이다. 미국에서 시작된 힙합 문화로 인해 국내 어느 벽면이나 지하철역에서 그라피티를 쉽게 볼 수 있는 것도 전파에 따른 것이다.

 ## 전파로 인한 문화 변동의 다양한 모습들

1945년 한반도에 미국이라는 새로운 외부 세력이 들어오면서 점차 미국 문화가 들어오게 되었다. 예전에 우리나라 아이들이 입던 잠방이는 청바지로 완전히 대체되었다. 햄버거나 피자로 한끼 식사를 해결하는 사람들도 늘어났다. 전파로 인해 완전히 다른 문화 형태가 나타난 것이다.

이처럼 다른 사회와의 교류를 통해 한 사회의 문화가 완전히 사라지고 새로운 문화로 대체되는 것을 문화 동화라 한다. 다문화 사회에서 새롭게 들어온 이주민에게 이주해 온 곳의 새로운 문화를 따르라고 하는 동화주의도 이것과 관련이 깊다.

문화 동화와 달리 앞서 살펴본 리듬 앤 블루스는 두 개의 다른 문화 요소가 만나 새로운 문화를 만들어내는 모습이다. 흑인 음악과 서구 음악 요소가 만나서 재즈가 되는 경우도 마찬가지이다. 이런 경우를 문화 융합이라고 한다. 소금으로 양치를 하던 우리 문화에 외국 치약이 만나서 죽염치약이 된 것이나, 우리 온돌 문화와 서구의 침대 문화가 만나서 돌침대가 나온 것도 같은 원리이다. 우리 전통 온돌을 활용하여 바닥 난방을 하는 아파트도 이에 속한다. 바닥 난방 아파트가 요즘 북유럽이나 북아시아의 아파트 건설에도 활용된다고 하니, 온돌이 다른 나라에서 어떤 모양으로 문화 융합을 만들어낼지 궁금해진다. 이밖에 김치 피자, 불고기 버거, 라이스 버거 등 퓨전요리나 즉석 떡볶이의 탄생도 모두 이에 속하는 셈이다.

이러한 현상과 반대로 원래 자기 문화와 더불어 외부에서 들어온 문화, 즉 다른 두 가지 문화가 따로 같이 공존하는 경우에는 문화 공존 또는 문화 병존이라고 한다. 필리핀에서 고유어인 타갈로그어와 영어를 공용어로 하는 것처럼 식민지 경험이 있는 나라에서 모국어와 지배국의 언어를 같이 사용하는 것이 그 예이다. 우리나라 고유 한의학과 서양 의학이 자리잡은 것도 마찬가지이다. 점차 다문화 사회가 되어 다양한 문화를 가진 집단이 들어오면 이러한 문화 공존은 더 많아질 것이다.

문화 접변과 문화 제국주의

한 사회의 문화가 다른 사회의 문화와 접촉하여 문화 변동이 일어나는 것을 문화 접변이라고 한다. 그러니 문화 동화, 문화 융합, 문화 공존은 모두 문화 접변의 양상이다.

자연스럽게 다른 지역의 사람과 교류가 많아지면서 자발적인 문화 접변이 나타나기도 한다. 북미 대륙의 나바호 족은 멕시코인과의 교류를 통해 그들에게서 은 세공과 양탄자 직조 기술을 배워서 그들 고유의 문화와 결합시켜 새로운 공예 양식을 만들었다.

그런데 문화 접변은 항상 자발적으로 일어나는 것이 아니라 강제적으로 나타나기도 한다.

유럽 각국에서 앞다투어 식민지를 만들어 지배한 결과로 아프리카와 아시아의 많은 나라의 문화가 서구식으로 대체된 것도 바로 강제적인 문화 접변의 결과이다. 우리나라가 일제시대에 창씨 개명을 한 경우도 이에 해당된다.

최근에는 대중매체를 통한 문화 전파의 힘이 커지고 있다. 과거 우리 정부가 일본의 대중 문화 개방에 대해 반대 정책을 유지했던 것도 이와 관련이 깊다. 대중 매체를 통한 문화 전파는 자발적인 문화 접변임에도 대중 매체의 강력한 전파력으로 인해 일본 문화가 급격하게 이식될 수 있다고 보았기 때문이다.

10년 전만 해도 찾아보기 어려웠던 미국 드라마는 이제 케이블 TV에서 끊임없이 쏟아져 나온다. 우리는 단순히 드라마만 즐기는 것이 아니라 화면에 등장하는 미국 각 도시 사람들의 삶의 일상을 제한없이 수용하게 되었다. 그들의 언어와 사고는 물론 패션, 음식, 심지어 폭력 문화까지 말이다.

이 점에서 매체를 통해 간접적으로 일어나는 문화 변동은 강제적 문화 접변보다 더 강력한 힘을 가진 셈이다. 더 심한 경우에는 문화 식민지를 만들어가는 문화 제국주의도 가능해진다. 이런 염려는 한류를 '혐한류'라고 하여 강하게 경계하는 중국이나 동남 아시아의 일부 시선과도 연계된다.

그럼에도 빈번해지는 문화 이동 속에서 외부의 문화를 받아들이지 않겠다고 버틸 수는 없다. 다만 문화 변동의 과정에서 사회의 갈등을 줄이고 한 사회의 문화가 더욱 풍부해지도록 노력해야 한다. 동시에 문화 식민지가 되지 않도록 비판적이고 주체적인 태도도 필요하다.

 ## 문화 변동 과정에 나타나는 사회 문제

이러한 문화 변동으로 인해 개인들에게는 어떤 일이 일어날까?

예전에는 사람들이 원고지에 직접 글을 썼기 때문에 수정하기가 번거로워서 한 문장을 쓸 때에도 심사숙고했다. 그러나 이제 컴퓨터로 언제든지 문장을 수정하는 것이 가능해져서 사람들의 글을 쓰는 방식도 많이 달라졌다.

휴대전화가 등장하면서 "여보세요"라고 받는 전화 예절이 사라지기도 하고 가까운 사람들끼리도 문자를 주고받는 일이 잦아졌다. 이러한 분위기에 익숙지 않은 사람들은 상당히 당혹스러울 것이다. 웃어른께 짧은 문자로 용건을 전달하면 버릇없는 학생으로 취급받을 수도 있다. 이렇게 새로운 문화를 수용하지 못한 사람들과 새로운 문화를 편리하게 사용하는 사람들 간에 갈등이 일어날 가능성도 커진다.

문화는 그 내용으로 물질 문화와 비물질 문화로 나눌 수 있는데, 이들의 변화 속도의 차이로 인해 문제가 생길 수도 있다. 물질 문화는 컴퓨터, TV처럼 구체적인 사물을 말하며 비물질 문화는 가치·사상·규범 등과 같은 사람들의 인식을 말한다. 그런데 물질 문화가 변하는 속도를 비물질 문화가 따라가지 못할 때 나타나는 현상을 문화 지체라고 한다. 예를 들어 자동차를 이용하면서도 사람들이 자동차 법규를 지키지 않는 경우가 해당된다.

반대로 비물질 문화가 변하는 속도를 물질 문화가 따라가지 못해 나타나는 현상을 기술 지체라고 한다. 예를 들어 환경 오염이 심각해지면서 대체 에너지에 대한 사람들의 관심은 증가하지만, 대체 에너지를 개발할 기술이 여전히 부족한 경우가 해당된다.

이렇듯 문화 변동은 다양한 요인에 의해 시작되어 다양하게 진행되고, 그 결과 또한 사람들의 삶에 다양하게 영향을 미친다. 현재 우리가 사용하고 있는 그 어떤 것도 문화 변동의 큰 원인이 될 수 있다. 이런

문화 변동을 겪으면서 인류는 여기까지 와 있다. 문화 변동은 인간의
삶과 함께 앞으로도 지속될 것이다.

사회학 개념 꼬집어보기

★ **문화 변동** : 다양한 요인으로 인해 한 사회의 문화가 크게 변화하는 양상

★ **발명** : 존재하지 않았던 것을 최초로 만들어 문화 변동의 원인이 되는 경우

★ **발견** : 기존에 존재하던 것을 최초로 찾아내어 문화 변동의 원인이 됨

★ **전파** : 한 사회에 있던 것이 다른 사회로 전달되어 문화 변동의 원인이 됨

★ **문화 공존** : 한 사회의 문화가 전파되어 다른 사회의 문화와 접촉하게 될
때 두 개의 다른 문화 요소가 동시에 각각 나타나는 현상

★ **문화 동화** : 다른 사회의 문화와 접촉하게 될 때 외부에서 들어온 문화로
인해 자기 문화 요소가 사라지는 현상

★ **문화 융합** : 다른 사회의 문화와 접촉하게 될 때 두 개의 다른 문화 요소
가 결합되어 새로운 문화가 나타나는 현상

★ **문화 제국주의** : 선진국의 문화가 다른 나라의 문화에 지배적인 영향을
미쳐 문화 식민지를 만들어내는 현상

★ **문화 지체** : 비물질적 문화의 변동 속도가 물질적 문화의 변동 속도를 따
라가지 못해서 나타나는 현상

★ **기술 지체** : 물질 문화의 변동 속도가 비물질 문화의 변동 속도를 따라가
지 못해서 나타나는 현상

사형과 식인,
어느 것이 더 야만적일까?

● 문화 상대주의

유명한 문화인류학자인 레비 스트로스가 저술한 『슬픈 열대』라는 책
에는 다음과 같은 구절이 나온다.

만약에 우리와 다른 사회에서 살아온 관찰자가 우리를 연구하게 된다
면 우리의 어떤 풍습이, 그에게는 우리가 비문명적이라고 여기는 식인
풍습과 비슷한 것으로 간주될 가능성이 있다는 점을 인식해야만 한다.
여기에서 나는 우리의 재판과 형벌에 대해 생각해보고 싶다. 만약 우
리가 외부에서 이것을 관찰하게 된다면 우리는 두 개의 상반되는 사회
유형을 나눌 수 있을 것이다.
어떤 무서운 힘을 지니고 있는 사람들을 중화시키거나 자신들에게 유
리하도록 변모시키는 방법에 대해서 식인 풍습을 실행하는 첫 번째 사
회 유형에서는 그 사람들을 자기네의 육체 속으로 빨아들이는 것이 최

선이라고 믿는다. 반면에 우리 사회와 같은 두 번째 사회 유형에서는 이 끔찍한 사람들을 일정 기간 또는 영원히 고립시킴으로써 사회로부터 추방하는 것을 최선이라고 생각하면서, 특별히 고안된 시설 속에 고립시키고 모든 접촉을 금한다.

우리가 미개하다고 여기는 대부분 사회의 관점에서 볼 때, 우리와 같은 사회가 행하는 이러한 풍습은 그들에게 극심한 공포를 불러

일으키는 것이다. 단지 우리와 대칭되는 풍습을 지니고 있다는 이유만으로 우리가 그들을 야만적이라고 간주하듯이, 우리들도 그들에게는 야만적으로 보일 것이다.[6]

사람들은 때로 자신과 다른 문화를 보면서 야만적이라고 생각하는 경우가 있다. 그리고 우리가 누리는 문화가 훨씬 앞선 문명이라고 믿는다.

지금 우리는 아파트에 사는 것이 과거의 주거 문화에 비해 더 발달한 문화라고 여길 수 있겠지만, 과거에서 온 사람은 화장실이 집 안에 들어와 있는 것을 더럽고 이해할 수 없는 주거 문화라고 생각할 수도 있을 것이다.

범죄자를 잡아먹는 것과 사형하는 것 중 어느 것이 더 야만적일까? 이는 누구의 눈으로 보느냐에 따라 달라지는 문제가 아닐까?

절대적 기준으로 문화를 판단해선 안 되는 이유

어떤 아이가 학교에 들어가서 시험을 봤는데 많이 틀렸다. 아버지가 문제지를 보고 아이에게 묻는다. "3월을 왜 겨울이라고 했니?" 아마도 문제가 '3월은 어느 계절에 속하나요?'인데, 아이가 봄이라고 하지 않고 겨울을 답이라고 적었나 보다. 아이가 말한다. "학교 입학할 때가 3월이었는데, 너무 추워서 겨울옷을 입고 갔고 그 때 눈도 있었어요. 그래서 겨울이라고 적었는데, 겨울이 아닌가요?" 아버지가 말한다. "그래, 네 말이 맞다. 네가 그렇게 생각했으면 3월은 겨울이다. 그러니 이것은 정답으로 해야겠다." 아버지는 아이의 문제 위에 틀렸다는 기호로 그어진 작대기를 맞다는 기호인 동그라미로 고친다.

선생님은 3, 4, 5월이 봄이라고 생각하고 겨울을 틀린 답이라고 생각했겠지만, 사실 3월이 봄인지, 겨울인지는 각자의 시각에 따라 달라진다. 남반구에 사느냐 북반구에 사느냐에 따라 달라지고 열대지방에서는 답을 찾기가 어렵다. 그런데도 우리는 하나의 기준을 가지고 그것의 옳고 그름을 판단하려고 한다.

문화를 보는 시각도 마찬가지이다. 문화를 이해할 때 자기의 문화나 상대의 문화를 절대적인 기준으로 하여 우열을 판단하는 것에는 자민족 중심주의(자문화중심주의)와 문화사대주의가 있다.

자민족 중심주의는 자기 민족의 관점에서 다른 민족을 비하하는 것을 말한다. 세계의 중심이라는 중화 사상을 내세운 중국이 대표적이다. 자신의 영역을 기준으로 동양과 서양을 구분한 유럽의 관점도 이에 기반한 것이다. 일본이 한반도를 식민 통치함으로써 한국의 근대화가 앞당겨졌다는 주장도 마찬가지이다.

문화적으로 자문화 중심주의는 다른 문화를 판단할 때 자기 민족의 문화를 기준으로 다른 문화를 비하하는 것이다. 프랑스의 한 여배우가 한국의 개고기 음식 문화를 야만적인 행위로 규정하고 항의 편지를 보낸 것이 대표적이다. 이에 일부 한국 사람들은 푸아그라(프랑스의 유명한 음식재료 중 하나인 거위간)를 얻기 위해 거위에게 강제로 사료를 먹이는 것이야말로 야만적이라고 비난했다. 이 모든 행위가 자민족 중심주의에서 비롯된 것이다.

　자민족 중심주의가 심각해지면 두 가지로 변화될 수 있다. 하나는 다른 인종이나 문화를 무시하고 자신의 것만을 중시하는 경우로 이것은 국수주의로 흐를 수 있다. 유대인 학살을 자행한 독일 나치즘이 대표적인 예이다.

　반대로 자신의 문화 우월성을 강조하면서 다른 문화에 자신의 문화를 강요하는 문화 제국주의로 흐를 수 있다. 개별 민족이나 국가가 갖는 문화의 고유성을 인정하기보다는 자신의 문화를 우월하다고 생각하여 다른 문화에 지배적인 영향력을 행사하기도 한다.

　이와 달리 다른 문화를 기준으로 자신의 문화를 비하하는 태도도 있다. 바로 문화 사대주의이다. 이것은 다른 문화를 숭상하면서 자신이 속한 문화를 업신여기는 태도를 말한다.

　문화 사대주의와 문화 제국주의는 양면의 날과 같다. 중국이 자신을 '중화'라고 여기고 주변 국가를 '오랑캐'라고 여긴 것처럼 문화 제국주의에 기초한 다른 문화의 유입이 없었다면 문화 사대주의 태도가 그리 강하게 나타날 까닭이 없기 때문이다. 다만 문화 유입이 강제적이냐 반강제적이냐의 차이는 존재한다.

　오늘날 세계는 한글을 가장 과학적인 글, 가장 쉽게 읽히는 글이라

여긴다. 따라서 문맹을 없애는 데 가장 혁혁한 문자라는 점에서 유네스코가 문맹 퇴치에 가장 큰 기여를 한 사람에게 주는 상이 '세종대왕상'이다. 그런데도 우리는 분별없이 영어를 섞어서 쓰고 책이나 논문에서는 여전히 외국 학자의 주장을 근거로 자신의 주장을 펼치는 경우가 많다. 어쩌면 우리 속에 문화 사대주의 태도가 남아 있는 결과일지도 모른다.

최근 국내 대학들이 세계화라는 명목으로 강의를 영어로 진행하기도 한다. 한문학이나 한국학까지도 영어로 강의하는 일이 일어난다. 우리나라 학생이 미국에 가면 영어로 수업을 듣는데, 왜 미국이나 중국에서 온 유학생에게 우리나라 교수는 영어로 수업을 해야 하는가? 이 또한 영어에 대한 문화 사대주의적 사고가 남아 있어서가 아닐까?

자문화 중심주의, 문화 사대주의적 태도의 문제는 기본적으로 문화의 다양성과 그 문화가 가진 사회적 맥락을 고려하지 않는 데서 시작한다. 문화의 다양성과 맥락성을 고려한다면 하나의 절대적 기준을 가지고 문화를 평가하는 일은 없어질 것이다.

문화 상대주의의 필요성

인도 바라나시의 갠지스 강에는 사람과 소의 배설물은 물론 화장이 덜 된 시신까지 떠다닌다. 그 강가의 한쪽에서는 죽은 사람을 화장하고 다른 한쪽에서는 빨래를 하거나 목욕을 한다. 사람들은 이 모습에 질색하면서도 바라나시를 보지 않으면 진정한 인도를 보지 못한 것이라 한다.

그들 말로 '강가(ganga)'인 인도의 갠지스 강은 힌두교를 믿는 이들에게 성스러운 강이고, 여기에서의 목욕은 죄를 씻어내는 의미이기에 그들에게 최대의 기쁨이다. 더구나 이 강에서 죽어서 화장되고, 유골이 강을 흘러간다면 이보다 디한 기쁨은 없다. 이러한 인도인들의 사고를 알게 되면 갠지스 강에서 이루어지는 모든 행동을 이해하는 것이 쉬워진다.

그 지역 사람들의 삶, 사고, 환경 등 다양한 맥락을 고려하여 하나의 문화를 이해하는 태도를 문화 상대주의라고 한다. 문화 상대주의를 통해 다른 문화를 이해하게 되면 문화간 우열에 대한 인식을 버리고 다른 문화를 객관적으로 이해하게 되며, 자신의 문화에 대해서도 더 깊이 이해하게 된다.

문화 상대주의는 일상에서도 자주 적용된다. 미국으로 이민 간 한국 가정에서 아이가 사고로 죽었다. 아이 엄마는 아이의 죽음에 대한 죄책감에 "내가 죽였어. 내가 죽였어"라고 울부짖었다. 경찰은 그 말을 자백으로 알아듣고 엄마를 체포했다. 한국인 변호사가 한국의 모정(母情)에 대해 설명한 후에야 풀려날 수 있었다고 한다.

그러니 다른 문화를 이해하기 위해서는 상대방의 관점에서 왜 그런지를 찾아보아야 한다.

그런데 종종 문화 상대주의는 다른 집단에게 비난받는 자신만의 독특한 문화를 방어하는 근거로 활용되기도 한다. 예를 들어 순장을 하는 나라가 있다고 하자. 문화 상대주의 관점은 왜 그들이 그런 행동을 하는지를 이해하자는 것이지, 그들의 극단적 문화 현상을 변론하기 위한 도구로 사용되어서는 안 된다.

모든 현상에 문화 상대주의 태도를 가져야 할까?

여성 할례를 하는 지역이 있다. 할례란 여성의 외부 성기를 잘라내는 것으로 여성의 성적 쾌감을 줄여 정숙한 여성으로 만들겠다는 의도가 담겨 있다. 종교적 의례 또는 여성 성인식에서 주로 행하는 전통이다.

이 여성 할례의 문제는 어떻게 바라보아야 할까? 그저 단순히 이해하고 끝내야 하는가 아니면 여성 할례는 인간 존엄성에 반하는 행위로 보아야 하는가?

이 때 우리가 해답을 찾기 위해 살펴보아야 하는 것이 바로 보편적 가치와 상대적 가치의 문제이다. 학자들은 문화권에 상관없이 어느 사회에나 인간의 존엄성, 자유, 평등, 인권 등 보편적 가치가 존재하고 이것을 인정해야 한다고 주장한다. 이와 달리 가치의 상대성을 강조하는 학자들은 가치에 위계 서열은 없으며, 지역이나 시대에 따라 가치는 상대적이라고 본다.

결국 여성 할례, 식인 풍습, 어쩌면 사형 제도 등이 인간의 존엄성을 해치는 현상인지에 대한 논의는 보편적 가치와 상대적 가치를 지지하는지의 문제로 다시 환원되는 셈이다.

　이런 점에서 문화 상대주의는 정답을 제시하지 않는다. 다만 자신의 문화 중에서 인간의 존엄성을 해치는 문화 현상을 정당화하기 위해 문화 상대주의가 존재하는 것이 아니라는 점을 기억해야 한다. 다양한 여러 문화에 대하여 우열성이라는 기준이 아니라 그 문화의 맥락에서 문화를 이해하려는 노력으로 보아야 한다.

사회학 개념 꼬집어보기

★ **자문화 중심주의** : 자기 문화의 기준에서 다른 문화를 무시하거나 열등하다고 바라보는 태도

★ **문화 사대주의** : 다른 문화의 기준에서 자기 문화를 무시하거나 열등하다고 바라보는 태도

★ **문화 상대주의** : 어느 하나의 문화 관점에서가 아니라 개별 문화의 맥락을 고려하면서 문화를 이해하려는 태도

★ **가치 절대주의** : 사회에 구분 없이 보편적으로 모든 인간이 중요하게 여기는 가치가 있다고 보는 관점

★ **가치 상대주의** : 보편적인 가치보다는 사회의 특수성이나 개별 사회의 속성에 따라 인정하고 중요하게 여기는 가치가 다르다고 보는 관점

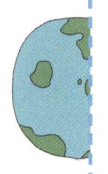

이제 다문화가
대한민국의 일상이라고?

● 다문화 사회

　어느 퀴즈 프로그램의 문제 정답이 '고구마'였는데, 경상도 사람이 사투리로 '고매'라고 말했다. 사회자가 '세 글자입니다'라고 하자 그 사람이 '물고매'라고 답했다고 한다. 이처럼 사투리와 관련된 에피소드를 심심찮게 들어볼 수 있다.

　그런데 문제는 이러한 농담을 넘어서 사투리를 사용하는 사람에 대하여 보이지 않는 편견이 작용한다는 것이다. 흔히 표준말을 사용하면 교양이 있는 사람, 사투리를 사용하면 투박하고 무식한 사람으로 보는 경향이 있다. 사투리와 표준어라는 언어는 그들이 각기 살아온 삶의 결과이기에 차별적인 시선을 보내서는 안 된다. 그런데도 실제 사회에서는 공공연하게 차별이 일어나고, 한 사회 내에서의 문화의 차이와 다양성으로 인정받지 못한다.

　이런 점에서 다문화는 단순히 다른 민족이 함께 살아가는 현상만을 말하는 것은 아니다. 같은 민족일지라도 그 안에는 매우 다양한 문화적 양식들이 존재하고 결국 다문화적 요소를 갖게 되는 셈이다. 우리가 일상에서 만나는 다문화적 현상을 보면서 사회의 여러 모습들을 이해해 보자.

 ## 낯선 문화에 대한 소통의 어려움

사투리를 단순히 표준어에 해당하는 단어로 바꾸어 쓴다고 해서 표준어가 되는 것이 아니다. 그 속에 다른 문화적 맥락이 숨어 있는 경우가 많기 때문이다. 예를 들어 경상도 사투리에 '밥 묵었나?'는 '잘 지내냐?'는 인사말이다. 따라서 '밥 묵었나?'라는 말은 영어로 'Did you eat something?'이 아니라 'How are you?'로 바꾸어 써야 한다.

'밥 묵었나?'를 인사말로 이해하기 위해서는 경상도 사람들의 문화를 이해해야 가능한 일이다. 즉 지역의 문화를 이해하지 못하면 사투리에서 사용하는 언어 표현을 이해한다고 할지라도 완전한 소통은 여전히 어렵다.

이런 점에서 다른 민족이나 인종이 모였을 때만 문화적 갈등이 일어나는 것은 아니다. 어쩌면 다문화로 인한 갈등은 오래 전부터 우리의 일상에 계속 존재해 왔던 현상일지도 모른다.

우리는 종종 "그 사람 알고 보면 나쁜 사람 아냐"라며 그 사람의 행동을 설명한다. '아마 이런저런 배경이나 맥락에서 그런 행동이나 말을 했을 것이다'라고 이야기하면 그제야 상대방은 "그럴 수도 있겠구나"라고 고개를 끄떡인다. 여기서 핵심은 누군가의 삶을 이해하면 그 사람에 대한 오해를 줄일 수 있다는 것이다. 사람을 이해하려는 노력은 사실 다른 문화를 가진 사람 간에 소통을 위해 필요한 전제 조건이다.

나와 다른 지역에서 살아온 사람, 나와 다른 가정 교육을 받은 사람, 나와 다른 말을 사용하는 사람, 나와 다른 학교를 졸업한 사람, 나와 다른 민족인 사람 간에 '그 사람 알고 보면……'이라는 전제가 성립된 다면 소통은 생각보다 훨씬 쉬워진다.

그래서 기업들도 어떤 상품을 만들기 전에 그 상품을 사용하게 될 사람들의 문화적 특성을 먼저 파악하려 한다. 대표적으로 우리나라 휴대전화 회사가 이슬람 국가에서 시장 점유율을 높일 수 있었던 것은 종교적 성지인 '메카'를 향해 하루에 여러 번 절하는 그들의 문화를 파악하여 휴대전화에 메카 방향을 알려주는 기능을 넣었기 때문이다.

다양한 문화가 공존하는 사회에서 가장 필요한 것은 바로 '알고 보는 것'이다. 이것을 위해서는 나의 관점에서 그 사람을 보지 말고 그 사람, 그 집단, 그 민족의 역사와 삶의 과정을 이해해야 한다.

다른 문화에 다른 의미를 부여해서 차별하기

요즘 우리가 일반적으로 말하는 다문화는 '결혼이나 이주로 구성된 다문화 가정'을 말한다. 이는 정부에서 정책 대상으로 한정하여 결혼 이주자 가정이나 이주 노동자 가정, 북한 이탈 주민 가정을 묶어서 부르는 말이다. 가족 구성원 중 한 사람 이상이 국가의 경계를 넘어온 집단이라는 특성을 갖는데, 이면에는 다른 문화 속에서 살다가 국가의 경계를 넘어온 다른 집단이라는 의미가 있다.

이 때 다문화라는 말에서의 '문화'는 '한 사회의 주요한 생활 양식'을 의미하는 것으로, 한 사회에 다른 생활 양식들이 존재한다는 것이다. 그런데 다문화 가족을 바라보면서 우리와 다른 삶의 경험을 가진 집단으로만 단순히 이해하는 걸까?

'문화'를 사회에서 나타나는 행동 양식으로 정의하지 않고 다른 방식으로도 정의하는 것이 가능하다. 기호학적 관점에서 보자면, 문화는 어떤 대상에 의미를 부여하고, 다른 한편으로 부여된 의미를 해석하는 의미 작용(signification)의 과정이다.

다시 표준말과 사투리로 가보자. 우리는 TV 드라마에서 표준어를 사용하는 사람은 세련된 집단으로 보고, 사투리를 사용하는 사람은 촌스런 사람으로 나누어 이분법으로 생각한다.

이러한 예는 일상에서도 살펴볼 수 있다. 가부장적 사회에서 남성과 여성의 성 정체성은 '강함과 약함, 공과 사, 하늘과 땅'처럼 대립적인 기호를 붙이면서 그 대상을 단절된 집단으로 구분했다. '고급스러움과 촌스러움', '성스러움과 천박함', '아름다움과 추함' 등 이분법적인 문화로 분류해서 '고급스러움·성스러움·아름다움' 등을 갖춘 문화를 선택하여 정상이라고 보며 반대로 다른 집단은 비정상으로 간주하여 배제하는 경우가 있다.[7]

이러한 선택과 배제의 잣대를 다른 민족과 같이 살아가는 과정에 들이대면 단순히 다른 문화를 낯설어 하고 경계의 눈빛을 보내는 수준을 넘어서게 된다. 이분법적인 잣대에 따라 세련된 문화와 야만의 문화로 구분하고 이 가운데 배제되는 문화를 가진 집단을 차별, 무시, 경멸한다.

우리는 단일 민족 이데올로기를 강조하면서 다른 민족이 섞이는 것을 싫어하지만, 다른 민족에 대해서 이중적인 모습을 보이기도 한다. 우리는 백인 민족과 유럽 문화를 부러워하면서 아프리카 계열의 민족, 그들의 문화는 함부로 대한다.

친구에게 "너 외국 사람 같다"라고 할 때 그곳이 어디냐에 따라 기분이 달라진다. '동남아시아계'라고 하면 기분 나빠하지만 '유럽 사람'이라면 좋아하는 것에도 사실 선택과 배제가 담겨 있는 행위이다. 그런데 이런 선호가 사회 전체에서 나타나면 심각한 갈등이 일어날 수밖에 없다.

우리 사회에서는 경계를 넘어 온 사람들에게만 이런 시선을 보내는 것은 아니다. 성별·연령·출신 배경·학력·외모 등 다양한 요소로 차별한다. 모든 사람은 평등하다고 생각하면서도 내심 '사람이 어떻게 다 똑같아?'라는 생각을 품고 있다. 그래서 자신도 모르는 사이에 이러한 생각을 드러낸다.

그래서 한국에서는 좋은 직업을 가져야 하고, 외제차를 타야 하고, 명품을 걸쳐야 하고 표준말을 써야 하고, 강남에 살아야 하고, 미국식 영어 발음에 가까워야 하고, 예뻐야 하고 키가 커야 한다. 그래야 루저(loser)가 되지 않는다. 한국 사람들은 위너(winner)와 루저로 이분화하여 타인을 규정하는 의미화의 실천이 매우 강하기 때문이다.

 역지사지, 다문화 사회에서 우리의 선택

이제 다문화 사회는 필연인 것 같다. 다문화 사회에서 우리는 어떻게 살아야 할까? 중요한 것은 차이를 인정하고, 이러한 차이로 차별하

지 않는 것이다. 너무나 쉬운 답이면서도 어렵다. 이것을 위해서는 역지사지(易地思之)의 경험이 필요하다. 역지사지란 상대방의 입장이 되어 생각하는 것을 말한다.

외국에 나가본 경험이 있다면, 특히 보이지 않게 백인을 선호하는 나라를 여행한 경험이 있다면, 한국 사람들이 동남아시아계 인종에 대하여 보내는 무시의 시선을 직접 당해본 경험이 있을 것이다. 그러한 입장이 되고 나면 한국에서 다른 민족이나 인종을 차별했던 것이 얼마나 그들을 당황하게 하는 행동인지 알 수 있다. 이것이 바로 역지사지이다.

사실 인간은 나, 가족, 친구, 민족과 같이 자신이 속한 1차 집단을 더 좋아하는 나약한 존재이다. 그러나 우리는 동시에 그러한 차별과 무시의 기준이 얼마나 자의적인 것인지를 인지할 수 있는 인간이다. 내가 그런 일을 당했을 때 어떤 기분이 들 것인가에 대해 역지사지할 수 있고, 보편적 인류애를 실현할 수 있는 이성과 양심을 가진 인간인 것이다.

따라서 다른 문화와 집단을 바라볼 때, 이분법적으로 의미를 부여하지 말고 그 안에 담긴 다양성을 이해하고 소통하려는 노력이 필요하다.

사회학 개념 꼬집어보기

★ **기호학** : 기호의 기능과 의미, 사람들이 사용하는 기호의 유형, 의사소통과 관련한 다양한 기호체계를 연구하는 학문

★ **다문화 사회** : 다른 문화적 특성을 가진 집단들이 같이 모여 살아가는 사회. 사회 내에 민족 다양성이 증가하는 사회로 한정하여 이야기하는 경우도 있음

★ **차이** : 사람이나 집단 간에 다름이 나타나는 현상

★ **차별** : 사람이나 집단 간에 자의적인 기준을 정하여 불평등하게 대하는 현상

이주의 시대,
문화의 다양성은 어떻게 나타날까?

● 문화 다양성

많은 여행자들이 가고 싶어하는 여행지 중 하나가 터키 이스탄불의 블루 모스크이다. 술탄 아흐멧 자미라 불리는 이곳은 원래 이슬람인이 일상적으로 기도하러 가는 이슬람 사원이기 때문에 관광객들이 들어가는 곳의 입구는 다르다.

기도를 하기 위해 사원에 들어가는 이슬람인들은 신을 만나기 전 사원 주위에서 손과 발 등 온몸 구석구석을 꼼꼼히 씻는다. 이와 달리 관광객이 입장하는 곳에서는 또 다른 진풍경이 벌어진다. 신발을 신고 사원에 들어가는 것이 금지되어 있기 때문에 신발을 벗어서 형형색색의 비닐봉지에 담고서는 사원을 반 바퀴쯤 돌아간다.

또 다른 풍경도 볼 수 있다. 과거 비단길이 시작되었던 중국 시안에는 몇백 년 전에 중국으로 온 아리비아인의 집중 거주지가 있고, 그들의 종교를 상징하는 모스크가 중국풍으로 만들어져 있다.

이런 모습은 요즘 서울에서도 볼 수 있다. 대학로 부근의 필리핀 거주지, 가리봉동 부근의 중국 조선족 거주지 등에서 펼쳐지는 번개시장이나 그 주변의 식당 등을 보면 한국에서 그들 나름의 고유한 문화적 풍습을 유지하는 풍경을 엿볼 수 있다.

가슴 아픈 지구 이주의 역사

여러 문화가 결합된 풍경을 자세히 보면 서로 다른 문화를 가진 집단이 만나 서로를 배척하지 않고, 차이를 인정하면서 함께 공존하는 방식이 담겨 있다. 이런 풍경은 최근 세계화로 인해 더 늘어나고 있다.

그런데 세계화는 인류 역사에서 훨씬 오래 전부터 시작되었다. 14~15세기 대항해 시대에 마르코 폴로의 동방 여행, 마젤란의 세계 일주, 콜럼버스의 동인도 발견, 중국인 정화의 대원정이 있었다. 지금 우리는 세계를 여행하기 위해 비행기를 타지만 그 당시로는 최첨단 세계 여행 기구인 범선으로 많은 사람이 지구별 여행자가 되었다. 과거와 오늘의 차이는 얼마나 많은 사람이 어떤 이동 수단으로 무엇을 위해 여행하느냐이다.

먹을 것을 찾아 이동하던 조상들은 농사를 짓기 시작하면서 정착하고, 민족과 국가라는 경계를 만들었다. 그 후 경계선을 넘는 것이 어려워졌고, 어느 순간부터는 경계를 넘어가는 것은 국가의 철저한 관리의 대상이 되었다. 국가의 허락없이 경계를 넘는다는 것은 침략이나 약탈을 의미했기 때문에 '이주'는 한정적으로만 가능했다.

그러나 대항해 시대 이후 유럽인들이 아메리카 대륙으로 이동하고,

또 아프리카와 아시아 지역을 식민지로 만들면서 이주는 본격화되었다. 이 시기는 유럽인들의 '지배를 위한 이주'와 아프리카 및 아시아인들의 '식민지인으로서 이주'가 대조를 이루었다.

제1·2차 세계대전이 지나고 미국과 소련으로 대표되는 자본주의와 사회주의 양 진영간의 '냉전'이 형성된 지구촌에서 '경계'를 넘는 일은 다시 금지되었다. 오로지 경제적인 필요에 의한 부분적 이주만이 가능했다.

그러나 1980년대 들어 국제적으로 경제 의존도가 높아지면서 경계를 넘는 일은 부쩍 늘어났다. 이 과정에서 개발도상국의 인력이 선진국의 노동력을 보충한다는 명목으로 노동 이주가 증가하게 된다.[8]

현재 지구별 여행을 하는 사람은 얼마나 될까? 지구인의 3퍼센트, 약 2억 명. 그래서 우리는 현재를 이주의 시대라고 부른다. 대한민국도 본격적으로 이주의 시대에 접어들었다. 한국에 체류하는 외국인은 이제 전체 인구의 2퍼센트를 넘어섰다.

늘어나는 지구별 여행자, 깊어지는 문화의 다양성

인류의 역사에서 '이주의 시대'라고 불릴 정도로 이주민 전성기를 만든 것은 경제적 세계화의 결과로 보아야 한다. 상품과 자본, 노동 그리고 정보의 교류가 가능해지면서, 국가 내에서의 국민간의 관계와 국경은 과거에 비해 약해졌다. 대신에 국경을 넘어오는 온갖 자원과 자본 속에서 사람들의 노동력도 이주의 주요 품목이 되었다.

그러나 노동을 제공하고 직장을 찾기 위해서만 이주하는 것은 아니

다. 배우자를 찾아오는 사람들도 있고, 형형색색의 신발 주머니를 들고 모스크를 여행하는 이방인이나 한국의 절에서 템플 스테이를 하는 외국인처럼 낭만적인 여행을 하는 이주자들도 있다.

그들의 짐 속에는 고유의 문화도 담겨 있다. 우리나라의 공식적인 국제 결혼 커플 1호는 가야국의 왕인 김수로와 인도에서 왔다고 알려진 허황옥 왕후일 것이다. 이들의 결혼 이야기를 다룬 『가락국기』를 보면 허 황후의 혼수 품목 중 하나가 '차[茶] 씨'라고 한다. 허 황후의 이주는 한반도로의 차 문화 전파와도 연결된다.

이런 점에서 지구촌 이주의 역사는 문화 이주의 역사이기도 하다. 이로 인해 한 지역에 없었던 문화에 새로운 문화가 만나서 문화 변동이 일어나는 현상, 문화 접변이 이루어진 것이다. 새로운 문화 요소와 결합하는 과정에서 충돌이 일어나기도 하고, 기존 문화와 새로운 문화가 만나서 또 다른 새로운 모습을 만들어내기도 한다.

지금 인류는 그 어느 때보다 빨리 그리고 많이 이주하는 모습을 보인다. 그리고 그들의 보따리 안에는 각양각색의 문화들이 담겨 있다. 그 속의 문화들이 서로 더욱 풍성해질 것인지, 아니면 어느 문화에 그대로 흡수될 것인지 아무도 예측할 수 없다.

우리에게 다가올 새로운 문화 풍경은 어떤 모습일까? 그 안에서 나는 소리들은 교향악일까 불협 화음일까? 무대도, 관중석도 없이 함께 어우러져 만들어낼 그 소리가 과연 어떠할지 궁금하다.

사회학 개념 꼬집어보기

★ **세계화** : 지구촌 여러 국가들의 상호의존성이 증가하여 세계가 하나의 단일한 체계로 변화되어 가는 양상

★ **이주** : 국가 경계를 넘어 노동, 결혼 등의 이유로 다른 나라로 사람들이 옮겨가는 현상

10억을 받으면
인터넷 없이 살 수 있을까?

● 대중매체와 대중 문화

1960년대 영국에서 TV가 사람들을 사로잡았을 때 '얼마를 받으면 TV 없이 평생을 살 수 있을까?'라는 설문 조사가 진행되었다. 당시 설문 조사 결과 '1억 원 정도를 받게 되면 평생 TV를 보지 않을 수 있다'고 응답한 사람도 많지 않았을 정도로 사람들은 TV 없는 삶을 돈으로 대체하지 않았다.

그러면 새로운 질문을 해보자. 지금 우리는 얼마를 받으면 인터넷 없이 평생을 살 수 있을까?

10억쯤 받으면 가능해질까? 다양한 전파에 의해 다양한 메시지를 다양한 기구로 전달하는 대중매체는 현대인에게 공기와 같이 필수재이지 선택재가 아니다. 그런 점에서 10억으로 대중매체, 그것도 인터넷의 영향력을 상쇄하기는 어려운 법이다.

우리를 둘러싸고 있는 수많은 대중매체들

인류의 역사적인 발명품 중에서 인쇄술은 최고 중의 최고이다. 특히 금속활자는 책의 대중화를 가져왔다. 금속활자로 인쇄가 가능해지면서 인류의 지식이 대중화되었고, 이러한 기반 속에서 신분과 계급의 경계가 허물어질 수 있었다. 신문과 책으로 대표되는 인쇄매체는 20세기 들어 TV가 나오면서 영상매체에게 그 길을 비켜주다가 21세기 들어서는 인터넷을 비롯한 뉴미디어에게로 완전히 길을 내어 준 셈이 되었다.

맥루한이라는 학자는 인간이 만든 대부분의 것을 미디어라 보고 '미디어는 몸의 확장이다'라고 했다. 그는 미디어가 인간이 가진 다양한 감각을 확장하는 유용한 도구라고 보았다. 우리는 우리의 부모 세대에

맥루한
(H. M. Mcluhan 1911~1980)
캐나다의 미디어학자. 미디어 이론 및 문화비평가로 활동하였고, 특이하게 《뉴스위크》 표지인물이 되기도 했다. 『미디어의 이해』, 『미디어는 마사지다』 등의 저서가 있다.

비해 훨씬 더 많은 미디어를 가졌으니 부모 세대에 비해 훨씬 많은 감각을 확장시켜서 활용하고 있는 셈이다.

그런데 맥루한은 더 중요한 이야기인 '미디어는 메시지다'라는 표현을 한다. 사용하는 미디어에 따라 전달되는 것이 다르게 읽히고 동일한 메시지도 어떤 미디어를 통해서냐에 따라 다르게 감응하게 된다는 것이다. 전달하는 내용보다는 전달하는 매체가 더 중요하다는 의미이다.

다수의 사람들이 바보상자라고 부르는 TV를 맥루한은 신문이나 잡지와 성격이 다른 미디어로 보았는데, 정보가 제한적이어서 수용자의 참여를 높이는 미디어라고 하면서 TV의 영향력을 높이 평가했다. 그가 요즘의 인터넷을 보면 무엇이라고 할까?

바보 상자니 중요한 매체이니 하는 학자들의 논란과는 별도로 TV는 어른 아이 할 것 없이 시간을 소일하는 데 가장 요긴한 대중매체이다. 우리나라의 경우 1970년대까지 일반 대중에게 TV가 보급되지 않았을 때가 영화의 전성기였다. 그러나 1980년대를 접어들어 컬러 TV가 영화와 라디오의 인기를 접수하면서 TV 전성기가 되었다. 인터넷이 나오면서 TV 환경은 더 풍부해졌고, 휴대전화와 결합된 TV는 더 개인화되었다.

TV의 발달로 사라질 것이라 예견된 라디오가 자동차와 결합하고 인터넷과 결합하면서 새롭게 각광받는 것처럼 TV 또한 또 다른 모양으로 우리에게 남을 것이다. 물론 인터넷 또한 그러할 것이다. 그렇다면 TV와 인터넷 없는 우리의 삶을 10억 원의 돈과 비교할 수 있을까?

대중매체가 만드는 대중 문화

현대인들은 미디어가 만들어내는 세상을 보면서 살아간다. 그러다 보니 화면에 나타나는 것이 우리가 인식하는 세상 전부인 경우가 많다. 과거 우리의 선조들에게는 자신이 직접 이동하여 접촉한 세상이나 구전을 통해 들은 세상이 그들의 인식 대상이었다.

그러나 오늘날 우리는 지구 반대편의 사건이나 조금 전에 일어난 일 등을 화면을 통해 쉽게, 그것도 다수의 사람들이 동시에 접할 수 있다. 그런데 화면으로 들어오는 그것은 진실일까, 아닐까?

'도시의 시크한 삶'을 강조하면서 제시하는 새로운 스타일의 옷, 전문가라는 사람들의 토론, 정치가에 대한 기사 내용, 올해 수능은 어려울 것이라는 진단, 지구 어느 지역에서의 전쟁과 기아…… 화면을 통해 들어오는 이 많은 메시지는 우리에게 무엇일까? 어쩌면 우리는 그 메시지를 전달하는 미디어에 끌려 다니면서 사는 것은 아닐까?

진짜이든 가짜이든 영상을 통해 들어오는 메시지는 대중들의 일상에 영향을 미치면서 대중 문화를 만들어낸다. 그리고 사람들의 삶에 큰 영향력을 행사한다.

TV를 비롯한 영상매체가 미치는 영향력과 관련하여 많이 논의되는 것은 선정성과 폭력성이다. TV 폭력을 보면서 개인이 가진 분노와 같은 감정을 폭발시키고 이로 인한 정화 작용을 경험하면서 실제 세계의 폭력을 줄일 수 있다고 한다. 다른 측면에서는 폭력의 학습을 통해 더 많은 폭력을 하게 될 것이라 주장한다.

그런데 실제로 요즘 일어나는 폭력은 TV에 나온 폭력을 모방한다는 점에서 문제가 된다. 더구나 수용자를 끌어들이기 위해 더 강한 자극을 제시하는 TV 화면에 가득 담긴 선정적인 장면이 인간의 폭력성을 얼마나 더 끌어낼지 두려워하는 분위기가 강해지고 있다.

또 다른 측면은 소비에 관한 것이다. 오늘날 케이블 TV 영화 한 편을 보려면 우리는 수십 개의 광고를 보아야 한다. 형형색색의 광고에는 다양한 모양을 한 상품과 모델들이 우리를 유혹한다. 이 유혹에 가장 약한 자는 바로 우리 아이들이다. 맞벌이나 핵가족이 많아지면서 가족의 의사 결정권이 10대 자녀에게 있다는 것을 눈치 챈 광고주들은 10대를 유혹하는 다양한 광고를 내민다.

그러나 더 심각한 문제인 것은 TV를 비롯한 매체들이 갖는 이데올로기이다. TV 뉴스, 드라마, 다큐멘터리를 통해 메시지를 던지면서 그 안에 이데올로기도 집어넣는다. 영상 매체가 발명되고 나서 비약적인 발전을 한 시기 중 하나가 바로 히틀러나 무솔리니 등의 독재 권력이 있을 때였다는 점을 감안하면 매체가 이데올로기 전달의 도구로서 얼마나 중요한 역할을 하는지 알 수 있다.

최근 들어 쌍방향 메시지 전달이 가능한 인터넷은 TV의 이데올로기성을 드러내는가 하면 비판적인 독립 언론의 역할도 하고 있다. 그럼에도 대중매체가 만드는 사고나 문화의 획일성은 여전히 문제가 된다.

요즘 미디어를 통해 전 세계를 내 눈으로 볼 수 있는 세상이 되고, 미디어의 세계화로 CNN 같은 채널을 통해 세상의 모든 것을 모든 사람이 보게 되면서 아이러니하게도 문화의 획일성은 더 강해지고 있다.

각 나라의 드라마마저 국경을 넘어 볼 수 있게 되면서 지구촌 사람들은 그곳이 어디든지 비슷한 일상 풍경을 경험할 확률이 높아졌다. 어떤 공간을 찍어서 그 안에 있는 사람들을 제거하면 그 공간이 유럽의 어느 나라인지, 미국인지, 아시아의 일본인지 중국인지 파악하기 어려운 세상이다. 대중 문화의 쓰나미는 점점 그 힘이 강해지고 있다.

 ## 대중 문화가 곧 청소년 문화일까?

경영학이 가장 관심을 가지는 부분 중 하나는 소비자 심리학이다. 쇼핑센터에서 소비자들이 물건을 사기까지 어떤 의사 결정을 거치는지를 연구하는 것인데, 이들이 파악한 결과 중 하나가 바로 가족의 소비에 십대들이 결정적인 주도권을 가진다는 것이었다.

입시지옥에서 탈출하지 못하고 사는 청소년들이 유일하게 누릴 수 있는 여가 활동은 TV시청이나 인터넷 게임이다. 많은 어른들은 야외 활동을 하지 않고 실내형 여가에 몰두하여 손가락으로만 마우스를 클릭하거나 리모컨을 누르는 청소년들에게 걱정의 시선을 보낸다.

그러나 어찌 보면 사회의 어른들은 '집 – 학교 – 학원 – 집'을 로봇처럼 다니는 수동적인 아이들이 사라지기를 원하지 않는다. 대신 그런 생활을 하는 청소년들에게 TV와 인터넷 게임을 허락하는 것처럼 보인다. 그러는 사이 대중 문화는 청소년을 노린다. 그래서인지 스스로 '개성의 시대'에 살고 있다고 생각하는 청소년들은 획일화된 유행을 따르고, TV 속 스타를 따라한다.

맥루한은 '매체의 내용은 도둑이 개의 마음을 혼란시키기 위해 던져주는 고기 덩어리와 같다'고 했다. 고기 덩어리를 받은 개는 자신이 살고있는 현실을 망각한다. 우리는 얼마의 돈을 받으면 고기 덩어리 없이 살 수 있을까? 단돈 1원을 받지 않더라도 내가 원한다면 나에게 다가오는 메시지를 자발적으로 끊을 수 있을까?

그러나 점점 진화하여 무선으로 연결되어 가는 무수한 매체의 어느 부분을 잘라야 우리가 원하는 것만을 이해하고 나의 눈을 막는 것들을 막아낼 수 있는지 답을 찾기가 쉽지 않다.

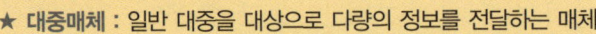

사회학 개념 꼬집어보기

★ 대중매체 : 일반 대중을 대상으로 다량의 정보를 전달하는 매체
★ 대중 문화 : 대중사회를 기반으로 성립되어 대중이 누리는 문화

동·서양에 따른 문화와 사고의 차이

리처드 니스벳은 『생각의 지도』라는 책에서 동·서양 문화와 사고의 차이에 대해 재미있는 사례를 제시하고 그 이유를 설명한다. 아래 내용을 읽으면서 나는 어떤 방식의 사고를 하는지 살펴보자.

서너 살 된 자녀를 키우는 일본 엄마와 미국 엄마가 있다. 장난감 자동차를 두고 자녀와 대화를 한다. 먼저 일본 엄마와 아이의 대화. "자동차가 빵빵하고 가네. 붕~ 붕~." 미국 엄마와 아이의 대화. "이건 자동차의 바퀴야. 이건 초록색이고." 이 차이는 무엇일까?

또 다른 사례를 찾아보자. 한국인들이 자신과 관련한 이야기를 할 때는 '우리 가족은~', '우리 학교는~'이라고 하지만 미국인들은 'My family~', 'My school~'이라고 한다. 이 차이는 무엇일까?

위의 두 사례는 분석적 사고·개인주의적 언어 표현을 하는 서양인과 전체적 사고·집단적 언어 표현을 하는 동양인의 차이를 보여준다.

이 차이는 무엇 때문에 일어날까?

여러 가지 이유가 있겠지만, 우선은 아리스토텔레스와 공자로 대표되는 동서양 사상의 차이도 이유가 될 것이다. 서양 철학의 경우, 사물에 대한 관심이 높았고 이로 인해 사물의 본질을 분석하는 성향이 강하고, 이것이 개인주의의 발달에 영향을 주었을 것이다. 그러나 동양

철학의 경우에는 관계에 초점을 둔 사유를 하였고 집단을 고려하여 전체적으로 사고하는 것이 중요하게 다루어졌다.

그러면 이처럼 동·서양에 따라 철학이 다르게 발달한 이유는 무엇일까? 철학적 사유는 삶의 영역인 정치, 경제, 사회 문화와 영향을 주고받으면서 나타난다. 또한 이것은 문화에 영향을 주어 다른 형태의 사고와 생활 양식을 탄생시키기도 하고, 사물이나 대상을 보는 사고 방법도 다르게 한다.

주변 친구들을 대상으로 실험을 해보자. 혹시 원어민 영어 강사들처럼 오랫동안 서양에서 살았던 사람이 있으면 그 사람에게도 질문을 해서 비교해 보자.

우선 실험 대상자들에게 '원숭이, 판다, 바나나' 그림을 세 개 보여준다. 그 다음 세 가지 그림 중 연관성이 높은 것 두 개를 뽑아보라고 하면 된다.

먼저 나부터 해보자. 만약 내가 '원숭이와 바나나'를 선택했다면 동양 문화에 기초하여 선택한 것이고, '원숭이와 판다'라고 선택했다면 나의 사고는 서양 문화에 기초한 것이다.

　"직업에는 귀천이 없다"는 말을 들어보았나요? 모든 직업이 고유의 역할을 수행하기 때문에 다 똑같이 중요하다는 뜻입니다. 하지만 우리 주변을 살펴보면 직업마다 일한 대가가 다르게 매겨지지요? 이처럼 인간은 똑같이 중요한 존재이지만 각자가 가진 자원이나 환경에 의해 사람들 사이에 계단이 생겨나게 됩니다. 이 장에서는 나와 다른 방식으로 살아가는 사람들을 받아들이고 이해하는 관점을 살펴봅시다.

3장

필요하거나 불편하거나,
사회적 다름

Check

나는 우리 가족이 중산층에 속한다고 생각한다.	예 ☐	아니오 ☐
우리 사회의 계층적 불평등이 심화되고 있다.	예 ☐	아니오 ☐
나는 15년 후에 현재보다 더 높은 계층으로 이동할 수 있다고 생각한다.	예 ☐	아니오 ☐
나는 한국이 개천에서 용이 날 수 있는 사회라고 생각한다.	예 ☐	아니오 ☐
나는 한국 사회에서 주류 집단에 속한다고 생각한다.	예 ☐	아니오 ☐
우리나라는 복지제도가 잘 갖추어진 복지 국가이다.	예 ☐	아니오 ☐

우리 사이에 보이지 않는
계단이 존재한다고?

● 사회 계층 제도

    키가 작으면 루저라고 불리고, 뚱뚱하면 자기 관리를 게을리 한다고 평가받는 세상이다. 좀더 전통적인 차별도 있다. 대학을 졸업한 사람은 고등학교를 졸업한 사람보다 상대적으로 월급을 더 많이 받는다. 동일한 일을 하더라도 남자의 월급이 여자의 월급보다 더 많다.

    이처럼 우리가 살아가는 세상에서는 여러 가지 기준으로 사람들을 다르게 평가하는데, 이때 단순히 '다르다'고 생각하는 것이 아니라 높낮이를 두는 경우가 대부분이다. 이런 높낮이는 다양한 집단 구별을 만들어낸다.

    사회 구성원 다수가 원하는 재산이나 권력과 같은 희소 가치는 사회적으로 한정되어 있는데, 구성원들은 서로 먼저 그것을 더 많이 가지려고 애를 쓴다. 그러나 결국 사회 구성원들이 중요하다고 여기는 가치는 어떤 집단에게는 많이, 다른 집단에는 적게 분배된다. 그에 따라 어떤 사람의 위치는 높고 중요한 반면 다른 사람의 위치는 낮고 중요하지 않은 것으로 서열화된다. 이것이 바로 사회 불평등 현상이다.

사회 불평등 현상은 다양하게 나타난다. 성별, 학력, 직업, 장애, 결혼, 재산, 인종, 민족, 종교…… 교실에 있는 친구들을 생각해 보자. 남학생과 여학생 중 누가 교실에서 더 중요한가? '여학생 – 남학생' 순서인가, 아니면 '남학생 – 여학생' 순서인가? '부자 – 보통 – 가난' 우리 집의 소득은 반 친구들과 비교해서 어느 정도일까? 이처럼 집단 간에 그 중요성에 따라 순서를 정하는 것은 사회 불평등이 시작되는 것이다.

사회 계층 제도, 어디에나 존재하는 구조화된 불평등

외모 지상주의를 옹호하는 사람보다 비판적으로 보는 인식이 더 많다. 그러니 외모를 상·중·하로 구별하고 대학 입학에서 외모가 출중한 사람을 우대하거나, 회사에 취업할 때 외모가 뛰어난 사람에게 가산점을 주거나, 월급을 더 많이 주는 것은 불가능한 일이다.

그러나 사회 불평등 현상이 한 사회에서 지속적으로 나타나고 사회 구성원이 지지하면 사회 구조로 고착화된다. 이로 인해 구조화된 불평등이 이루어지는 것이다. 한 사회 내에서 구조화된 불평등이 제도화되는 것을 사회 계층 제도라고 한다. 사회 계층 제도는 그 유형만 다를 뿐 각 사회마다 나타난다.

대표적인 사회 계층 제도는 인도의 카스트이다. 카스트는 브라만, 크샤트리아, 바이샤, 수드라로 나뉘는데 매우 폐쇄적이어서 카스트 간의 이동이 거의 불가능하다.

또 인류의 역사에서 일상적으로 존재한 사회 계층 제도는 신분 제도라고 할 수 있다. 유럽에서는 봉건 제도하에서 영주-기사-농노와 같은 형태를 이루었고, 중세 이후에는 성직자-귀족-평민으로 구분되었다가, 시민 혁명 이후 이러한 형식적인 구분은 사라졌다.

우리나라에도 다양한 신분 제도가 나타났는데, 삼국 시대나 고려 시대, 조선 시대마다 조금씩 다른 모습이었다. 조선 시대에는 크게 양인과 천민을 구분하고, 다시 양반-중인-상민-천민으로 나누었다. 이 신분 제도에도 일정 부분 폐쇄성이 존재했다.

그리고 학자들은 현대의 사회 계층 제도로 계급을 든다. 이것은 시민 혁명 이후 자본주의의 발달 과정에서 개인간의 능력이나 업적에 따라 사회적 위치가 결정되는 제도이다. 과거 귀속 지위에 의해 서열이 결정되던 것과 달리, 자유 경쟁을 근간으로 하기 때문에 성취 지위에 의해 위치가 결정된다. 이에 따라 계층 이동의 폐쇄성은 사라졌다.

이렇게 어느 사회나 나름의 사회 계층 제도가 존재하는데, 계층이 무엇에 의해 생기고 어떤 집단으로 나뉘고, 집단간 이동이 가능한지에 따라 그 제도에서 차이가 있는 셈이다.

 ## 계급을 결정짓는 요소

과거 '양반-천민'과 같은 계층에는 각 집단에 이름이 있었다. 그렇다면 오늘날의 서열화된 집단의 이름은 무엇일까? '자본가-노동자', '상층-중산층-하층'과 같이 표현하기도 한다. 이들 표현은 계급제도를 설명한 칼 마르크스와 막스 베버의 논의에서 살펴볼 수 있다.

칼 마르크스는 계급(class)이야말로 사회를 논의할 때 가장 중요한 것이라고 보았다. 계급은 라틴어 클라시스(classis)에서 나온 말로, 무엇을 나누고 구분하여 분류한다는 의미이다. 그러니 계급은 나누고 분류하는 기준이 되는 '그 무엇'이 있는 셈이다.

마르크스의 설명을 보자. 계급은 개인들이 소유한 생산 수단에 따라 구분되어 관계를 맺는 사람들의 집단이라고 보았다. 시대를 떠나서 사회는 생산 수단의 소유 여부에 따라 '지배-피지배'라는 두 개의 분절된 집단으로 구분된다는 것이다. 사실상 그가 살았던 19세기 유럽 사회에서는 생산 수단으로 자본을 소유한 '자본가'와 노동만 소유한 '노동자'라는 두 개의 계급으로 나뉘어졌다.

마르크스는 경제적 생산 수단에 따라 가치나 문화가 결정된다고 생각하며, 물질과 구별되는 것을 이데올로기라고 정의했다. 또한 경제 수단이 이데올로기를 결정한다고 보았기 때문에 경제 수단은 사회의 하부 구조를 이루고, 이데올로기는 그것에 의해 결정되는 상부 구조로 보았다.

그는 이러한 불평등을 없애려면 피지배 상태에 있는 집단들이 자신의 위치에 대한 불평등을 깨달아야 한다고 보았다. 이를 위해서는 노동자들이 자신의 상황을 의식하고 자신이 속한 집단에 대한 강한 귀속 의식을 가지는 것이 중요하다는 것이다. 그렇게 될 때, 비로소 계급 의식을 갖게 되어 진정한 계급이 된다고 주장했다. 즉, 마르크스는 생산 수단의 소유 여부와 집단에 대한 소속 의식이 계급을 구분짓는 중요한 기준이라고 생각한 것이다.

그러나 막스 베버는 계급이 단순히 생산 수단의 소유 여부에 따라서

만 결정되는 것은 아니라고 비판했다.

그는 경제 시장이 노동과 소비 시장이라는 두 가지 형태로 나뉜다고 보았다. 생산 수단을 파는 시장도 있지만, 필요와 욕구를 해결하기 위해 상품을 구매하는 시장 역시 존재한다는 것이다. 이들 두 시장에서 동일한 위치에 서 있으면서 비슷한 생활 기회를 가지고, 이로 인해 동일한 이해를 갖게 되는 것이 바로 계급이라고 설명한다.

마르크스
(K. H. Marx, 1818~1883)
독일의 학자. 유물사관을 정립하고 사회주의와 공산주의를 창시하였다. 프롤레타리아의 역사적 역할과 사회 혁명의 필연성 등을 주장하였다. 『경제학·철학 초고』, 『철학의 빈곤』 등의 저서가 있다.

그런데 베버의 설명은 조금 더 복잡하다. 노동 시장에서 계급은 그 사람의 교육 수준이나 기술 소유 정도에 따라 다양하게 차등화되기에 단순히 자본가와 노동자로 이분화하여 구분하는 것은 문제가 있다는 것이다. 또한 소비 시장에서도 역시 사람들은 차등화된다. 예를 들어 동일한 소득을 가졌더라도 소비 수준과 성향은 달라진다는 것이다.

따라서 계급은 단순히 자본가와 노동자 간의 이원적 집단으로 구분이 가능한 대상이 아니다. 베버는 생산과 소비의 다양한 측면을 고려하여 다원적 집단 구분이 가능하다고 본 것이다.

그래서 베버는 크게 '자본가 계급 – 중간 계급 – 육체 노동자 계급'으로 구분하고 '자신이 속한 계급에 대한 인식'이라는 표현을 사용하여 집단 구성원으로서의 동질성이나 동류 의식을 설명한다.

결국 누구의 주장을 따르더라도 계급을 결정짓는 결정적인 요소는 경제적인 요인이다. 그리고 계급이 2개이든 3개이든 상관없이 집단간 경계가 매우 명확하다. 또한 집단 성원 간에 의식, 인식, 정체감, 소속감 등 집단 구성원의 동질감을 강조한다.

그러나 베버는 현대의 사회 계층 현상을 '신분(지위, status)'이라는 사회적 불평등과 '파당(권력, party)'이라는 정치적 불평등까지 함께 고려하여 설명하고자 했다.

지위라는 신분은 한 사회 집단이 다른 사회 집단과 비교하여 받는 명예나 위신을 말한다. 지위 또한 상당 부분 경제적 요인에 의해 결정되는 경우가 많지만, 돈 많은 사장이 존경받는 것은 아니듯이 항상 같이 움직이는 것은 아니다.

또 다른 요소인 파당은 공통의 이해 관계를 추구하기 위해 같이 행동하는 사람들의 집단으로 주로 정치적 권력 요소가 강조된다. 이 또한 경제적이거나 사회적 요소와 동일하지 않을 때가 있다. 예를 들어 변호사나 교수들이 노동자 계급을 지지하는 활동을 하는 경우를 볼 수 있다. 이런 사람들을 비꼬아 미국에서는 '리무진 리버럴', 프랑스에서는 '고슈 캐비아', 우리나라에서는 '강남 좌파'라고 부르기도 한다.

그런데 경제적·사회적·정치적 요인에 따른 지위에 차이가 생기는 지위 불일치가 일어나기도 한다. 예를 들어 조선 시대의 선비는 사회적 명예나 위신은 높지만 경제적으로 빈곤했는데, 이러한 경우를 지위 불일치라고 한다.

결국 현대의 대표적인 사회 계층 제도로 계급을 설정하고, 이를 경제적인 요인으로 설명한 점은 비슷하다. 그러나 베버는 계급만으로 현대의 사회 계층 현상 전체를 설명하기란 어렵다고 본 것이다. 베버의 주장과 맥을 같이하는 학자들 또한 현대 사회는 직업, 학력, 재산, 소득, 가문 등의 희소 가치에 의해 훨씬 복합적이고 다층적으로 계층화되었다고 설명한다. 반면 일부 학자들은 현대 사회에서 계급은 완전히 사라졌다고 말하기도 한다.

사회 계층화 현상에 대한 다양한 관점

A: 학생들을 시험 성적에 따라 줄세우고 성적을 잘 받은 학생들에게 상을 주는 것은 문제라고 봐.

B: 그래도 시험 성적은 노력한 결과니까 당연히 순위를 정하고 상을 주는 것은 당연하지 않을까?

A: 집안이 부유해서 사교육을 많이 받고, 부모의 지위가 높아서 다양한 견문을 쌓았기 때문에 교과 내용을 더 잘 이해했다고 생각하면 과연 시험 성적이라는 것이 명확하게 개인의 노력의 결과라고 말하기는 어렵지.

B: 그렇다고 부잣집 아이가 항상 공부를 잘하는 것은 아니잖아. 개인이 노력해서 열심히 공부하면 성적을 잘 받을 수 있어. 개인이 자신의 능력을 최대한 발휘해서 그에 합당한 평가를 받는 것이니까 성적에 따라 상을 주는 것은 당연한 일이야.

A: 나는 그렇게 생각하지 않아. 결국에는 경제적으로 부유한 아이들이 공부를 잘 할 수밖에 없는 구조이고, 그렇게 되면 가난한 집 아이들은 일찍이 자신의 능력을 발휘하는 것을 포기하게 되겠지. 그러니 그렇게 순위를 정하고 상을 주는 것은 잘못된 일이야.

여러분은 A와 B의 대화를 읽으면서 어느 쪽에 손을 들어줄 것인가? A와 같은 생각을 하는 경우는 갈등론에 가깝고, B와 같은 인식은 기능론적인 측면과 가깝다.

갈등론자들은 사회 불평등 현상이 기득권층을 옹호하고, 힘 없는 사람들이 사회적으로 착취당하는 것을 정당화하는 수단이라고 여긴다.

갈등론자들에 따르면 사회 불평등 현상을 극복하기 위해선 그 원인이 되는 사유 재산 제도 등을 없애야 한다.

사회 불평등 현상이 존재하는 한, 사회 구성원들이 최선의 활동을 하는 데 방해가 되며 결국 사회에서의 불평등 구조는 고착화된다고 보기 때문이다.

이에 비해 기능론자들은 사회 불평등 현상을 사회를 유지하는 데 보편적으로 나타나는 현상으로 본다. 개인이나 집단이 가진 능력과 업적에 따라 자원을 다르게 분배하는 것은 당연한 일이고, 이를 통해 사회 구성원의 성취 동기를 자극하고 효율을 최대화시켜 경쟁력을 강화할 수 있다는 것이다.

그러면 우리는 어떤 관점을 가진 사람인가? 다음의 질문에 대하여 '예', '아니오' 중 하나를 선택하여 보자.

- 일이나 직업은 그 중요도의 차이가 있다.(예, 아니오)
- 사회적으로 유능한 일에는 훈련 과정에서 더 많은 시간과 비용이 든다.(예, 아니오)
- 중요한 일을 하는 사람들에게는 그에 합당한 대가를 지원하고 장려해야 한다.(예, 아니오)
- 일에 따른 유인책은 일의 중요도에 따라 차등적으로 이루어져야 한다.(예, 아니오)
- 차등 분배가 개인의 능력 개발과 사회 발전에 공헌할 것이다.(예, 아니오)

만약에 '예'를 더 많이 선택했다면 당신은 기능론자에 가깝고, '아니오'에 대한 선택이 더 많다면 갈등론자에 더 가깝다. 이러한 생각이 모이면 사회 불평등은 피할 수 없는 것인지 아닌지 현실적으로 필요한 것인지에 대한 답을 찾게 될 것이다.

사회학 개념 꼬집어보기

★ **사회 불평등 현상** : 사회 내에 존재하는 희소 가치의 소유 여부에 따라 개인이나 사회 구성원의 위치가 서열화 되는 현상

★ **계급** : 사회 집단에서 경제적 측면의 요인에 의해 구별되는 사람들의 집단

★ **계층** : 재산·지위·신분 등의 측면에서 유사한 조건에 위치해 있는 사람들에 대하여 임의적으로 구별한 집단

★ **지위 불일치** : 한 구성원이 사회적으로 차지하고 있는 여러 지위 간에 위치가 달라서 나타나는 현상

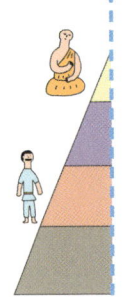

현대판 카스트가
존재한다면?

● 사회 이동

한국인 최초의 양의사인 박서양. 백정이라는 천한 신분으로 제중원 의학교를 졸업하여 의사가 된 그의 이야기는 각종 소설과 드라마로 만들어질 만큼 흥미진진하다.

조선 후기로 갈수록 양반, 중인, 상민, 천민의 구별이 강해졌다. 천민에는 노비를 비롯하여 광대, 기생, 백정, 악공, 무당, 가파치 등이 포함된다. 그러면서 '반상의 구별'도 강화되어 폐쇄적인 신분제 사회가 유지되었다.

1895년 갑오개혁으로 신분 제도가 사라지면서 양민과 천민의 형식적인 구별은 사라졌지만, 사람들에게는 여전히 신분의 잔상이 남아 있었다. 그래서 사람들은 천민, 그것도 그 당시 가장 천대받았던 백정 출신 의사 박서양의 진료를 거부했다. 그러나 그는 마침내 제중원 의학교의 교수가 되었고 그 후에는 만주로 가서 독립군의 치료를 도맡으며 일생을 마쳤다.

평생 신분이라는 틀에 갇혀 살았지만 어쩌면 처음부터 자기를 옭아매던 끈을 스스로 버린 이가 바로 박서양인지 모른다. 그가 오늘날 우리나라에서 대접받는 의사가 되기 위해 대다수의 이과생이 의대에 가고 싶어하는 모습을 보면 어떤 생각을 할까?

 ## 다양한 사회 이동의 모습들

개인이나 집단이 차지하는 사회적 위치에서 다른 위치로 옮겨가는 것을 사회 이동이라고 한다. 여기서 말하는 위치는 대체로 계층을 표현하는 것이지만, 오늘날에는 외형적으로 직업의 변화에 초점을 맞추어 이해하는 경우가 많다.

일반적인 계층 이동에서 개인이 아래로 내려가거나 위로 올라가는 것이 대부분인데 이런 현상을 수직 이동이라고 한다. 박서양을 보면 백정에서 의사로 직업뿐만 아니라 신분과 경제 수준 역시 달라졌기에 수직 이동, 특히 위치가 아래에서 위로 상승한 상승 이동을 했다고 볼 수 있다.

이런 수직 이동과 달리 수평 이동은 동일한 일을 하지만 직장이 바뀌는 경우 혹은 다른 업무를 하더라도 사회적 위치가 같은 경우를 말한다. 예전에 초등학교 교사들 중 일부 조건을 갖추면 중학교 교사로 변경해 주었는데, 이 경우도 수평 이동의 예이다.

학자들은 부모 세대와 비교하여 자녀 세대에서도 사회 이동이 발생하는지도 관심을 갖는다. 부모가 백정이었던 박서양 역시 백정이었다.

갑오개혁 이후 신분 제도가 사라지면서 스스로의 노력으로 의사가 되는데, 이 경우 그는 세대 내 이동과 세대 간 이동을 모두 경험한 것이다.

위 사례는 사회가 의도적으로 신분 제도 자체를 없애서 나타난 현상인데, 현대 사회에서는 급격한 근대화로 인해 산업 구조가 달라지면서 세대 간 이동이 더욱 활발히 나타난다. 즉, 개인의 노력뿐만 아니라 전체적인 산업 구조의 변화도 신분의 이동에 영향력을 미친 것이다. 이 경우에는 구조적 이동이 일어난 것으로 사회의 변화와 무관히 개인의 노력으로 얻는 변화는 개인적 이동이라고 본다.

 ## 계층 이동이 활발한 사회가 평등한 사회일까

수직 이동이 일어난 양상을 통해 그 사회의 개방성을 알 수 있다. 인도는 카스트 간 이동이 거의 불가능하기 때문에 신분상으로는 폐쇄적인 사회이다. 만약 현대에서도 육체 노동자층인 블루 칼라에서 전문직 종사자인 화이트 칼라로 상승 이동이 불가능하다면 폐쇄적인 사회에 가깝다고 보아야 한다.

이런 사회에서는 주로 부모 세대의 위치가 자녀에게 그대로 전달되는 계층 대물림 현상이 일반적이며, 귀속 지위에 의해 사회 활동이 결정된다.

이에 비해 위치 서열 간 수직 이동이 자유로운 경우, 개방적인 계층 구조를 갖는다고 볼 수 있다. 아버지의 신분과 직업을 그대로 이어받아야 했던 박서양이 갑오개혁 이후 의사라는 직업을 갖게 될 수 있었던 것은 개방적인 계층 구조를 갖는 사회로 변했기에 가능했다. 개방

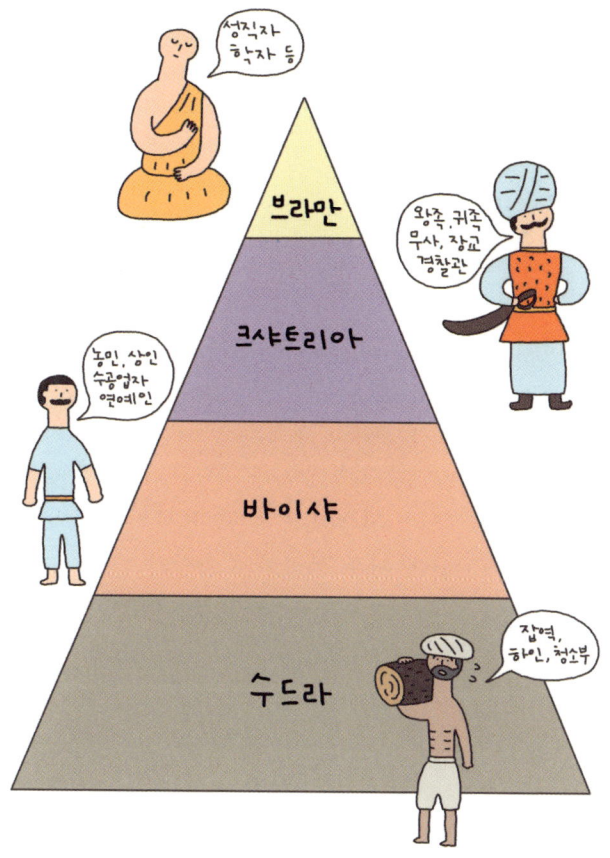

적인 사회에서 사람들은 자신의 능력이나 노력을 통해 위치 변화를 위해 노력하게 되니 성취 지위가 중요해진다.

그러나 개방적 계층 구조가 되었다고 해서 사회가 안정되고 평등한 것은 아니다. 우리 나라의 경우, 1970년대 이후 부동산 투기로 인해 급작스럽게 상류층이 된 경우가 많았고 1990년대 말 IMF로 구조 조정을 당하면서 수많은 중산층이 하층으로 하강 이동을 했다. 사회 이동은 활발하게 일어났지만, 사람들의 불만은 커져만 갔다. 개인의 노력에 따른 결과라기보다 누구는 운이 좋아서, 누구는 재수가 없어서 상승과 하강 이동이 일어난 것으로 생각했기 때문이다.

최근 부잣집 자녀들이 더 많은 사교육을 받아 부모의 사회적 위치를 그대로 이어받을 가능성이 커지면서 사람들의 불안감과 분노가 쌓여만 간다. 이런 점에서 개인의 노력에 따라 사회 이동이 활발히 일어나는 사회가 평등한 사회임을 알 수 있다.

이와 관련하여 사회 계층 구조를 구분하는 두 번째 기준은 계층 구성원의 비율이다. 여기에는 피라미드형 계층 구조와 다이아몬드형 계층 구조가 포함된다.

산업화 이전 우리 사회는 하층민이 많은 피라미드 계층 구조를 이루었다. 이에 비해 1970년대 이후 산업화의 발달과 함께 중산층의 비율이 커지면서 다이아몬드형 계층 구조로 변했다.

그런데 IMF 이후에 중산층의 몰락으로 다시 피라미드형 계층 구조로 변하는 것은 아닌지 경계하고 있다. 극단적으로 소수의 잘사는 사람과 다수의 가난한 사람으로 이분화된 사회, 즉 20퍼센트의 잘사는 사람이 사회적 부의 80퍼센트 이상을 소유하고 80퍼센트의 가난한 사람이 20퍼센트도 안 되는 사회적 부를 갖는 2080 양극화 사회로 나아가는 것이 아니냐는 문제도 제기된다.

상승 이동은 어렵고 하강 이동이 많이 일어나거나 사회적 대물림 현상이 강한 사회는 개방적 계층 구조나 다이아몬드형 계층 구조를 유지하기가 어렵다.

더 이상 개천에서 용이 나기 어렵다는 이야기는 어쩌면 외형적으로는 개방형 계층 구조이면서도 폐쇄형 계층 구조로 변해가는 양상에 대한 집단적 두려움의 표현인지 모른다.

개천에서 용이 나기 어려운 사회

인도에서 카스트에조차 들어가지 못하는 집단이 있으니 바로 불가촉 천민인 '달리트'이다. 이들과 스치기만 해도 오염된다는 편견 때문에 달리트 사람들은 밤에만 활동해야 했고, 신발을 신을 수도 없었으며 항상 바지에 빗자루를 차고 다니면서 지나온 길을 쓸어야 했다.

달리트에 속했던 나렌드라 다자브. 모든 것을 감내하고 자식 교육에 헌신한 아버지의 노력 덕분에 그는 국비 유학생으로 미국 인디애나 대학에서 경제학을 공부하여 박사까지 되었다. 이렇게 피나는 노력으로 그는 인도의 정부 보직도 맡았고 인도의 명문 푸네 대학의 총장도 되었다.

1947년 법적으로 카스트 제도는 폐지되었다. 그러나 그는 여전히 자신의 고향에서 교양 있는 달리트일 뿐이다. 그럼에도 수많은 불가촉 천민 출신에게 희망의 빛이 된 다자브는 교육을 통해 신분의 벽을 뛰어 넘을 수 있다고 주장한다. 그는 인도의 교육 제도가 개인의 노력에 의해 사회적 성공을 얻을 수 있도록 도와주었다고 설명한다.

그런데 요즘 한국 사람들은 더이상 개천에서 용이 나기란 어려워졌다고 한다. 개인의 노력으로 교육을 잘 받을 수도 없고 교육의 결과에 따라서 공정하게 사회적 위치가 결정되는 것도 어려울 정도로 부의 세습이 강한 사회로 가고 있다는 것이다.

"인간 본성에서 최선의 상태는 아무도 가난하지 않고 아무도 더 이상 부자가 되길 원치 않아서 자신이 더 잘되기 위해 남과 경쟁하지 않아도 되는 상태이다." 영국의 철학자 제임스 밀의 말이다. 우리 사회는 이런 꿈같은 상태를 기대하는 것이 아니라 여전히 개천에서 용이 날 수 있는 가능성이 보이는 상태를 기대하는 것인데, 이마저도 힘겨운 일이 되지 않을까 하는 염려가 여기저기서 나오고 있는 것이다.

사회학 개념 꼬집어보기

★ **사회 이동** : 사회구성원이 일정한 사회적 위치에서 다른 위치로 옮겨가는 현상

★ **구조적 이동** : 산업 구조의 변화 등 사회 구조적 요인에 의해 사회 이동이 일어나는 현상

★ **개인적 이동** : 학업 등 개인적인 요인에 의해 사회 이동이 일어나는 현상

★ **수직 이동** : 사회 구성원이 현재 위치보다 위로 또는 아래로 이동하는 것을 말한다. 위로 가는 경우는 상승 이동, 아래로 가는 경우는 하강 이동이라고 한다.

★ **수평 이동** : 사회 구성원이 동일한 지위의 다른 업무를 하는 등 위치의 변화가 없는 사회 이동을 말함

★ **대물림 현상** : 세대 간 이동에서 부모 세대의 위치가 자녀 세대에 그대로 물려지는 현상

★ **세대 간 이동** : (조)부모 세대와 자녀 세대 간에 일어나는 사회 이동 현상

★ **세대 내 이동** : 사회 구성원 자신의 생애에 걸쳐 일어나는 사회 이동 현상

★ **계층 구조** : 부나 권력 등 사회적 희소 자원의 소유 여부에 따라 나타나는 사회 불평등 구조

나도 사회적 약자일까?

사회적 약자

"다음 생에 여자 혹은 성적 소수자나 이주민, 장애인으로 태어나고 싶니?"라는 질문을 받는다면 선뜻 "그렇다"고 대답하기 어렵다. 그 근본적인 이유는 질문 속 사람들이 이 사회에서 살아가기가 그리 녹록지 않다는 요인이 있을 것이다.

또 다른 이유로는 사회적으로 소외되거나 힘을 발휘하지 못하기 때문이라는 점도 작용했을 것이다.

대부분의 사회에는 선천적인 요인에 의해서가 아니라, 보편적인 사람들의 모습과 다르거나 삶의 방식 또는 사고 방식이 다르다고 후천적으로 구별하여 '비정상'이라고 구분하는 경우가 있다. 사회적 약자나 소수자는 대개 사회에서 비정상인 사람들로 여겨지거나 혹은 다른 사람들에 비해 사회적으로 힘이 없는 삶을 살아간다.

 **사회적 약자의 조건들**

사회적 약자는 어떤 사람들을 말할까? 사회적 약자나 소수자는 '신체적 문화적 특징으로 인해 사회의 주류 집단 구성원에게 차별받으며, 스스로도 차별받는 집단에 속해 있다는 의식을 가진 사람들'이라고 정의할 수 있다.[9] 이런 점에서 사회적 약자는 구성원의 수를 말하는 것이 아니라 그들이 한 사회 내에서 발휘하는 영향력 등을 고려한 표현이다. 이 때문에 누구나 사회적 약자나 소수자가 되는 것은 아니다. 학자들이 규정하는 사회적 약자나 소수자가 되기 위해서는 몇 가지 조건이 필요하다.[10]

첫째, 한 사회에서 뚜렷이 구별될 수 있는 식별 가능성이다. 신체적으로나 문화적으로 다른 집단과 구별되는 뚜렷한 차이가 있어야 한다는 것이다. 외출을 할 때 얼굴과 가슴을 가리기 위해 '히잡'을 착용한 무슬림 여성이 한국의 길거리로 나오면 금방 구별이 된다. 또한 휠체어를 타는 장애인이나 흑인은 그렇지 않은 사람들과 확연히 구별된다. '남-남'이나 '여-여' 커플의 데이트도 확연히 구분된다. 이처럼 사회적 약자는 신체적이든 문화적이든 외형적으로 구별되는 속성을 지니고 있다.

그러나 이런 차이만으로 모두 사회적 약자나 소수자가 되는 것은 아니다. 사회적 영향력이 없다는 점이 사회적 약자의 두 번째 조건이다. 여기서 말하는 사회적 영향력은 단순히 정치적 권력만을 말하는 것이 아니라 경제적 능력, 사회적 위세 등 여러 가지를 포함한다.

TV 토론에 성적 소수자로 알려진 사람이 나와서 이야기를 한다면 우리는 자신도 모르게 그의 이야기보다 그렇지 않은 사람의 이야기에 더 귀를 기울일 것이다. 성적 소수자가 그 분야의 전문가라고 할지라도 그의 식견은 의심받을 수 있다. 이렇게 보면 결국 사회적 약자는 그 사회에서 중요하게 여겨지는 다양한 사회적 자원을 동원하여 힘을 발휘하기가 어려운 상태에 놓인다.

셋째, 차별적인 대우를 받아야 한다. 타인과 구별되고 힘이 없어도 차별받지 않는다면 크게 문제되지 않을 수 있다. 그러나 사회적 차별이 존재하므로 소수자들은 삶이 힘들다고 느낀다. 한번 생각을 해보자. 내가 피아노 수업을 받는다면 분명히 그 교사가 얼마나 잘 가르치는지가 가장 중요한 판단의 기준이 되어야 한다. 그런데 매우 실력이 뛰어난데도, 그 사람이 장애인이거나 성적 소수자라는 이유만으로 선택받지 못할 수 있다. 이러한 선택은 사회적 약자나 소수자에게 치명적인 사회적 차별이 된다.

마지막으로 소수자 집단 간에 연대 의식이나 집단 의식이 필요하다. 단순히 개인적 특징으로 인해 차별이 나타나는 것이 아니라 그 집단이라는 이유로 경험하는 것이기 때문이다.

성적 소수자들이 커밍 아웃을 하여 정체성을 드러내고 또한 퀴어 페스티벌을 통해 집단임을 알리고, 자신들의 권리를 주장하는 것도 이런 연대 의식이나 집단 의식을 위한 기본적인 활동이라고 볼 수 있다.

그런데 사회적 약자는 상대적인 의미를 지닌다. 〈어둠 속의 대화〉라는 전시가 있다. 90분간 빛이 없는 어둠 속을 걸어서 시각을 제외한 다른 감각에 의존하여 미로를 지나가는 전시회인데, 이 속에서는 누가 과연 사회적 약자일까? 만약 시각 장애인과 함께 이 공간을 지난다면 비시각 장애인은 장애인이 될 것이며, 시각 장애인은 비장애인이 될 것이다.

다른 영역도 마찬가지이다. 우리나라에 온 이주 노동자는 자신의 나라로 돌아가면 사회적 약자에서 벗어나고, 외국에 가면 내가 사회적 약자가 될 것이다. 어느 날 누군가가 동성애자라고 커밍 아웃하면 그는 사회적 약자가 될 것이고, 우리 사회가 동성애를 제도적으로 허용하게 되면 사회적 약자에서 벗게 될 것이다. 따라서 사회적 약자는 '사회적'으로 만들어지는 것이다.

사회적 약자를 대하는 올바른 태도

미국에는 학생들이 버스로 통학하는 '버싱(busing)' 제도라는 것이 있다. 그런데 단순히 버스를 타고 학생들이 통학하는 그 자체를 말하는 것은 아니다. 백인 지역 아이들이 통학버스를 타고 흑인 지역 학교로 가고 흑인 지역 아이들이 버스를 타고 백인 지역 학교로 간다. 그리고 가난한 지역 아이들이 잘 사는 지역으로, 잘 사는 지역 아이들이 가난한 지역으로 이동하는 것이다.

이 제도로 학교는 인종이나 계층의 다양성을 확보하고 인종 차별이나 계층 차별 문제를 어느 정도 줄이고자 하였다. 쉽게 말하면 지역이나 인종의 차이에 의해 생기는 학생들간의 차이로 인한 학교 차이를 줄이고자 한 것이다.

이 제도에는 사회적 약자가 생기는 이유가 사회 구조에 문제가 있다고 보는 시선이 담겨 있다. 그런데 사회 구조는 기능론자와 갈등론자 모두가 하는 이야기이다. 이들 관점에 따라 각각 사회적 약자에 대해 살펴보자.

기능론에서 보면 사회적 약자가 생기는 것은 제도를 운용하는 과정에서 잘못된 기능이 일어났기 때문이다. 그로 인해 사회적 약자가 차별을 받게 된 것으로 볼 수 있다. 그러니 사회적 약자는 우연히 생겨난 것이라 주장한다.

이와 달리 갈등론자들은 지배 위치에 있는 기득권층이 힘없는 집단을 착취한 결과로 사회적 약자들이 만들어진다고 본다. 그러니 사회적 약자는 우연히 생긴 것이 아니라 지배층에 의해 만들어진 것이다. 여러분의 생각은 어떤가?

그러면 사회적 약자를 위해 무엇을 해야 할까? 바로 '버싱'과 같은 사회적 약자가 생기는 원인을 제도적으로 없애려는 노력을 해야 한다. 사회적 차별이 더이상 일어나지 않도록 법이나 제도를 만드는 것이다. 다양한 차별을 철폐하는 법이 여기에 해당한다.

그런데 이보다 더 강력한 요건이 필요해서 만들어진 것이 차별 철폐를 위한 적극적인 우대 정책, '어퍼머티브 액션(affirmative action)'이다. 우리도 일상에서 공무원 여성 할당 제도, 서울대학교의 지역 균형 선발 제도, 미국 하버드 대학교의 입학에서 인종 할당 제도 등 이러한 정책을 많이 볼 수 있다. 쉽게 말하면 100m 달리기가 힘든 사람들이 30m쯤 앞서서 달리도록 배려하는 것이다.

이렇게 하는 것은 오랫동안 사회적 차별로 기회의 평등을 잡기 어려웠던 사회적 약자를 우대하는 정책을 통해 실질적 평등을 누릴 수 있게 해주겠다는 취지이다.

그런데 사회적 약자를 위한 적극적인 우대 정책이 '역차별'이라는 문제를 낳기도 한다. 하버드 대학교 같은 명문 대학교에서 히스패닉이나 흑인에게 일정 비율을 우선 할당하게 되면, 동일하게 사회적 약자

이면서 공부를 잘하는 한국계 학생들의 입학이 좌절될 수 있다. 이로 인해 다른 사회적 약자의 기회를 빼앗는다는 역차별 문제를 제기하는 것이다.

이 때문에 미국에서는 종종 백인들이 흑인 분장을 하고 면접을 보아서 문제가 되는 경우도 있고, 인종 할당 제도로 인해 입학이 좌절된 것이 헌법에서 말하는 평등에 어긋난다고 소송을 제기하기도 한다.

우리 사회에서도 이런 역차별 문제가 제기된다. 농어촌 특별 전형으로 정원 외 입학생을 뽑을 경우 전문계 고등학생의 입학이 제한될 수 있다. 또한 지방 인재 채용 목표제에 따라 수도권 대학 졸업생이 역차별을 당할 수 있고, 공무원 여성 할당제나 여대의 로스쿨에 대해서는 남성이 역차별을 당하기도 한다. 대학에서 내신 성적의 반영 비율을 높이면 특목고 출신 학생들이 역차별을 받게 된다.

그럼에도 불구하고 적극적 우대 정책은 오랫동안 차별당한 집단에 대하여 그 사회가 최소한의 것을 배려해 주는 기회 제공의 의미를 갖는다. 미국이 1960년대 흑인 우대 정책을 통해 대학 입학과 취업을 지원하지 않았다면 미국 전 국무장관인 콜린 파월 같은 인물이 어떻게 나왔으며, 버락 오바마가 과연 대통령이 될 수 있었을까?

우리가 사회적 약자를 배려해야 하는 이유

사람들은 무엇을 하든 끊임없이 구별하기를 좋아한다. 그것이 단순한 구별이 아니라 다른 사람을 차별을 하고 비정상이라고 규정하는 것은 문제가 된다. 인류의 역사에서 시대별로, 나라별로 사회적 약자나 소수자 집단이 다양하게 존재했다. 과거, 현재, 미래의 어느 시점에서 우리도 어떤 형태로든 사회적 약자일 수 있다.

그러나 소수 집단은 단순히 사회적 약자로 규정받고 그러한 존재로만 살아온 것은 아니다. 사회적으로 차별받았던 무수한 집단 또는 개인들은 그들이 소수 집단으로서 당하는 불리함을 인식하고 그것에 항거하고 자신의 권리를 주장하면서 그 상황을 개선해 왔다.

이런 점에서 인류의 역사는 이러한 소수 집단들이 자신의 인권을 확장하고 스스로 권리를 확보해 온 끊임없는 변화의 과정이다. 그러면서 사회적 주류 집단이 되었다. 따라서 지금 내가 확보하고 있는 위치의 상당 부분은 이전의 사회적 약자였던 사람들의 고통과 그들이 그 고통에 항거하면서 투쟁해 온 역사의 산물이다.

오늘날의 사회적 약자 집단은 아직도 충분히 권리를 확보하지 못하여 여전히 불평등한 삶을 살아간다. 더구나 세계화 시대 더 넓어진 삶의 공간에서 사회적 약자는 더 다양한 모습으로 나타나고 더 힘든 삶을 살아가게 된다.

그러니 그들이 존엄성을 가진 사람으로 살아갈 수 있도록 우리 관점을 바꾸고 제도를 개선해야 하지 않을까?

사회학 개념 꼬집어보기

★ **연대 의식** : 사회 구성원 간, 사회와 사회 구성원 간에 서로를 지탱하게 하는 의식

★ **참여 의식** : 사회 주인이라는 의식으로 사회구성원이 사회 정책 형성 등에 개입하려는 의식

★ **사회적 약자** : 사회나 제도적으로 불리함이나 차별을 경험하는 사회 구성원 집단

★ **어퍼머티브 액션(적극적 우대 조치)** : 소수 민족 등 사회적 약자의 부당한 차별을 개선하기 위해 적극적인 우대 정책을 사용하는 것으로 특정 의석의 배분이나 교육 등에서 일정 비율을 할당하는 조치

★ **역차별** : 부당한 차별을 받는 집단을 보호하기 위해 시행한 제도나 장치가 너무 강력하여 오히려 반대편이 받게 되는 차별

★ **인권** : 인간이 인간으로서의 존엄성을 누리기 위해 누구나 가져야 할 권리

여성은 태어나는 것일까
만들어지는 것일까?

● 성차별

프랑스 파리 시내에 누구나 잘 아는 명소인 개선문이 있다. 그 중앙
에는 무명 용사를 기리는 비문과 함께 불꽃이 타오른다. 파리 시민들
뿐만 아니라 여러 나라에서 온 관광객들이 꽃을 바치고 묵념을 하는
곳이다. 1970년 8월에 이곳에 일군의 여성들이 모여서 헌화하였는데,
그들은 "무명 용사들보다 알려지지 않는 사람들이 있다. 그들은 바로
무명 용사의 아내들"이라고 하면서 그들에게 헌화한 것이다. 이 일은
그 후 프랑스 여성 운동의 시발점이 되었다.

여성은 어떤 존재인가? 시몬 드 보부아르는 '여성은 불완전한 남성'이
라는 사회적 시각이 존재하던 1900년대 초반에 '여성은 태어나는 것이
아니라 만들어지는 것이다'라고 주장하면서, 사회의 비주류로 만들어
진 것이 바로 여성의 삶이라고 비판했다.

보부아르는 사르트르와 더불어 프랑스의 실존 철학을 대표하는 학

자였지만 그녀는 여성의 현실과 관련하여 사회 참여를 강조했고 이를 자신의 삶에서 실천으로 옮겼다. 그의 책 『제2의 성』은 여전히 여성 문제에 대한 걸작이자 고전으로 남았다. 그러면 21세기 다양성의 시대, 개인의 발견이 강조되는 시대에 여성은 남성과 평등한 존재일까?

 ## 남자와 여자는 정말 다를까?

다른 나라로 여행을 가면 입국신고서를 내야 하는 경우가 있다. 입국신고서에는 일반적으로 개인의 신상 명세와 도착지에서 묵는 숙소, 여행 목적 등을 적는다. 신상 명세에는 성별을 적는 칸도 있는데, 이때 '성별'이라는 단어는 영어로 'sex' 혹은 'gender'라고 표기되어 있다. 어떤 경우이든 성별 칸에는 남자(male)인지 여자(female)인지를 선택하여 기입해야 한다.

전통적으로 성에 대한 표기는 '섹스(sex)'라는 표현을 사용해 왔다. '젠더(gender)'는 1995년 중국 베이징에서 열린 세계여성대회에서 '남녀의 구분은 생물적으로 결정되는 것이 아니라 사회적으로 결정된다'는 점을 주장하며 성별 구분에 젠더라는 표기를 쓰기로 결정하면서 본격적으로 사용하게 되었다.

섹스는 생물적인 차이에 따라 성별을 구분하는 것이다. 이와 달리 젠더는 사회적 측면에서 학습한 결과로 나타나는 남녀의 차이에 초점을 둔다. 이렇게 용어의 변화를 주장한 이유는 무엇일까? 여성에게 '여성다움'이라고 하는 현상이, 남성에게 '남성다움'이라는 현상이 나타나는 것은 태어날 때 가진 생물적인 측면에 의해서가 아니라 사회적 교육의 결과라고 보았기 때문이다.

즉 두 성별이 서로 다른 역할을 보이는 것은 성별에 따라 다르게 사회화가 이루어졌기 때문이다. 이런 점에서 보면 시몬 보부아르의 표현처럼 '여성은 태어나는 것이 아니라 만들어지는 것'이라고 할 수 있다.

그렇다면 성적인 사회화는 어떻게 나타날까? 일반적으로 흔히 출산을 앞둔 부부들이 남자 아이라고 예상하는 경우에는 파란색 옷을, 여자 아이라고 추측할 경우에는 분홍색

옷을 준비하는 것을 볼 수 있다. 동화책에는 예쁜 드레스를 입은 얌전한 공주가 씩씩하고 용감한 왕자의 도움으로 마법에서 깨어나 오래오래 행복하게 살아간다. TV에서도 남성은 주로 회사에서 일을 하고, 여성은 전업 주부이거나 직업을 가진 경우에도 남자의 보조 역할을 하는 것으로 그려진다. 이런 경험들을 통해 아이들은 성 역할 정체성, 즉 여성 혹은 남성으로서 무엇을 해야 하는지를 다르게 배워간다.

 ## 양성성, 남성과 여성의 차이를 넘어서

마가렛 미드라는 인류학자가 1931년부터 3년간 파푸아뉴기니 지역의 세 부족을 관찰한 연구를 보면 성 역할에 대한 재미있는 사실을 발견할 수 있다. 이것은 아라페시, 문두구머, 챔블리 부족의 성 역할에 대한 이야기이다.

미드
(M. Mead, 1901~ 1978)
미국의 인류학자. 사모아 섬 등 태평양에 있는 여러 섬에 거주하는 부족들에 대해 연구하였으며, 특히 여러 부족의 청소년기 성 행동에 대한 비교 연구가 돋보인다. 『세 부족 사회의 성과 기질』, 『사모아의 성년』 등의 저서가 있다.

아라페시 부족 사람들은 모두 경쟁이나 공격을 싫어한다. 남녀 모두 가정적이고 유순하여, 자신들보다 약하거나 어린 사람들에게 관대하다. 다른 사람들을 위해서는 자신의 욕구를 억제하는 성향이 있고, 생활양식 역시 온건하다. 반면 문두구머 부족 사람들은 공격적이고 호전적이다. 상대방에게 적대감과 경쟁심을 가지고, 부족 전체가 모성적인 것을 거부했다. 챔블리 부족의 남자와 여자는 서로 다른 성향을 지녔다. 남자는 책임감이 약하고 심리적으로 의존하는 것을 좋아했고, 여성은 반대로 추진력 있게 일을 잘하는 모습을 선호했다.

미드는 이처럼 여성과 남성의 성격과 역할이 사회마다 서로 다르다는 사실을 통해 성 역할은 태어날 때부터 정해진 것이 아니라 후천적 학습과 문화, 즉 사회적 산물이라는 결론을 내렸다.

최근 남성에게 남성성, 여성에게 여성성을 강조하는 것이 잘못된 것이며 남녀 모두 양성성을 가져야 한다는 주장이 나오고 있다. 양성성은 남성을 뜻하는 말인 'andro'와 여성을 뜻하는 'gyn'이 결합된 'androgyny'를 번역한 말로, 한 인간에게 남성과 여성의 특징이 함께 내재되어 존재하는 상태를 말한다.

1970년대에 벰이라는 학자는 사람은 성별에 관계없이 남성성과 여성성 두 가지 특성을 동시에 가진다고 말했다. 다만 어느 특성이 강한지에 따라 크게 남성적 유형, 여성적 유형, 양성적 유형, 미분화 유형으로 나뉜다고 했다. 그는 양성적 유형이 다른 유형의 사람들보다 적응력이 높고 유연성을 보인다고 주장하면서 가장 바람직한 유형이라고 했다.

이후에 다양한 연구에서도 양성성을 지닌 사람은 지능이 높고 대인 관계가 좋으며, 유연성이 좋아서 업무 처리 능력이 뛰어나다는 결과가 나타났다.

우리나라에도 유사한 실험이 있었다. 한 방송 프로그램에서 수도권의 고등학생 1,000명을 대상으로 양성성 검사를 실시했다. 그 결과 양성성을 지닌 30퍼센트의 학생이 학급 반장 등 리더 경험이 두 배 이상 많았고, 상대적으로 성취 동기와 자신감이 높았다. 그리고 타인과의 약속을 잘 지키는 등 신뢰도가 높아서 교사와 동료 학생들 모두에게 인기 있는 학생들이었다.

부드러운 사랑의 신 에로스가 남성의 모습을, 진취적인 전쟁의 신 니케가 여성의 모습을 하고 있는 것을 보더라도 과거부터 양성성이 선호되는 것 같다. 최근 TV 드라마에 나오는 왕이나 장군 같은 남성 리더는 강인함과 더불어 백성을 세심하게 살피는 여성적 특성을 같이 가진 것으로 묘사된다. 양성성의 시대가 만들어낸 리더십의 변화이다. 그러니 "남자가 말이지"라거나 "아니, 여자가 말이야"라는 말을 이제는 버려야 할 때인 것 같다.[11]

그럼에도 여전히 존재하는 성 차별, 유리 천장

사회적 성차별은 다양한 모습으로 존재한다. 대표적인 것이 직업에서의 차별이다. 여성이 직장 생활을 하기 위해 세 가지 허들을 넘어야 한다. 처음 만나는 허들은 '학력 허들'로, 이는 남성도 경험하는 것이다. 이것은 취업을 하기 위한 기본 조건인데, 최근에 대학교를 졸업하는 남녀 비율이 비슷하고 석사 학위자 비율도 여성과 남성이 거의 비슷해졌다.

그러나 자세히 보면 학력이 같아도 남녀가 동일한 직업에서 동일한 임금을 받는 것은 아니다. 직업 세계를 보면 여성과 남성이 주로 취업하는 곳이 나누어지고 대체로 남성의 비율이 더 많은 직업일수록 임금도 높은 편이다. 그러니 여전히 여성에게 학력 허들이 존재하는 셈이다.

그런데 여성은 남성과 달리 직장 생활을 계속하기 위해 두 가지 허들을 더 넘어야 한다. 학력 허들에 이어 만나게 되는 허들은 '계속 근무 허들'이다. 이것은 자녀의 출산과 양육 후 직장으로 복귀할 때 생기는 것이다.

우리 나라 여성들은 취업에서 경험하는 가장 큰 장애 요인으로 '육아 부담'을 꼽는다. 여성의 취업률 그래프는 M자형인데, 가운데 쪽 들어간 함몰 지점이 출산과 육아 부담이 많은 30대라는 점을 미루어보아 여성들에게 두 번째 허들은 여전히 넘기 어려운 높이이다. 최근에 직장 보육 시설, 육아 휴직 제도, 배우자 출산 휴가제, 탄력적인 근로 시간, 육아 휴직 기간 확대와 같은 것을 도입하는 직장이 늘고 있지만 여전히 자녀 양육과 직업은 여성에게 양립하기 어려운 부분이다.

세 번째 허들은 '리더 역량 강화 허들'로 가장 넘기 어려워 '유리 천장'이라고 불린다. 유리 천장은 미국의 《월스트리트 저널》이 1970년에 만들어낸 신조어로 여성들의 고위직 진출을 가로막는 보이지 않는 장벽을 의미한다.

이 세 번째 허들을 넘어서는 여성은 매우 적다. 최근 들어 여성 스스

로의 경쟁력 강화나 여성 친화적인 제도의 도입으로 여성 리더의 비율이 증가하고 있지만, 아직도 남성과 비교해서는 턱없이 낮은 수치이다. 유리 천장을 무너뜨리기 위해서는 무엇을 해야 할까?

"저는 열여덟 살인 딸과 열네 살인 아들이 있습니다. 특히 딸아이를 키우면서 저는 제 나름의 방침을 정했습니다. 먼저 여성임을 자랑스럽게 여겨야 한다고 가르쳤습니다. 의도적으로 여의사가 있는 병원에 데리고 갔으며, 남성이 지배하는 곳에서는 남성의 역할을 배우도록 이야기해 주었습니다. 이 사회가 남성 중심이므로 남성을 이해하고 남성을 사랑해야만 그들과 조화롭게 살 수 있으며, 나아가 그들을 능가하는 여성이 될 수 있음도 가르쳤습니다."[12]

이처럼 남성과 여성이 경쟁하는 상대가 아니라 화합하는 존재임도 배워야 한다. 보부아르는 『제2의 성』에서 '이 주어진 현실 세계를 자유가 지배하도록 하는 것이 인간에게 주어진 임무다. 이 숭고한 진리를 쟁취하기 위해서는 무엇보다 먼저 남녀가 분명한 우애를 확립하는 것이 필요하다'고 했다.

남녀가 갈등이나 경쟁이 아니라 우애를 확립하도록 하기 위해서는 개인의 노력도 필요하지만 여성 앞에 놓인 허들을 치워주어야 한다. 이를 위해서는 사회적 육아제도나 여성 할당 제도와 같은 다양한 어퍼머티브 액션 차원의 사회적 지원이 필요하다.

사회학 개념 꼬집어보기

★ **성 차이** : 남녀간에 나타나는 실제적인 차이에 대한 인식

★ **성 차별** : 남녀간의 차이에 대하여 사회적 인식에 기초하여 다르게 구분하고 차별하는 현상

★ **젠더** : 사회적 의미의 성을 표현하는 것으로 사회학적 인식에 의한 성을 표현하는 것임

★ **양성성** : 성 역할 고정 관념을 이루는 남성성과 여성성을 구분하지 않고 한 인격체 내에 남성성과 여성성을 동시에 갖춘 것으로 인식하는 것

★ **성역할 고정 관념** : 남성과 여성을 구분하여 성별로 다른 사회적 역할이 해당된다고 인식하는 고정 관념

사회 복지는 사람을 게으르게 만드는가?

● 사회 복지 제도

돈이 얼마나 있으면 나의 삶에 만족할 수 있을까? 돈이 아무리 많아도 인간의 욕구와 행복은 충만하게 채워지지 않는다고 한다. 즉 부유함이 삶의 만족도와 비례하지 않는다는 것이다.

그러나 가난은 다르다. 가난은 '잘못이 아니라 조금 불편한 것'일 뿐이라고 하지만 자본주의 사회에서 가난은 사람을 아주 힘들게 한다. 특히 요즘 생활고를 비관하여 자살했다는 이야기는 가난이 단순한 개인 문제가 아님을 알 수 있다.

과거에 훨씬 더 가난하게 살았던 사람들이 많았겠지만, 오늘날의 가난함은 과거의 그것에 비해 더 많은 고통을 안겨준다. 자본주의 경제 체제 하에서 돈이 없다는 것은 죽음과 같다. '죽을 돈도 없는' 상태에까지 이르게 하기 때문이다. 일을 해서 돈을 구하고 무엇인가를 사지 않으면 생존이 불가능한 현대인의 삶에서 어떻게 가난을 해결할까?

사촌이 땅을 사면 배가 아픈 이유

가난은 크게 상대적 빈곤과 절대적 빈곤의 모습을 보인다. 우리 속 담에 '사촌이 땅을 사면 배가 아프다'는 말처럼 타인의 부와 자신의 빈곤 상태를 인식하는 것이 상대적 빈곤이다.

한 사회 내에서 다른 사람들과 비교하여 빈곤 상태를 파악할 수 있는 '상대 빈곤율'은 무엇일까? 쉽게 표현하자면 전체 가구를 소득에 따라 한 줄로 세울 때, 중간에 위치한 가구 소득의 절반에도 이르지 못한 가구의 비율을 말한다. 이에 비해 절대적 빈곤은 국가에서 매년 정하는 최저 생계비에 미치지 못하는 소득을 갖는 상태를 말하며, 전체 가구 중 소득이 최저 생계비에 미치지 못하는 가구의 비율을 절대 빈곤율이라고 한다.

쉽게 말하면 절대적 빈곤이 최소한의 인간적인 삶을 누리기 위해 필요한 소득도 벌지 못하는 상태를 말하는 것이라면, 상대적 빈곤은 그 사회에서 다른 사람들의 소득과 비교하여 중앙값에 있는 사람들의 소득의 반 이하를 버는 것을 말한다.

점점 상대적 빈곤을 경험하는 사람이 많아진다는 것은 사실상 그 사회가 '20 대 80의 사회'가 될 가능성이 크다는 것을 말하며, 이로 인해 상대적 빈곤율은 높아질 수밖에 없다. 최근 들어서는 일을 해도 가난에서 벗어나지 못하는 워킹 푸어(working poor)마저 늘어난다.

절대적 빈곤은 실제로 가난을 뼈저리게 경험한다는 점에서 넘길 수 없는 문제이다. 한 사회에서 최소한의 인간으로서 이 정도의 돈은 있어야 살 수 있다고 정한 최소한의 생계비를 가지지 못한 것이 바로 절대적 빈곤이라는 점에서 더 문제가 된다.

그렇다면 가난은 개인의 노력 부족 때문일까 아니면 사회 구조적인 문제 때문일까?

기능론자들은 개인의 능력에서 문제가 생기거나 게으름을 부리는 등으로 인해 가난한 삶을 산다고 본다. 이에 비해 갈등론 입장에서는 불평등한 분배 구조 속에서 가난은 어쩔 수 없이 경험하게 되는 것이라고 설명한다.

가난에 대한 갈등론적인 관점을 상당 부분 받아들여 제도화한 것이 바로 사회 보장 제도이다. 복지 제도는 자본주의 성장 과정에서 사회 구조적으로 어쩔 수 없이 빈부 격차의 심화와 같은 문제가 생기기에 빈곤이 개인만의 문제가 아니며 이에 대한 해결방안을 사회적으로 모색해야 한다는 관점이 반영된 것이다.

 ## 베버리지 보고서: 현대적 사회 보장의 시작

1900년대 초반 유럽에서 가난은 가난한 사람의 문제이며 부유한 사람들의 자선에 의해 빈민을 구제할 수 있다는 의식이 팽배했다. 더불어 당시 정부는 자유 방임을 기본으로 하는 작은 정부를 지향했기 때문에 정부의 역할을 강조하지 않았다.

그러나 지속적으로 심화되는 빈부 격차와 제1·2차 세계 대전으로 빈곤층이 더 많이 늘어나면서 빈곤을 개인의 문제로만 둘 수 없는 상태가 되자 정부는 이를 제도적으로 해결할 방안을 모색하게 되었다.

영국은 이전에 이미 다양한 구빈법이나 사회 보험을 활용했지만 1940년대에 이르러 좀더 포괄적으로 사회 복지 이념을 실현할 수 있는 방법을 마련하기 위해 위원회를 꾸렸다. 이곳의 위원장으로 임명된 베버리지는 당시 영국의 사회 문제를 '궁핍·질병·나태·무시·불결'이라는 5가지로 분석하고 특히 궁핍함을 없애는 것을 사회 보장의 궁극적인 목표로 삼았다.

이에 따라 완전 고용 보장, 포괄적인 의료 보험 제도, 아동 수당 도입, 사회 보험의 통합 관리, 복지 비용에서 개인과 정부의 공동 참여 등을 통해 모든 사람에게 포괄적인 부문에서 사회 보장이 이루어져야 함을 주장하는 보고서를 내게 된다. 이것이 바로 현대 사회 보장 제도의 근간이 되는 〈베버리지 보고서〉이다.

1945년 노동당이 이 보고서에 제시된 사회 복지 제도를 실현하려고 하면서 영국에서는 '요람에서 무덤까지'라는 구호 아래 전 생애에 걸친 복지 제도가 만들어진 셈이다.

즉 빈곤층을 위한 최저 생활 수준 보장을 권리의 문제로 보아 생존권이 확보되도록 했으며, 임금 노동자에 한정하였던 이전의 복지 제도를 전체 국민으로까지 확대한 제도가 만들어진 것이다. 이 제도는 유럽 다른 나라로 확대되면서 대부분의 유럽 국가들이 '요람에서 무덤까지'라는 이 복지 제도를 시행하게 되었다.

그런데 영국은 1990년대 중반 이후 급격하게 늘어난 복지 비용을 감당하기 힘들어지자, 대처 정부 시기에 대대적으로 복지 정책을 손보게 된다. 이에 따라 '요람에서 무덤까지'라는 보편적 복지는 스웨덴을 비롯한 북유럽 국가에서 더 다양하게 나타난다.

우리나라의 복지 제도

그러면 우리나라의 복지 제도는 어떤 모습일까? 병원에서 치료를 받고 진료비를 조금만 내는 것은 의료 보험에서 나머지를 부담하기 때문이다. 초등학교 의무 교육은 정부가 교육비를 부담해서 가능하다. 모두 사회 복지 제도 덕분이다. 우리의 복지 제도는 크게 세 가지 유형으로 구분할 수 있다. 공공 부조와 사회 보험, 그리고 사회 복지 서비스가 그것이다.

사회 보험은 현재의 가난만이 아니라 가난, 질병, 실업, 재해 등으로 생길 수 있는 미래의 불안을 미리 대처하고자 하는 것으로, 부담 능력이 있는 개인과 정부가 일정액을 분담하여 비용을 대는 상호 부조적 성격을 갖는다. 취업하게 되면 내 월급에서 일정액을 내고, 정부에서도 일정액을 추가하는 국민 연금, 건강 보험, 고용 보험 등이 이에 해당된다.

이중에서도 국민 연금은 고령화 사회가 되면서 그 중요성이 더 커지고 있다. 일하는 사람의 월급 일부를 거두어 두었다가 노년이 되어 소득이 없을 때 연금으로 지급하는 것이다. 현재 일하는 장년층의 돈을 모아서 일하지 않는 고령층의 노후를 일정 부분 책임지도록 하는 것이니, 세대간 부조라는 성격이 강하다.

이와 달리 경제적 능력이 부족하여 최저 생활을 유지하기조차 힘든 사람들을 대상으로 국가가 책임지고 경제적으로 복지 지원을 하는 것을 공공 부조라고 한다. 대표적으로 기초생활보장 수급제도나 의료 보호 등이 공공 부조에 해당된다.

이 경우 빈곤층만을 지원하는 것이기에 소득 재분배 효과가 사회 보험에 비해 훨씬 크고, 빈곤층을 대상으로 하는 최소한의 생계비 보장 등이 가능하다는 장점이 있다. 그러나 국가가 전액을 부담한다는 측면에서 재정 부담이 큰 편이고, 공공 부조를 받는 사람들이 근로 의욕을 상실할 가능성이 있다. 그래서 그들 스스로 가난에서 벗어나려고 노력하는 자활을 어렵게 할 수 있다는 문제점도 지적된다.

이외에도 직접적인 경제적 지원 형태가 아니라 비금전적인 형태로 이루어지는 사회 보장 제도가 있는데, 이를 사회 복지 서비스라고 한다. 이것은 말 그대로 복지 수혜 대상자에게 금전과 같은 경제적인 혜택을 제공하는 것이 아니라, 다른 사람을 통해 서비스를 받게 하거나 제도적인 복지 혜택을 제공하는 것이다.

실업자를 대상으로 하여 국고에서 무료로 지원하는 직업 훈련도 대표적 사례이다. 빈곤층 학생들에게 무상으로 급식을 제공하는 것도 돈이 아닌 서비스 형태로 나가니 당연히 사회 복지 서비스의 일종이 될 것이다.

 ## 사회 복지의 다양한 모델, 그리고 제3의 길

일반적으로 사회 복지는 크게 두 가지 방향으로 구분된다. 자유 국가 이념을 강조하는 미국에서는 복지를 최소화하고자 하였다. 이에 미국식 복지 모델은 기본적으로 중산층 이상이 세금을 내면 가장 취약한 하류층이 복지 혜택을 받는 구조이다. 세금을 내지 않는 집단만을 대상으로 선별적으로 복지 정책이 이루어진다는 측면에서 선별적 복지라고도 하고, 가난한 사람에게 복지가 은혜처럼 주어지는 것으로 보기에 시혜적 복지 모델이라고도 불린다.

이것은 복지 비용을 최대한 줄이면서도 지원을 꼭 필요로 하는 집단만을 한정하여 효율적으로 지원한다는 장점이 있다.

그런데 선별적 복지의 경우에는 최소한 경제적 지원이 이루어지기에 계층간 차이를 극대화시키고, 복지 대상을 경제적으로 가난한 집단이라고 낙인을 찍는 문제가 있다.

이런 선별적 복지를 기조로 하는 미국에서는 의료 보험도 사회 보험이 아니라 개인 보험 형태로 처리하였다. 미국 오바마 정부에서의 의료 보험법 개정 직전까지 미국에서는 최소 47만 명이 의료 보험을 아예 가지고 있지 못했다. 개인 보험이니 자신이 든 보험의 수준에 따라 보장 수준에서도 큰 차이가 난다. 점점 첨단 장비를 통해 시술하는 현대 의학에서 중산층이어도 큰 수술이 필요한 의료비를 개인이 감당하기 힘든 경우가 많았다.

그래서 다큐멘터리 영화 〈식코〉처럼 손가락이 여러 개 잘려도 보험이 되는 범위 안에서 몇 개만 선택하여 치료받는 일도 생긴다. 암과 같이 치료비가 많이 드는 경우 치료에 집중하다 보면 중산층이 홈리스가 되는 경우도 생긴다.

이렇게 모든 국민을 대상으로 하는 의료 보험 정책이 시행되지 못하다가 오바마 정권에 들어서야 공공적 의료 보험을 법으로 통과시켰다. 이 과정에서 수많은 국민들의 저항이 있었던 것도, 법률 통과를 의료 보험의 '개혁'이라고 부르는 것도 바로 이런 선별적 복지 전통 때문이다. 그러나 현재 미국에서는 여전히 이 법안을 폐지하려는 움직임을 보인다.

이와 달리 영국에서 시작되어 북유럽으로 퍼져나간 복지 제도는 '요람에서 무덤까지'라는 슬로건에서 강조된 대로 모든 사람을 대상으로 하는 복지를 강조하기에 보편적 복지라고 하며, 보편적 복지를 위한 대대적인 복지 투자를 할 경우 전반적인 삶의 질을 높일 수 있다고 보기에 복지 정책이 모두에게 유익한 사회를 만들도록 한다는 점에서 역동적 복지라고도 한다. 주로 스웨덴을 비롯한 북유럽 국가에서 이루어지는 것이다.

이는 가능한 많은 세금을 거두고 복지를 통한 사회적 분배를 최대한 강조하는 방식이다. 복지 비용을 충당해야 하므로 당연히 국민의 세금 부담이 많다. 심한 경우 소득의 50퍼센트 정도가 세금으로 나간다고 투덜대기도 한다. 그러다 보니 역으로는 일하지 않고 복지 수혜만 누리는 집단이 생겨 '복지병'이라는 사회 문제를 만들기도 한다.

우리나라의 복지 제도 중에서 보편적 복지에 가까운 것이 의료 보험 제도이다. 신문에서 '의료 보험을 관리하는 국민건강보험공단의 적자 누적액 1조'와 같은 기사를 볼 수 있을 것이다. 적자가 이렇게 누적되는 것은 적은 보험료를 내면서 누구나 쉽게 자주 병원에 가기 때문이다. 큰 병이 아닌데도 대형병원을 찾는 사람들이 있는가 하면, 아프지

않은데도 병원에 들러서 진찰받거나 침을 맞으면서 시간을 보내는 사람들도 있다. 그러니 적자폭은 해마다 누적된다.

문제는 두 가지 모델 모두 나름대로 문제가 있다는 것이다. 선별적 복지의 경우 경제적 효용성은 강조되지만, 사회 복지 혜택이 일부에게만 가는 문제가 생긴다. 보편적 복지의 경우 근로 의욕이나 자활 의욕을 상실하게 하게 할 가능성이 있다.

베버리지가 학장으로 있던 런던 정치경제대학의 교수인 앤서니 기든스는 1987년에 『제3의 길』을 펴내어, 두 모델이 갖는 문제점을 지적하면서 새로운 복지 이념의 필요를 강조하였다. 그는 경제적인 효율성도 달성하면서 사회적 약자 스스로 자활할 수 있는 복지 실현이 가능한 방안을 제3의 길이라고 한 것이다.

이것은 사회 복지 대상자 중에서 스스로 일할 능력이 있는 사람들에게 직업 훈련을 제공하고 스스로 자활 성향을 키우도록 복지 지원을 개선하여 재정적 효율성도 도모하는 것을 말한다. 즉 가난 등의 원인이 개인이냐 사회 구조에 있느냐는 문제에 대하여 한쪽에 치우친 답을 하지 않고 국가가 개입하여 개인의 자활을 도와주어야 한다는 것이다.

이러한 복지를 생산적 복지라고 부른다.

생산적 복지는 우리나라에도 도입되어 2000년대에 주요 사회 복지 내용으로 나타난다. 대표적으로 자산 형성 지원 사업이 있다. 이는 근로 소득이 있는 저소득층이 소비를 줄이고 저축을 할 경우, 저축한 돈에 대응하는 일정 액수를 정부에서 지원하여 자산 형성이 이루어지도록 돕는 것으로 빈곤층의 자활을 정부도 돕겠다는 것이다.

그러나 생산적 복지가 신자유주의적 정책을 시행하는 정부의 복지 제도로 시행되면서 '복지'의 요소는 상당히 축소되고 '생산'의 측면만 강조될 수 있다. 이로 인해 전반적으로 복지 예산이 축소되고, 재정의 효율성을 강조하는 정책 수행의 근간이 되는 정책으로 오해받기도 했다.

 ## 우리나라에서 무상급식이 논란거리인 이유

지금 한국에서 중요한 화두로 떠오른 것은 무상급식이다. 기존에는 기초생활 수급자와 같이 경제적으로 어려운 형편에 놓인 가정의 자녀에게만 무상급식을 서비스하는 선별적 복지 제도였다. 그런데 무상급식은 모든 학생에게 서비스를 제공하는 보편적 복지제도로 바꾸자는 것이다.

당연히 보수 진영에서는 이를 반대할 수밖에 없다. 보편적 복지를 위해서는 가진 자들이 더 많이 세금을 내야 하기 때문이다. 그리고 무상급식이 시행되면 더욱 보편적 복지를 강조하여 주택 등 다양한 영역에서 보편적 복지를 강조할 것이기 때문이다. 복지 관련 예산을 이전 정부에 비해 줄여나가는 정책을 펴는 정부도 보수적인 정책을 펴는 집권 정당 모두 반대 입장을 보인다.

그래서 보수 진영에서는 무상급식을 주장하는 진보 진영에 대하여, 선거에서 이기기 위한 포퓰리즘적 발상이라고 비판한다. 결국 무상급식으로 인해 예산을 사용하게 되면서 무엇보다 중요한 수업 개선 등의 필수적인 교육 복지를 제대로 시행하지 못한다고 주장한다.

이에 반해 진보 진영에서는 무상급식을 찬성한다. 우리 나라의 의료 보험이 상당 부분 보편적 복지 형태를 띠지만, 의료 보호와 의료 보험 제도로 나누어 진행된다. 이는 북유럽처럼 능력에 따라 차별적으로 세금을 내고 누구나 동일한 혜택을 누리는 보편적 복지 제도를 제대로 구현하는 것이 아니다. 그러니 무상급식은 보편적 복지제도로 바꿀 수 있는 시발점이 되는 것이다.

지금은 재원이 부족해서 다른 교육 예산에서 재정을 충당하여 문제가 되지만, 궁극적으로 세금을 통해 재원을 확보하면 모든 아이들이 눈치 보지 않고 평등하게 식사할 인간다운 권리를 누리는 것이라고 주장한다.

결국 이 문제는 모든 사람이 요람에서 무덤까지 인간다운 삶을 누리는 보편적 복지제도로 전환하는 것이 모두가 잘사는 것이라는 주장과 복지병으로 인해 국가의 재정을 낭비하여 온 나라가 망하게 될 것이라는 주장의 대립이다.

따라서 사회 복지 제도가 약한 우리나라에서 무상급식 문제를 단순히 보수 집단과 진보 진영의 정치 이념의 갈등으로 보아서는 안 될 것 같다. 그러니 이 무상급식 논의는 단순히 무상급식 그 자체가 아니라 우리나라의 복지제도 정책의 방향에 관해 전국민이 참여하는 논의여야 한다.

다만 이 과정에 한 가지 생각해 볼 거리는 있다. 복지 제도가 너무나 미흡해서 복지병을 염려하지 않아도 되는 우리나라에서 복지병을 걱정하는 것은 마치 구더기가 무서워 장을 못 담그는 것과 같다는 점이다.

사회학 개념 꼬집어보기

★ **공공 부조** : 생활 능력이 부족하거나 생활이 어려운 국민을 대상으로 정부에서 재원을 마련하여 복지 지원을 하는 제도

★ **사회 보험** : 사회 구성원과 정부가 상호 일정 부분의 재원을 부담하는 복지 지원 제도

★ **선별적 복지(시혜적 복지)** : 일정 집단 즉 세금을 내지 않는 집단만을 대상으로 한 복지 정책

★ **보편적 복지(역동적 복지)** : 모든 사람을 대상으로 하는 복지 정책

★ **생산적 복지** : 국가가 개입하여 사회 복지 대상자가 스스로 일할 능력을 갖출 수 있도록 도와주는 것을 말함

★ **복지 사회** : 모든 사회 구성원이 쾌적한 삶과 인간의 존엄을 누리는 삶을 지향하는 사회

★ **복지 국가** : 국민 전체의 복지 지원과 행복 추구를 국가의 기본 이념으로 삼은 국가

길거리 살인과 책임 없는 목격자

1964년 3월 13일 금요일. 새벽 어스름이 주택 단지에 내려앉을 때쯤 20대 여성 키티 제노비스는 야근을 마치고 귀가하는 중이었다. 그런데 다음날 그녀는 괴한에게 살해당한 채 발견되었다. 사람들은 금방 잊어버린 듯했지만 목격자들이 속속 등장하면서 이 사건을 통해 드러난 인간의 기이한 일면은 사회적으로 큰 파장을 일으켰다.

어느 정신이상자에게 35분 간이나 난데없는 칼부림을 당한 제노비스. 경찰 조사에 따르면 처음 칼에 찔린 그녀의 비명 소리에 현장을 목격한 사람은 38명이나 되었다. 그런데 그녀의 "살려달라"는 외침에도 나서서 말리거나 경찰에 신고한 사람은 단 한 명도 없었다.

누군가 수화기를 들기만 했어도 그녀는 목숨을 구했을지 모른다. 신고자가 위험해질 가능성도 전혀 없었다. 그런데 왜 그랬을까?

방관자들의 기이한 행동이 《뉴욕타임스》를 통해 알려지면서 온 나라

가 들썩였고, 이에 전문가는 '책임 분산'과 '다수의 무지' 때문이라고 분석했다.

'책임 분산'은 목격자가 많을수록 책임감이 분산돼 개인이 느끼는 책임감이 적어져 행동하지 않게 된다는 것이다. 지나가는 사람이 쓰러졌을 때 주변에 혼자 있으면 내가 도와야겠다는 책임감을 느끼지만, 여러 사람이 있다면 '다른 사람이 하겠지'라고 생각하며 결국 책임지려고 하지 않는다는 것이다.

이와 달리 '다수의 무지'는 사람들이 상황을 판단하기 어려운 경우에 타인의 행동을 기준으로 판단하려는 경향을 말한다. 즉, 다른 사람들의 행위에 비추어 자신이 어떻게 할 것인지 사회적인 판단 증거를 찾으려고 하기 때문에 어떠한 행동도 일어나지 않는다는 것이다.

우리도 한번 해보자. 길을 걷다가 1~2명이 있을 때와 10명 이상이 있을 때 쓰러지면서, "저 좀 도와주세요"라고 요청해 보자. 각각의 상황에서 사람들은 어떻게 반응할까? 어느 경우에 즉각적인 도움을 받을 수 있을까?

이 실험을 통해 알 수 있는 것은 결국 개인이 위기에 대처하는 가장 좋은 방법은 사회 제도에 기대는 것이다. 따라서 가난하고 힘든 사람, 혹은 사회적 차별 아래 놓인 사람을 위한 지지대로 이름도 모르는 다수의 사람들에게 기대하기보다 제도화된 사회적 책임이 더 효과적이지 않을까?

　'오전 8시까지 등교해야 한다', '교복 치마를 줄여입으면 안 된다'처럼 우리가 지켜야 할 교칙이 있듯, 사회에서도 고유한 제도를 만들어 적용합니다. 대개 사회 제도는 구조적인 부분과 연결되어 있기 때문에 각각의 사회 제도의 역할을 기능론과 갈등론으로 설명할 수 있겠지요. 사회의 다양한 제도의 모습과 여러 학자들의 관점을 살펴보면서 사회 제도에 대한 우리의 관점도 스스로 세워봅시다.

4장

사회를 '사회답게' 만드는 틀, 사회 제도

Check

혈연 관계가 없더라도 서로에게 정서적 안정을 주며 같이 살아가면 가족이 될 수 있다고 생각한다.	예☐ 아니오☐
종교는 갈등을 일으키기보다 평화를 주는 제도이다.	예☐ 아니오☐
교육은 지배 계급이 기득권을 유지하기 위해 만든 사회 질서이다.	예☐ 아니오☐
개인의 노력이 가족의 배경보다 학업 성취에 더 영향을 많이 미친다고 생각한다.	예☐ 아니오☐
나에게 10억을 준다면 TV나 인터넷 없이 사는 삶을 선택할 것이다.	예☐ 아니오☐

우리에게 가족은
무엇인가?

● 가족 제도

1973년 8월 영국, 최대 휴양지였던 섬머랜드 호텔에서 대형 화재가
발생했다. 가족 또는 친구들과 함께 여름휴가를 즐기려고 호텔에 왔던
3,000여 명 중 50여 명이 사망하고 400여 명이 부상을 입어 영국 최대
의 화재 사건으로 기록되었다.

몇 년 후, 한 심리학자가 이 사건 현장에 있었던 사람들을 대상으로
'위기 상황에 사람들은 어떻게 대처하는가'에 대해 연구하기 시작했
다. 당시의 기사와 생존자 면접을 통해 그는 놀라운 결과를 밝혀냈다.

화재가 발생하자 가족 단위의 휴양객들은 서로를 찾아 잃어버리지
않고 함께 사력을 다해 도망쳐서 대부분 생존했다. 반면 친구 단위로
왔던 휴양객들은 제각기 흩어졌고 불과 4분의 1만이 살아남았다. 이
연구를 통해 심리학자는 위기 상황에서 가족이 놀라운 대처 능력을 보
여줄 수 있었던 것은 가족의 신뢰 때문이라고 결론을 내렸다.

그렇다면 이 힘든 세상을 살아가는 우리에게 가족이란 어떤 의미를 지닐까? 가족은 가장 작은 사회화 기관이기도 하고, 1차 집단을 설명할 때 대표적 사례가 된다.

이렇듯 중요한 기능과 의미를 지니는 가족을 바라보는 시선은 매우 다양하다. 청소년들이 상담을 받는 주요 이유 중 하나가 가족간 갈등 때문이기도 하고, 어떤 사람은 가족의 따뜻한 격려에 힘을 얻어 성공할 수 있었다고 말한다.[13] 누구는 가족이 사라져야 할 구시대의 유물이라고 생각하며, 누구는 가족을 전쟁터라고 말한다.

요즘 TV 드라마를 보면 TV에서 가족은 아예 등장하지 않거나, 등장하는 경우에도 갈등의 원인이 되는 경우가 대부분이다. 위기의 순간에 가족이 힘을 발휘한다고는 하지만, 지금 이 시대의 가족은 위기인 것 같다. 나에게 가족은 무엇이고, 누가 가족일까?

 ## 가족이라는 개념은 어떻게 변화할까?

가족에 관한 연구로 가장 많이 알려진 학자는 머독이다. 그는 가족을 '부부와 그들의 자녀로 구성되고, 주거와 경제적인 협력을 같이하며 자녀의 출산을 특징으로 하는 집단'이라고 정의했다. 또 가족 내에서 혼인한 세대가 하나인지 여부를 따지면서 핵가족과 확대 가족과의 분류를 시도하였다. 다양한 국가와 부족의 결혼 및 가족에 대한 조사를 통해 가족 개념을 제시한 그의 정의에서는 결혼과 자녀 출산이 가족을 결정짓는 중요한 변수이다.

그런데 요즘 사람들에게 '당신이 생각하는 가족은 무엇인가?'라고 물으면 조금 다른 대답을 듣게 될지도 모른다. 혈연으로 이루어진 가족보다는 서로에게 의지하면서 같이 사는 친구가 가족이라고 이야기하는 사람도 있고, 나 혼자 가족이라고 하는 경우도 있다. 혹은 강아지나 고양이와 같은 반려 동물을 아들이나 딸처럼 애지중지 기르기도 한다.

최근 들어 버제스와 로크의 가족에 대한 정의가 가장 일반적으로 받아들여지는데, 이들은 가족을 '혼인, 혈연 또는 입양에 의해 결합된 집단으로 하나의 가구(家口)를 형성하고 남편과 아내, 아버지와 어머니, 아들과 딸, 형제

와 자매라는 각각의 사회적 역할 속에서 상호 작용하며 의사 소통하고 공통의 문화를 창조, 유지하는 집단'이라고 하였다. 머독과 달리 입양도 가족의 구성 요소로 포함하여 가족을 혈연집단으로서만 서술하지 않았고, 가족 내에서의 기능적인 측면도 강조한다.

실제로 가족을 결혼이나 혈연에 한정하지 않으려는 움직임을 쉽게 찾아볼 수 있다. 각종 매체에서 결혼이나 혈연으로 맺어지지 않은 다양한 가족 관계를 보여주고 있으며, 서로 함께 오래 살면서 정을 나누는 경우를 가족의 울타리로 그리는 시도들도 하고 있다. 영화 〈가족의 탄생〉이나 드라마 〈인생은 아름다워〉가 그 대표적인 사례다.

그러니 이제 가족을 단지 하나의 개념으로 정의하기보다는 가족 구성원이 얼마나 다양한지에 초점을 두는 것이 더 적합한 논의인지도 모른다.

1인 가구도 가족이라고 할 수 있을까?

2030년 우리나라 인구 예측 통계에는 1인 가구가 25퍼센트 정도를 차지한다. 요즘은 대략 20퍼센트 수준을 웃돌고 있다. 그래서 1인 가구도 가족의 한 유형이라는 이야기가 심심찮게 들린다. 1인 가구가 가족인지 아닌지를 알아보기 위해서는 가족의 정의를 다시 생각해 보아야 한다.

사회학에서는 가족을 사회 집단이라고 한다. 사회 집단이 되기 위해서는 2인 이상의 구성원이 필요하기 때문에 1인 가구는 가족이 아니다. 그런데 가족의 다양성을 주장하는 학자들은 1인 가구를 가족의 새로운 유형으로 분류하기도 한다.

예를 들어 아버지는 회사 때문에 부산에 살아서 주민등록이 부산에 되어 있고 어머니와 아들은 대구에 있는 집에 살고 있다면, 이 가족은 부산에 사는 아버지 1인 가구와 대구에 어머니와 자녀가 사는 2인 가구로 구분이 된다. 이혼하였거나 배우자와 사별한 후 홀로 사는 경우에도 1인 가구이다.

이처럼 1인 가구는 독립된 구성원인 경우도 있고 가족의 한 구성원인 경우가 있다. 그러니 현실적으로 1인 가구를 '가족'으로 분류하면 가족의 구성 특성에 따라 가족 유형을 나누는 것이 현실적으로 어려워진다는 문제도 있다.

1인 가구가 가족인지 아닌지에 답하기 위해서는 다시 가족으로 돌아가 보자. 전통적으로 가족을 'the family'라는 영어로 사용할 때의 가족은 남녀의 혼인과 출산에 기초한 관계를 의미해서 혼인과 혈연에 기반을 둔 가족 이미지가 강했다. 대표적인 사례는 핵가족이었다.

그런데 최근에는 가족을 'families'라는 영어로 표현해야 한다는 주장도 있다. 이는 어떤 하나의 모습으로서가 아니라 매우 다양한 유형으로서의 가족을 인정하자는 뜻이다. 이렇게 되면 결혼으로 맺어진 가족뿐만 아니라 이혼에 의해서도 홀로 되는 사람, 독신인 사람, 그리고 재혼으로 새롭게 같이 사는 사람 등 매우 다양한 사람들이 가족이 되지 않을까?

달라지는 가족의 기능

스웨덴에 가면 '동거 파트너 구합니다'라는 공개 광고를 쉽게 볼 수 있다. 그곳은 세계에서 가장 높은 1인 가구 비율을 자랑하기도 한다. 프랑스의 경우 동거 커플 사이에서 태어나는 아이들이 절반이 넘는다. 그러다 보니 프랑스 정부는 사실혼 관계를 인정하고 사회적인 보호 장치와 제도를 마련하여 결혼한 가족과 비슷한 지원을 해준다. 이런 점에서 앞으로 가족 개념을 설명할 때 혼인이나 혈연 관계 대신 다른 요소도 중요하게 고려하는 것이 적합할 것 같다.

그런데 가족에 대한 개념만 달라지는 것은 아니다. 가족의 사회적 기능도 달라지고 있다. 혈연 중심의 가족에서는 결혼과 출산이 매우 중요한 사회적 기능이었다. 그러나 요즘 결혼을 기피하는 젊은 층이 늘어나고 있고, 더구나 자녀 출산에 대한 부정적인 인식도 높아지고 있다. 정부에서 아이를 낳으라고 장려하지만, 결혼한 부부나 동거 커플 모두 아이 낳기를 기피하는 것이 현실이다.

아이를 낳아도 가족에서 자녀 양육과 보호 기능을 수행하는 정도가 약해진다. 그래서 출산율이 낮은 사회일수록 정부의 양육 정책 지원이 강화된다. 우리 사회도 이제는 아이 양육을 부부나 가족만의 문제라고 보지 않는다. 어떻게 하면 사회적으로 양육을 지원할 것인지를 생각하고 여러 정책을 내놓기도 한다.

그러다 보니 예전에는 동네 아이들이 잘못을 하면, "너희 집이 어디냐?"라고 물으면서 가정에서의 양육과 사회화 기능을 강조한 데 반해 요즘에는 "너희 학교가 어디냐?"라며 아이의 교육에 대한 책임이 학교와 같은 사회에 있음을 드러낸다.

아이뿐만 아니다. 과거에는 아프거나 노쇠한 부모를 양로원에 보내는 문제는 가족간에 이야기하는 것조차 금지될 정도로 금기시되는 주제였다.

그러나 오늘날은 농촌뿐만 아니라 도시에도 실버 타운이 번성하고, 가족을 대신하여 아픈 노인을 간병하는 요양 시설들이 곳곳에 들어서고 있다. 양로원이나 요양원에 나이든 부모를 맡겨두고 주말에 가족이 그곳을 방문하는 일이 더 이상 외국 영화에서나 보는 풍경이 아니게 된 것이다.

산업화 이후로 생산 기능이 회사 등 기업으로 이전되면서 가족이 가진 경제적 역할이 약화되었다면 최근에는 자녀 양육 및 교육이나 노인 보호 기능도 줄어들고 있다. 다만 가족간의 문화 활동이나 휴가 문화 등이 발달하면서 친밀함을 유지하려는 노력이 많아지고, 정서적 유대 기능은 점점 늘어난다는 주장이 나오고 있다. 워낙 모이기가 힘든 세상이니 그나마 가족간의 유대와 정서적 지지가 가족의 기능으로 강조되는 것은 아닌지 모르겠다.

몇십 년 전만 해도 우리 사회에서 한 가족이 오전 8시 경에 각자 집에서 나가 자신의 공간에서 맡은 일을 하고 오후 8시 경에는 함께 저녁을 먹는 패턴이 일상적이었다.

이제는 아니다. 가족 구성원 모두 각각 바쁜 생활로 일주일에 가족이 모여서 식사하면서 얼굴 보는 것조차 힘들어졌다. 이런 상황에서 정말로 가족은 정서적 유대 기능을 제대로 하고 있는 걸까? 뉴스에 수시로 나오는 가족 학대, 가족간 폭력이나 살인, 유산 싸움 등을 보고 있노라면 이러한 질문은 정말로 절박해진다.

가족의 해체인가, 다양화인가?

화보에 전형적으로 등장하는 가족은 햇살이 눈부신 언덕에 아빠의 목마를 탄 딸과 엄마 손을 잡은 아들이 있는 모습이었다.

그런데 요즘 TV에 나오는 가족은 한부모 가족, 재혼 가족, 계약 결혼 부부, 동거하는 젊은이 등 매우 독특한 모습을 보인다. 이에 어떤 사람들은 혀를 차면서 "가족이 붕괴하고 있다"고 말한다. 가족이 사회를 구성하고 유지하는 가장 기초적인 집단이라고 생각하는 기능론자들의 입장에서 보면 당연히 할 수 있는 소리이다. 이들은 이 모든 문제를 해결하는 방법으로는 가족의 가치를 소중히 여겨서 예전과 같은 전통적인 가족을 회복시켜야 한다고 말한다.

이에 반해 가족이 해체되는 것이 아니라 새로운 형태로 변화하고 있는 것이며, 결혼과 출산 이외에도 다양성에 기반을 둔 가족으로 변화하고 있다는 주장도 있다. 갈등론자나 사회 변혁적 관점을 가진 사람들의 주장이다.

이들에게 가족의 모습은 사회 형태에 따라 적합한 방식으로 변화하는 것이고 이런 점에서 현재의 가족은 새로이 구성되는 과정에 놓여 있다는 것이다.

가족의 변화를 바라보는 관점 중 어떤 것을 선택할 것인지는 각자의 몫이다. 그러나 변치 않는 한 가지가 있다. 가족의 모습이 어떠하든 가족간의 유대와 신뢰는 더 강화되고 정서적인 안정은 더 깊어져야 한다는 것이다.

가부장 제도의 탈피, 새로운 모계 사회로?

 친사촌, 외사촌, 고종사촌, 이종사촌. 사촌을 이렇게 다양하게 나눈 것은 부계와 모계 간의 친족 관계를 분명하게 하기 위해서이다. 다른 사촌과 달리 친사촌은 큰아버지나 작은 아버지 등 아버지 형제의 자녀의 관계를 일컫는 말인데, 가부장 사회에서는 이 관계가 가장 강력했기 때문에 친사촌이야말로 진짜 사촌으로 인정받았다.

 그런데 최근 설문조사에 따르면 친사촌간의 관계보다 외사촌이나 이종사촌간에 더 친밀감을 느낀다는 사람들이 많다.

 1990년대 이후 워킹맘이 많아지면서 맞벌이 부부가 늘어났다. 그러나 여전히 아이 양육은 엄마의 몫이라는 가부장적 사고 때문에 아이 양육을 위해 여성들이 친정에 손을 빌리는 일이 많아졌다. 그러다 보니, 외할머니가 손자를 도맡아 기르거나 엄마의 언니나 여동생인 이모들이 돌보면서 어머니의 동성 형제의 자녀들인 이종사촌간의 관계가 가까워진 것이다.

 어떤 경우엔 아이 양육을 위해 가까운 동네로 결혼한 자매들이 서로 모이다 보니, 과거와 달리 친사촌보다는 이종사촌간의 관계가 더 가까워지는 것이다.

 이처럼 친사촌보다는 이종사촌간의 관계가 돈독해지고, 친정을 중심으로 하는 모임이 늘어나면서 과거의 가부장적 부계사회에서 모계사회로 전환하는 것이 아닌가 하는 사회적 논의가 있다.

 일반적으로 부계 사회는 자녀의 성이 아버지를 따라 결정되고 재산이 아들을 중심으로 상속되는 제도이다. 당연히 모계 사회도 혈통이나 상속이 여성을 중심으로 이루어져야 한다. 종종 모계라고 하여도 재산

상속 등이 모계의 여자를 중심으로 하기보다는 여자의 혈족 중 남자, 즉 외삼촌을 중심으로 이루어지는 경우도 있다.

이런 점에서 보면 우리 사회가 모계 사회로 전환한다고 보기 어렵다. 다만 부계 사회임에도 자녀 양육을 위한 지원 기능이 모계로 이전된 위장된 모계 사회의 모습이다. 즉 자녀 양육은 엄마 몫이라는 가부장적 이데올로기를 확장하여 그 자녀 양육의 책임을 친정집까지 확대시키지만 가족간의 중요한 권리 문제 등은 여전히 부계 중심으로 움직이는 사회 모습을 보여주는 것이다. 그러니 우리 사회의 모습에 신모계제라는 이름을 붙이기엔 아직 문제가 있다.

사회학 개념 꼬집어보기

★ 핵가족 : 부부와 미혼의 자녀로 이루어진 가족 유형

★ 확대 가족 : 부부와 미혼 자녀 이외의 직계 존속이 함께하는 가족 유형

학교에서는 무엇을
가르치는가?

● 학교 제도

　학교라는 말의 뜻을 보면 재미있는 사실을 알 수 있다. 그리스에서
온 학교라는 말의 어원인 'schole'은 여가나 오락이라는 뜻이다. 시간
이나 금전적 여유가 있었던 일부 계층이 놀이처럼 여가로 즐겼던 것이
바로 고대의 학교 교육이었다.

　그런데 인쇄술의 발달로 인쇄물이 대량 생산되고 산업혁명 이후 학
교가 여기저기 만들어지면서 근대에 들어서는 다수의 사람들에게 입
학이 허용되었다.

　19세기 말에 시작된 근대 학교는 일제 강점기를 거치면서 지금과 같
은 교육 제도를 가지게 되었다. 그러니 한국의 근대 교육 제도는 신분
에 한정하지 않고 누구에게나 문호를 열어 국가 발전을 위한 인재를
키우면서 산업 사회의 발전을 이끌어온 주역인 셈이다. 자, 그런데 학
교는 정말로 이런 역할만 했을까?

학교의 역할을 바라보는 다양한 관점

　사람들은 학교가 '학생들에게 한 사회에서 성인으로서 역할을 효과적으로 수행할 수 있도록 지식을 가르치는 기관'이라고 한다. 학교에서 배우는 것은 나중에 일상적인 시민적 삶을 살 뿐만 아니라 전문적인 직업을 수행하는 데 필요한 것으로, 사회 구성원이 모두가 공유하고 있는 내용을 체계적으로 조직한 것이다. 그 내용이란 바로 지식, 사회 규범과 가치이다.

　개인이 사회 속에서 필요한 기본적인 생활 방식, 지식을 알게 해주는 곳이 학교인 셈이다. 개인 입장에서 교육은 성취 지위를 갖게 해주는 곳이고, 사회의 입장에서는 그 사회의 가치나 전통을 더욱 공고히 하고, 이를 통해 사회 통합을 유지할 수 있다. 어쩌면 우리나라가 1950년대 전쟁 중에서도 '천막 학교'를 유지하면서 교육을 지속할 수 있었던 이유는 바로 이런 관점이 많이 작용했기 때문일 것이다.

　기능론의 관점에서 시험은 학생들이 어느 정도의 사회화에 도달했는지를 측정하는 것이다. 따라서 높은 수준의 사회화에 도달한 경우, 즉 성적이 높은 학생들은 사회적으로 좋은 직업을 차지하고 그만큼의 보상을 받는 것이 합리적인 것이라고 여긴다.

　그러나 이것에 반대하는 주장도 있다. 갈등론자들이 볼 때 학교는 엘리트의 권력을 유지하기 위해 학생들이 본래 가지고 있는 재능이나 창의성을 억압하는 장소이고, 학교에서 배우는 내용은 현재의 엘리트들이 만들어놓은 지식의 결과물이다.

　따라서 학교는 학생들의 상상력을 억압하고 질서를 받아들이게 한다. 더불어 학생을 순종적인 노동력을 가진 사람으로 길러내어 자본주의의 생산 체제를 공고하게 유지하도록 만든다.

갈등론자에 따르면 정해진 규칙을 따르지 않으면 벌을 받는 과정을 통해 질서에 순응하는 법을 배우고, 수업 시간에 학생이 교과서에 없는 이야기를 하면 '쓸데없는 이야기하지 말고 수업에 집중하라'며 표준으로 정해진 교육 과정만 배울 것을 강요한다. 이를 통해 사회생활을 할 때는 개인의 의견이 아니라 사회에서 정해진 의견을 따라야 한다는 것을 수용하게 된다.

이뿐만 아니다. 학교 성적에 따라 '대학에 갈 수 있는 아이와 그렇지 못하는 아이'로 나누어 계층 구분을 하고, 학부모나 학생들에게 이를 당연히 받아들이도록 한다. 이러한 구분을 통해 학생들은 한 사회에 존재하는 계층이나 계급을 당연한 것으로 수용하게 된다. 최근에 학교 교육 과정을 따르지 않고 대학에 가는 것보다 행복한 개인을 길러내는 것이 더 중요하다고 생각하는 많은 '대안학교' 운동에는 이런 비판적 관점이 반영되어 있다.

오늘 내가 학교에서 배운 지식은 나를 더 똑똑한 사람으로 만들어주는 것이었을까? 아니면 사회 질서에 순종하고 좋은 노동력을 제공하기에 적합하게 하는 것이었을까?

 ## 계층이 학업 성취에 미치는 영향

A의 부모는 물리학과 교수였다. 그 아이는 대학 입학에서 수시 전형으로 S대학의 물리학과에 합격했다. 그 학교에서 수시 전형으로 두 명이 물리학과에 지원을 했지만, 물리학과 전혀 관련 없이 문방구를 운

영하는 부모를 둔 다른 아이는 탈락했다. 그 학교 교사는 "수시 전형에서 붙은 아이는 부모 덕을 봤다"라고 했다.

이런 사례를 보면 학생의 학업 성취는 개인의 노력이 아니라 그를 둘러싼 사회문화적 혹은 경제적 배경에 의해 이루어지는 것이 아닌지 의심할 수밖에 없다. 일반적으로 재생산 이론으로 불리는 주장들이 있다. 대표적으로 프랑스의 사회학자인 부르디외의 문화 재생산 이론을 보자. 부르디외는 아주 다양한 요소가 계급을 결정짓는 데 이것을 4가지 자본으로 구별하였다. 바로 경제적·문화적·사회적·상징적 자본이다.

먼저 경제적 자본은 소득이나 부동산을, 문화적 자본은 취미나 문화적 감성, 예술에 대한 감흥, 교양, 지식 등을 말한다. 사회적 자본은 쉽게 보면 인간 관계나 사회적 지지망과 같은 인맥과 같은 것이다. 상징적 자본은 3가지 자본에 기초하여 얻어지는 사회적 명예나 명성, 권위 등을 말한다.

이 중에서 문화적 자본은 사람들의 삶의 양식으로 드러난다. 부르디외는 문화 자본에 따라 다르게 나타나는 옷차림이나 언어, 선호하는 문화 혹은 예술적 취미나 취향과 같은 삶의 양식을 개인의 몸에 밴 기질이나 취향이라고 보았고, 이를 '아비투스(habitus)'라고 하였다.

두 사람에게 '어떤 음악을 좋아하세요?'라고 했을 때, '저는 바흐를 좋아해요'와 '저는 트로트를 좋아합니다'라고 각각 응답했다고 하자. 우리가 그 두 사람을 계급적으로 계층적으로 다르게 판단했다면 우리는 문화적 자본에 따른 구별짓기를 통해 그들을 구별하는 것이다.

부르디외는 이들 4가지 자본이 독립적인 것이 아니라 서로간에 영향을 미친다고 보았다. 경제적 자본을 가진 사람들은 예술가와 인맥을 맺기도 하고, 그들과 예술에 관하여 대화하면서 사회적 및 문화적 자본을 가지게 된다.

그런데 경제적 자본이 자녀에게 그대로 상속되는 것과 달리 문화적 자본은 교육을 통해 상속되는 특성이 있다. 문화적 자본을 많이 갖춘 가정의 아이는 자라는 과정에 언어나 취향을 배우면서 문화적 자본을 익히고, 그것으로 학교에서 중요하게 여기는 문화에 잘 적응하면서 높은 학업 성취를 얻게 된다.

그렇게 교육 제도나 학교는 개인 또는 집단에게 계급이나 계층의 문화 자본을 재생산시키는 데 매우 중요한 역할을 하는 것이다.

> **부르디외**
> (P. Bourdieu, 1930~2002)
> 프랑스의 사회학자. 현대 자본주의 사회의 계급 성향 분석에 초점을 두었고, 신자유주의 정책을 반대하면서 사회비판 운동을 실천한 학자이다. 그의 사상에서 핵심적인 개념은 '아비투스'와 '장'이다. 『구별짓기』와 『호모아카데미쿠스』 등의 저서가 있다.

교육 기회는 평등해졌는가?

우리나라의 진학률만큼 높은 비율을 보이는 나라는 드물다. 국가 성장 지표 논의 속에서 고등 교육률과 진학률은 다른 나라와 비교하기 어려울 정도로 독보적으로 높다. 그러다 보니 당연히 높은 학력을 자랑한다. 이 점에서 교육의 기회는 상당히 개방적인 셈이다.

그런데 교육 기회가 개방적인 것이 평등한 것일까? 교육 기회의 평등은 조금 더 생각해 볼 것이 있다.

교육의 기회 평등은 무엇을 말하는 걸까?

첫째, 학교 입학의 기회가 누구에게나 열려 있다는 것이다. 이 의견에 대해 생각해 보자.

조선 시대 천민에게는 공부할 기회가 완전히 닫혀 있었던 것과 달리 1960~70년대에는 누구나 학교에 입학할 수 있었다. 그러나 이 당시에도 여성들은 남동생이나 오빠의 학비를 마련하기 위해 공장에 가는 일이 많았기에 사회적 분위기상 "여자가 왜 대학을 가냐?"는 분위기가 팽배해 있었다. 실제적으로도 여성은 남성에 비해 고등학교에 진학하는 비율이 매우 낮았다.

이 경우 학교 입학의 기회가 누구에게나 열려 있다고 해서 교육의 기회가 평등한 것으로 볼 수 있을까? 사회적 분위기 이외에도 사회계층 등 일부 요인은 개인의 능력 이외의 변수로 학교 입학에 영향을 미치는 요소가 된다.

이를 방지하고 실제적인 교육 기회의 평등을 위해 다양한 제도를 도입하기도 한다. 최근 특목고나 자율고 입시에서 추첨을 하거나 일부 고등학교에서 '배려 집단 입학 전형'을 따로 두거나, 서울대 입시에서 '지역 균형 선발 전형'을 하는 것도 실제적으로 입학에서 평등한 기회를 제공하기 위해 제도 개선을 시행한 결과이다.

둘째, 다른 것을 다른 수준에서 가르치는 것이다. 학교에서 학생들에게 동일한 내용을 가르치는 것과 학생들의 특성과 능력에 따라 다른 것을 가르치는 것 중 어느 것이 교육 기회의 평등에 적합한 걸까? 이 문제는 고등학교 평준화, 또는 수준별 수업과 관련이 있다. 학생들의 능력이나 특성에 따라 학교를 다양화하여 자신의 능력이나 특성에 적합하게 학교를 선택하게 하는 것, 아니면 평준화된 학교에 학생들을 배치하는 것 중 어느 것이 교육 기회의 평등에 적합할까? 또한 수준별 수업과 같이 학생의 능력에 따라 다르게 가르치는 것과 수준에 차이를

두지 말고 동일한 내용을 가르치는 것 중 어느 것이 교육 기회의 평등일까?

기능론의 측면에서는 학습자의 특성이나 수준을 고려하여 각각 다른 내용과 수준의 교육을 행하는 것이 교육 기회의 평등에 적합하다고 본다. 현재 특목고나 수준별 수업 등의 교육 형태는 학생들의 수준을 구분하여 교육 내용을 달리하는 것이고, 이는 개인의 적성이나 능력에 가장 적합한 교육의 기회를 제공할 수 있다고 본다.

이와 달리 갈등론 측면에서는 불평등이 더 심화될 것이라는 주장을 한다. 이미 문화 재생산 이론에서 살펴본 것처럼 학생의 학업성취 수준이 부모의 경제적 혹은 문화적 자본의 수준에 의해 결정된다는 것을 고려할 경우, 교육의 기회를 평등하게 하려는 제도는 궁극적으로 교육의 불평등을 더 심화시키는 제도가 된다고 비판한다.

 ## 학력이나 지위가 소득에 미치는 영향

어느 학생이 가난한 집안 형편 속에서도 열심히 공부하여 수능 만점을 받았다는 뉴스를 보게 되었다. 그런데 이런 뉴스를 볼 때마다 의문이 든다. 어려운 가정에서 최선을 다해 공부한 그 학생이 대학을 마친 후에는 어떤 삶을 살게 될까?

학교에서 좋은 성적을 받게 되면 훗날 부유하게 살 수 있을까? 많은 학자들은 다양한 자료를 통해 교육이 개인의 소득에 중요한 영향을 미친다는 점을 밝히고 있으며, 이는 기능론자의 주요 논의가 된다. 간단히 말해 개인의 노력에 의해 얻게 되는 학력 수준에 따라 직업이나 소득이 달라진다고 본다.

기능론 관점의 대표적인 이론인 인간 자본론의 설명을 보자. 학생들의 높은 교육 수준은 개인의 능력이 좋다는 것을 의미하기에 직업에서 그들의 생산 능력을 발휘하는 데 도움을 준다. 이에 따라 이들은 좋은 직업을 얻고 결과적으로 사회 경제적으로 높은 보상을 받게 된다.

이런 관점을 가진 사람들은 대학 졸업한 사람들은 무엇인가 다르다고 더 일을 잘 한다고 생각한다. 고등학교를 졸업한 사람보다 월급을 많이 받는 것이 당연하다고 생각한다.

반면 높은 학력이 소득을 높여주기는 하지만 노동 생산성이 높아서가 아니라 다른 이유 때문이라고 비판하는 학자들도 있다. 이들은 고등 교육은 생산 능력을 높여주는 것이 아니라 교육을 받았다는 증명서를 제공하는 과정이고, 이 때문에 좋은 일자리를 얻고 그 덕분에 높은 소득을 받을 수 있다고 본다. 결국 교육을 많이 받는 것, 즉 고등 교육 경험은 단순히 필터 역할을 할 뿐이라는 것이다. 이런 이론을 선별 이론 또는 신임장 이론이라고 한다.

기업이 사람을 뽑을 때 출신 대학이 어디인지를 따지는 이유도, 학력을 위조하여 영어 강사를 하는 이유도 이런 관점이 반영되어 있다.

갈등론에 기반을 둔 다른 이론도 있다. 다수의 사람들이 고학력에 의해 소득이 높은 직업을 얻는 것 같지만 실제로는 인종이나 성별, 지역, 사회 계층에 따라 노동 시장이 구분된다.

결국에는 동일하게 높은 학력을 가지고 있어도 모두가 높은 소득을 가지기 어렵다는 주장이다. 이러한 주장을 노동 시장 구조론이라고 한다.

이러한 관점을 가진 학자들에 따르면 직업을 구하는 노동 시장에서 동일 학력을 가진 남녀의 취업률이 다른 것이나 전문직일수록 백인이나 중산층 이상의 사람들이 많은 것은 노동 시장이 분절된 구조 때문이라고 본다.

이와 달리 지위 획득 모형은 조금 다른 설명을 한다. 학력이 개인의 지위나 소득 형성, 계층 획득에 대하여 영향을 미칠 뿐만 아니라 부모의 사회 경제적 지위도 영향을 미친다는 것이다. 이들은 수많은 자료를 실증적으로 조사하여 통계적인 모형을 구성하면서 교육의 지위 획득 효과를 설명한다.

그러나 갈등론 관점에서 보면 개인의 능력에 의해 얻었다는 결과도 여전히 부모의 사회 계층적 지위에 의해 결정되는 것이 아니냐는 비판을 내놓고 있다. 따라서 이 무성한 논의 속에서 그 해답을 찾기는 어려운 일인 것 같다.

사회학 개념 꼬집어보기

★ **학교 제도** : 학교를 중심으로 근대 교육을 행하는, 근대 교육의 중심이 학교가 되는 제도

★ **인간 자본** : 인간 개인들의 지적인 개발을 위해 투자를 하고 그로 인한 경제 생산력을 증가시킬 수 있다고 보아서 인적 자원을 자본으로 보는 개념

★ **문화 자본** : 언어와 예술, 취향 등이 화폐나 재산 등의 경제적 자본과 마찬가지로 사회 내에서 지배 계급에 의해 통용되고 교환되는 가치를 갖는 자본으로 보는 개념

★ **선별 이론** : 고등 교육은 사회적 필터 역할을 할 뿐이라는 이론

★ **노동 시장 구조론** : 동일한 고등 학력을 갖추더라도 인종, 성별, 지역, 사회 계층에 따라 소득이 결정된다는 이론

종교는 인간에게
꼭 필요한 것일까?

● 종교 제도

　아버지 심봉사의 눈을 뜨게 하기 위해 팔려 간 심청의 이야기를 보자. 인당수에 도착한 뱃사공들이 심청을 제물로 뱃머리에 두고, 자신들의 항해를 무사히 돌봐달라고 기원한다. 그리고 제물인 심청을 용왕신에게 바치게 된다. 과거 우리나라 어머니들이 자식의 무사함을 기원하면서 새벽에 목욕 재계하고 찬물을 떠놓고 비는 것도 이런 의례와 비슷하다. 요즘의 종교 의식도 크게 보면 이와 비슷하다.

　이러한 몇 가지 형태에서 우리는 종교의 의미를 찾을 수 있다. 종교에는 성스럽거나, 초자연적이고 초경험적인 존재나 세계와 같은 대상이 존재한다. 그리고 이 대상에 대한 믿음을 바탕으로 인간 존재의 근원적이고 궁극적인 의미와 삶의 다양한 문제 해결을 추구하는 활동이다. 이 때 믿음의 대상은 신·자연·인간·사물·추상적인 이념 등 종교에 따라서 다르다.

우리가 종교에 기대게 되는 이유

유명 운동선수들을 인터뷰할 때 "자신만의 고유한 징크스가 있나요?"라는 질문을 볼 수 있다. 그러면 그들은 특별한 반지를 껴야 한다든지, 머리를 감지 않는다든지 등 징크스를 이야기하면서 특별하게 자신만이 가진 간단한 믿음과 그것을 가지게 된 이유를 설명한다. 다른 사람이 보기엔 우스운 주술 같은 것이지만, 징크스와 그것에서 벗어나려는 노력은 선수들에게 매우 중요하다.

우리도 비슷한 경험들이 있을 것이다. 시험을 앞두고 머리를 안 감는다든지, 행운을 주는 어떤 목걸이를 하고 다니는 등의 징크스는 그것을 지킴으로 인해 개인이 하는 일에 집중하게 하는 역할을 한다. 이런 측면에서 징크스 문제를 해결하는 사람의 행동도 종교적 성격으로 볼 수 있다. 이처럼 종교는 개인 차원에서는 심리적 안정과 만족감을 준다.

불교가 인간 생로병사에 대한 두려움에서 종교적 발상이 시작된 것처럼 인간은 예측할 수 없는 삶의 불확실성과 자신의 한계를 체험하면서 자신과는 다른 영원한 존재나 강한 존재에 의존하고 싶어한다.

어쩌면 점을 보고 부적을 만들고 하는 것도 현재의 선택이나 미래의 상황에 대한 개인의 불확실성을 해소하고자 하는 행동이다. 그런 점에서 사실 믿음을 가지고 점을 보는 행위에도 종교성이 깃들어 있다.

그러나 종교는 개인에게보다는 사회 전체에 미치는 영향력이 더욱 크다. 과거에 정치 통치자가 제사장을 겸한 것을 보면 종교가 사회에 미치는 영향력이 얼마나 큰지를 짐작할 수 있다.

최근 들어서 종교와 정치 영역은 분리되었다고 하지만 일부 문화권에서는 여전히 종교와 정치가 일치된 모습이 나타난다. 과거처럼 강력하지는 않지만 현대 사회에서도 종교는 사회 통합 기능이나 사회 구성원에게 일정한 사회 규범을 강조하는 기능을 한다.

예를 들어보자. 예전에 비가 오지 않으면 왕은 기우제 제단을 만들어 신께 제사를 지냈다. 비가 올 때까지 기한 없이 지내는 것이 기우제이지만, 비가 오지 않아서 흉흉했던 민심은 기우제를 하는 동안 한마음으로 모아진다. 그래서 비가 오지 않아서 생기는 사회 갈등을 해결하고 통합하는 기능을 해낸다. 따라서 현대의 정부도 개인의 종교 활동을 지원하는 편이다. 대표적으로 석가탄신일이나 성탄절을 공휴일로 정한 것도 바로 이 때문이다.

단, 일부 사이비 종교를 배제하는 것은 사회 구성원에게 선한 규범을 권하지 않기 때문이다. 대부분의 주류 종교는 자기 희생과 타인에 대한 사랑을 강조하면서 사회 구성원들이 선한 가치를 갖도록 한다. 개신교가 자살에 반대하고, 가톨릭이 낙태를 반대하고, 불교가 살생을 금하는 것처럼 여러 가지 금지 사항 등을 강조하여 인간 존엄성의 가치를 강조한다. 또한 종교 집단 내에서 다른 사람들과 교류하면서 사람들은 개인적인 위기나 불행을 견뎌낼 수 있기에 일탈이나 문제 행동 등의 사회적 문제도 완화시키는 역할을 해준다.

종교는 나름대로 사회 변화에도 중요한 영향을 미친다. 우리나라의 경우, 민주화 운동 과정에서 종교의 이름으로 민주주의를 권고하고 정치가들에게 옳은 방향으로 정치를 해야 한다고 쓴소리를 하기도 했다. 우리나라에서 '명동성당'이나 '조계사'가 종교적 공간을 넘어 정치적 공간이 되는 것도 종교의 이런 기능 때문이다.

미국이 자유주의와 자본주의를 강조하면서도 그 안에서 나름대로 경제적 불평등 문제와 직업에 대한 소명의식 등이 나타나는 이유는 미국인의 종교로 중요하게 작동하는 신교주의적 종교 전통인 프로테스탄트 윤리 때문이다.

이처럼 하나의 종교는 단순히 종교에 머무를 수도 있지만 사회를 변화시키고 이끌어 나가는 동력이 되기도 한다. 그래서 사악한 종교는 위험하며 선한 종교라도 획일적인 종교성은 더욱 무서운 법이다.

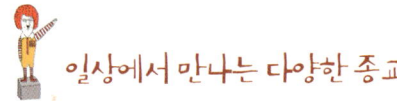
일상에서 만나는 다양한 종교

전통적인 원시 종교는 크게 세 가지로 유형화된다. 토테미즘, 애니미즘, 샤머니즘이다.

토테미즘은 북아메리카 원주민의 표현인 토템에서 온 것으로 사람들이 초자연적인 힘을 갖는다고 믿는 동물이나 식물을 숭배하는 것을 말한다. 마을의 나무 중 하나를 정해서 당산나무라고 하고 그것에게 무엇인가를 비는 행위가 그 대표적인 예이다. 우리의 개국설화인 단군신화에 대해서도 곰을 숭배하는 토테미즘이 반영된 것이라고 보는 학자들도 있다.

애니미즘은 고유한 자연물, 즉 무생물에 대하여 정령이나 유령이 있다고 믿는 것을 말한다. 대표적으로 고인돌과 같은 거석을 숭배하는 문화나 태양이나 물 등을 숭배하는 것은 모두 애니미즘과 관련이 있다. 서양의 중세에는 자연물의 유령이나 정령이 사람의 몸에 들어가서 사람들을 악하게 만드는 마녀가 된다고 믿고 화형을 하기도 했다.

이와 달리 샤머니즘은 샤먼을 통해서 종교적 의례를 하는 것을 말한다. 토템이나 자연물 속의 정령 혹은 유령을 움직일 수 있는 인간 존재를 샤먼이라고 하는데, 우리나라 무당이 이에 해당한다. 샤머니즘은 샤먼들이 행하는 주술에 대한 믿음이라고 할 수 있는데, 이들 샤먼은 오늘날의 주류 종교 집단의 종교지도자와는 완전히 다른 존재로 보아야 할 것이다.

이러한 원시적 종교와 달리 현대의 주류적인 종교, 즉 불교·이슬람교·기독교·유교·도교 등은 일정한 종교적인 체계를 가지고 초월적인 존재에 대한 믿음이나 인간의 삶의 본질적인 문제에 대한 해결 방안을 모색하도록 하는 것을 중요하게 여긴다.

그렇다고 주류적인 종교들이 항상 훌륭한 역할만 수행하는 것은 아니다. 현재 세계 여러 곳에서 일어나는 다양한 종교 갈등을 생각하면 종교가 사회를 악하게 할 수도 있음을 알 수 있다. 대부분의 종교 갈등은 종교에서 강조하는 믿음과 의례에 대한 해석의 문제나 자신의 종교 이외의 타 종교에 대한 배타적인 인식에서 일어나는 경우가 대부분이다.

이런 점에서 종교의 사회적 역할을 설명하는 사회학자들의 시각도 다양하다. 대표적으로 마르크스는 종교가 지배 집단의 이데올로기를 공고히 하는 매우 중요한 제도적 역할을 한다고 비판한다. 베버의 경우는 종교가 갖는 사회 변혁적인 요소에 점수를 주어 긍정적으로 보는 경향이 있다.

이들과 달리 뒤르켕은 세속적인 것에 대항하는 신성한 것을 종교로 보았으며 신성한 것을 지향하는 종교적 의례가 집단의 통합에 중요함을 이야기하여 기능론적 요소를 강조하였다.

지금 우리는 다양한 원시 종교와 주류 종교들, 이들을 모두 종교의 테두리 안에서 이해해야 한다. 어떤 종교는 개인에게 위로를 주고 어떤 종교는 위해를 가한다. 어떤 종교는 살생을 금하지만, 어떤 종교는 살생을 권하기도 한다. 종교간에 배타적인 경우가 있는가 하면 다른 종교와 화합을 강조하는 경우도 있다.

일상에서 받는 스트레스는 깊어지고 인간관계는 약해지는 현실에서 그 어느 시대보다 종교성이 더욱 절실해지는 상황이다. 동시에 과거 어느 시기보다 종교의 자유가 강조되면서 종교라는 이름으로 어떤 삶을 살아야 하는지에 대한 무수한 질문들을 만나게 된다.

부모님이 나의 종교를 결정할 수 있는가? 나와 종교가 맞지 않는 학교에서 강제하는 종교 행위를 거부해야 하는가? 종교적인 의례라고 하여 인간 존엄성을 해치는 의례를 인정해야 하는가? 시상식이나 운동 경기에 종교 세레머니를 하면 안 되는가? 그리고 무엇보다 내 종교와 어긋나는 행동을 피하기 위한 양심적 병역 거부는 제도적으로 인정하기 어려운가? 너무나 어려운 질문들이기에 어쩌면 이런 문제에 대한 쉬운 해결책을 알려주는 종교를 하나 새롭게 만들어야 할지도 모르겠다.

사회학 개념 꼬집어보기

★ 토테미즘 : 동식물에 대하여 숭배하는 종교 형태
★ 애니미즘 : 무생물에도 정령이나 영혼이 있어서 숭배하는 종교 형태
★ 샤머니즘 : 초자연적인 존재와 직접 소통하는 샤먼을 중심으로 하는 종교
형태

집단 사고와 집단 지성

1961년 미국 케네디 대통령은 쿠바의 카스트로 정권을 정복하려고 아주 독특한 계획을 세웠다. 쿠바를 탈출하여 미국으로 건너온 1,400여 명의 사람들을 훈련시켜 쿠바를 정복한다는 계획이었다. 당시 이 계획에 동의한 고급 관료들은 '미국으로 온 쿠바인들은 자국의 공산 정권을 몹시 싫어한다'는 이유로 이 계획이 당연히 성공할 것이라고 확신했다. 그러나 이 계획은 실패하여 1,400여 명 중 겨우 수십 명만 살아남았고 미국은 세계적으로 비난을 받았다.

어빙 재니스라는 학자는 이에 대해 가장 뛰어난 능력을 가진 사람들로 구성된 집단의 의사 결정에서 왜 이런 문제가 발생했는지를 '집단 사고'라는 표현으로 설명했다.

집단 사고란 말 그대로 유사성과 응집성이 높은 집단에서 나타나는 의사 결정을 위한 사고인데, 이 과정에서 반대 정보를 차단하거나 문

집단 사고

집단 지성

제점을 고려하지 않고서 만장일치를 추구하는 결과가 나타난다고 보았다. 동일한 집단 구성원간에 의사 결정이 일어날 때, 그 문제 상황과 관련하여 나타날 수 있는 가능한 대안이나 반대되는 정보를 고려하기 어려운 사고 과정에서 문제가 생긴 것이다.

쉽게 말해서 비슷한 생각을 하는 사람들은 어떤 문제에 대해 쉽게 합의하는 경향이 있어서 그로 인한 문제점을 심사숙고하기 어렵다는 것이다.

요즘 들어 이런 사고의 문제를 피하기 위해 아예 다른 분야 전문가를 의사 결정 과정에 참여시키려는 경향들이 있다. 대표적으로 어떤 기술을 개발하는 공학자 집단의 의사 결정에 심리학자나 인문학자들이 참여하여 그들의 결정에 문제를 제기하는 것이 대표적이다.

이와 달리 집단 지성이라는 것이 있다. 이것은 다수의 개체들이 서로 협력을 통해 지적 능력의 결과물을 얻는 것을 말한다. 이것은 곤충학자인 윌리엄 휠러 교수가 개미를 관찰한 결과에서 제시한 것으로, 개미는 미약하지만 공동체를 이루어 협업을 할 경우 개미집과 같은 위대한 결과물을 만들 수 있다는 것이다.

즉 전문가 집단이 아니더라도 다수의 일반인들이 다양한 의견을 낼 경우 전문가들의 의사 결정보다 훨씬 더 값진 의견을 구성할 수 있는 것도 바로 집단 지성 때문이라는 것이다.

제도화된 사회는 전문가 집단을 중요하게 여기고, 전문가 집단 간의 의사 결정을 통해 정책을 집행하는 경우가 대부분이다. 그러므로 현대 사회는 과거에 비해 집단 지성보다는 집단 사고를 더 선호하고 이에 따라 집단 사고의 위험성 또한 더 높은 사회이다.

집단 사고를 경계하고, 집단 지성을 높이는 가장 좋은 방법은 아웃사이더들의 다양한 이견 제시와 다수의 사회 구성원의 민주적인 의견 제시를 가능하게 하는 것이다. 우리 사회에서 집단 사고보다 집단 지성이 더 많이 일어나도록 하는 것은 결국 정책 결정 과정을 개방하는 것과 더불어 일상적인 삶을 살아가는 다수의 사람들이 참여하는 것에 달려 있다.

---

* 출처: 한덕웅 외(2007). 『사회심리학』, 서울 : 학지사.
　　　피에르 레비(2002). 『집단 지성(권수경 역)』, 서울 : 문학과 지성사.

    '세상에 변하지 않는 것은 없다'는 말이 있습니다. 우리가 살아가는 현대 사회 역시 원래부터 존재했던 것이 아니라 끊임없는 변화를 거쳐 역사적으로 형성된 것입니다. 이 장에서는 사회가 어떻게 지금까지 변해왔는지 그리고 커다란 변화의 소용돌이에서 앞으로 어디로 나아가야 하는지 살펴봅시다.

5장

끊임없는 변화의 소용돌이, 사회 변동

Check

우리 사회는 이미 산업 사회를 지났다고 볼 수 있다.	예 ☐	아니오 ☐
나는 정보 사회에 적합한 능력을 가지고 있다.	예 ☐	아니오 ☐
우리 사회가 근대화되면서 서양의 생활 방식을 닮아 간다고 생각한다.	예 ☐	아니오 ☐
세계화로 인해 지구촌 사람들의 삶이 전반적으로 나아지고 있다.	예 ☐	아니오 ☐
사회가 발전할수록 점점 더 위험해진다고 생각한다.	예 ☐	아니오 ☐
도시에 사는 것이 농촌에 사는 것보다 혜택이 더 많다.	예 ☐	아니오 ☐
50년 후에는 지금보다 더 살기 좋은 세상이 될 것 같다.	예 ☐	아니오 ☐

인류는 어떻게 지금의 삶을 누리게 되었을까?

● 사회 변동

역사 다큐멘터리 프로그램에서 울산의 반구대 암각화를 본 적이 있다. 암각화는 선사시대 사람들이 기원하는 바를 커다란 바위에 새긴 그림을 말한다. 울산의 이 암각화는 인류 최초의 고래에 관한 유적으로 인정받아서 유네스코 세계문화유산 잠정 목록에 등재되어 있다.

무엇보다 이것이 중요한 이유는 약 3천 년 전 사람들의 삶을 놀라우리만치 생생하게 기록하고 있기 때문이다. 여기에는 그 시대 사람들이 고래와 바다 생물뿐만 아니라 호랑이와 같은 육지 생물을 사냥하는 모습이 새겨져 있다.

이 그림을 보고 학자들은 그 당시 이 지역에 10명 이상이 함께 탈 수 있을 정도의 큰 배를 만드는 기술이 있었고, 고래를 분배하는 과정을 통해 사회 내부에 질서와 규범이 존재했다고 짐작한다. 더불어 암각화의 새김 기법과 그 내용으로 처음엔 어로를 즐기던 해양 문화에서 차

츰 수렵과 농사를 하는 농경 문화로 변화되었을 것이라고 본다.

기록 속에 인류의 생활 모습이 변화하는 과정이 고스란히 역사로 남아 있으며, 그 역사의 결과로 현재 우리의 삶이 존재한다. 또한 우리의 삶 역시 과거가 되어 후손들의 생활의 기초가 될 것이다. 시간이 흐르면서 나타나는 변화 중에서도 역동적이고 매우 큰 것들은 인간의 삶의 방식 전체를 뒤흔든다. 이처럼 일정한 시간을 두고 생산 양식, 의식 구조, 인간 관계 등에서 사회가 구조적으로 커다란 변화를 경험하는 것을 사회 변동이라고 한다.

 ## 사회 변동의 방향, 순환 혹은 진화

이탈리아의 사회학자 빌프레도 파레토는 사회를 지배하는 엘리트의 유형—사자와 여우—에 따라 인간의 역사가 변한다고 주장한다. 사자형 엘리트는 사회를 지배하는 집단의 힘을 한데 모아 기존의 질서를 유지하려고 한다. 따라서 자신의 말을 잘 듣는 사람을 선호하고 그들의 충성심을 강조하며, 당연히 자신은 강력한 통제력으로 사회를 지배하려고 할 것이다. 그러나 이런 지도자가 영구히 통치하는 것은 아니다. 처음엔 사람들이 그의 강한 힘을 따랐을지 몰라도 시간이 지나면서 억압에 대해 반발감을 가질 것이다.

이 때를 틈타 여우형 엘리트는 약삭빠르게 꾀를 내어 현재의 지배 집단에 대응하는 새로운 집단과 결합하면서 문제를 드러내고 개선하고자 시도한다. 이 때 그는 강력한 힘보다는 설득을 통해 사람들을 끌어들이고 자신의 리더십을 발휘한다.

그런데 재미있는 것은 사자나 여우형 엘리트 모두 영원히 권력을 누리는 것이 아니라는 점이다. 그 속에서 타락하고, 현재의 리더와는 다른 성향을 가진 엘리트가 번갈아 나타나면서 인류의 삶은 순환된다. 이것이 바로 파레토가 주장하는 '엘리트의 순환'이다.

파레토의 주장처럼 하나의 문명이 발생하여 성장하고 쇠퇴하는 중에 다른 문명이 나타나 새로이 성장하는 과정을 거친다는 것이 순환론에서 바라보는 사회 변동이다. 이들의 입장에서 과거 인간의 삶이 현재까지 지속되어 온 것은 각각의 거대한 인류 문명의 출발과 성장, 쇠퇴 그리고 새로운 문명의 출현이 계속해서 순환되었기에 가능했던 것이다. 역사학자 토인비와 『서구의 몰락』의 저자인 슈펭글러 등이 대표적인 순환론자이다.

그러나 이 이론은 과거의 인류 문명을 정리하는 데는 유용하지만 새롭게 나타나는 문명의 특징과 이에 대하여 인간이 어떻게 대응 방안을

마련해야 하는지를 예측하기 어려운 측면이 있다.

이런 순환론에 반대하는 이들이 있다. 진화론자들은 사회 변동은 한 방향으로 진행된다고 주장한다. 다윈의 진화론에서 설명하는 것처럼 생물이 환경과 상호 작용 혹은 적응하면서 진화하듯 사회도 일정한 단계나 진화 과정을 거치며 변화한다고 주장한다.

이 이론의 대표적인 학자인 스펜서 역시 단세포 생물이 고등 동물로 진화하는 것처럼 시간이 지나면서 사회도 발전한다고 보았다. 그는 사회를 군사형과 산업형으로 나누어 권력을 가진 개인의 절대적 힘에 의존하는 군사형 사회에서 시간이 지나면서 민주형 대표제에 의해 다수 개인들의 상호의존적인 힘을 함께 누리는 산업형 사회로 발전한다고 보았다.

문제는 이런 진화론이 생물의 진화론에서 주장하지 않았던 것을 강조한다는 점이다. 다윈은 진화란 자연 선택의 우연한 결과이며, 그렇기에 진화의 방향은 발전이라고 보기 어려우며 다만 생물 종들이 환경에 적응하면서 변화하는 것이고 다양화되는 것이라는 점을 강조했다.

그런데 진화론자들은 인간의 문명이 시간이 지나면서 더 발전되고 우월한 것으로 진보되는 것으로 보았다. 진화가 곧 발전이라는 오해가 적자생존의 원리와 결합하면서, 사회 진화론은 서구 제국주의자들이나 전체주의자들의 식민주의 정책에 이론적 도구가 되기도 했다. 즉 진보한 서구의 문명 국가들이 낙후한 아시아나 아프리카 국가를 점령해 이들에게 발전한 문명을 이식하는 것에 정당성을 부여하게 된 것이다.

이런 점에서 진화론은 사회 변동의 결과로 나타나는 다양성 현상, 특히 사회 변동이 항상 진보로 나타나지 않는다는 점을 설명하기 어려운 문제가 있다.

 ## 사회 변화와 기술의 발전

얼마 전 한 대학 연구진이 '닭이 먼저냐, 달걀이 먼저냐'는 인류 최대의 논란에 종지부를 찍는 결과를 발표했다. 이 연구팀이 결론을 내릴 수 있었던 것은 인간이 만든 컴퓨터 시뮬레이션 기계 덕분이었다. 인간은 기계를 비롯한 기술을 만들어내면서 문명을 발전시켜 왔고, 문명의 발달에 따라 새로운 기술을 개발할 수 있었다.

이 점에서 닭이 먼저냐 달걀이 먼저냐보다 더 어려운 문제가 있다. 바로 물질적인 기술이 사회 변동의 원인인지, 인간의 의식이나 사고와 같은 비물질적인 사회 인식이 사회 변동의 원인인지에 대한 질문이다.

물질적인 기술이 사회 변동의 원인이라고 보는 것을 기술 결정론이라고 한다. 예를 하나 들어보자. 등자는 말을 탈 때 발 받침대의 역할을 해서 말을 탄 사람이 몸의 균형을 잡을 수 있도록 해주는 장치다. 최고의 로마 기병은 등자를 갖고 있지 않았기 때문에 전투를 할 때 말을 탄 상태에서 균형을 유지하기 어려웠고 기병술을 자유자재로 사용하는 데 어려움을 겪었다.

그러나 이 시기에 등자를 이용했던 고트족은 중무장을 하고도 말 위에서 균형을 잡는 것이 가능하게 되자, 로마 기병과의 싸움에서 이기게 된다.

역사학자들은 바로 이 등자 덕분에 고트족이 싸움에서 이긴 결과로 게르만족의 대이동이 가능했고 결국 로마 문명은 역사의 뒤안길로 사라졌다고 설명한다.

변화는 여기에서 끝나지 않았다. 등자를 활용한 기병은 높은 전투력을 바탕으로 하여 엘리트 기사 계급이 되고 보병은 농노로 전락하면서 중세 봉건 시대가 개막하게 되었다. 등자라는 기술이 유럽의 문명을 바꾼 셈이다.

이러한 논리에 반대하는 사람도 있다. 그들은 기술의 발달에 따라 문명의 변동이 일어나는 것이 아니라 문명의 변화는 사회적으로 구성된다는 주장이다. 기마 전투가 빈번하게 일어나는 상황에서 균형을 잡는 것은 중요했고, 그러한 상황에서 등자가 개발된 것이다.

또한 서로마 제국 말기에 퇴폐와 향락을 일삼던 로마인들은 힘든 일을 거부했고, 국경을 수비하는 군인들조차도 용병을 사용할 정도로 유약해져 있었다. 결국 서로마 제국의 멸망은 초기 정복 정신을 상실한 그들 사회 내부의 문제인 것이다.

이처럼 기술의 발달이 사회 변동을 끌어오는 것이 아니라 정치적·경제적·사회적 요인에 의해 여러 가지 기술이 만들어진다. 그리고 그 중에서 하나가 선택되는 것이라고 주장하는 것이 바로 기술의 사회구성론이다.

대표적인 예는 자전거이다. 처음 개발된 자전거는 뒷바퀴보다 큰 앞바퀴를 가지고 있었다. 그러나 그 당시 자전거를 타던 여성들의 치마 길이 등을 수용한 결과, 지금과 같이 앞바퀴와 뒷바퀴가 거의 비슷한 형태의 자전거로 개발되었다. 결국 하나의 기술이 결정되는 것은 그 당시의 다양한 사회적 이해 관계를 조정한 결과였다. 등자 또한 기병의 안전을 보장하기 위한 다양한 기술 중에서 사회적으로 선택된 결과였는지 모른다.

그런데 기술 결정론은 비물질적인 것과 같은 인간 외부의 요건이 인간의 삶을 결정한다고 보는 것은 한계가 있다고 비판을 받고 있다. 반면 사회 구성론은 물질적인 요소의 영향력을 간과한다는 비판을 받는다.

 ## 근대 사회로 나아가기: 근대화론과 종속이론

사회 변동의 와중에서 우리는 어떻게 지금의 삶을 살고 있을까? 근대 사회가 산업 사회와 일치하는 것은 아니다. 다만 전근대 사회 혹은 전통 사회라고 했을 때 대부분 농업 사회적 특징을 많이 이야기하기에 근대 사회를 산업 사회와 동일시하는 경향이 있다. 어찌 보면 근대 사회는 좁은 의미로는 산업 사회로의 변화를 말하고 넓은 의미로는 인간 삶의 전 영역이 전통 사회와 다른 개선된 삶의 양식에 의해 이루어지는 사회라고 볼 수 있다. 이렇게 근대 사회로 변화하는 것을 근대화라고 한다.

여기서 말하는 개선이라는 것은 정치에서 시민의 권리가 인정받는다든지, 경제에서 자본의 축적이나 기술의 발달로 산업 사회 양태가 나타난다든지, 사회문화적으로는 미신이나 숙명보다는 합리적이고 다원화된 삶의 방식이 일반화 되는 상태를 말한다. 이로 인해 근대 사회에서는 인간의 이성과 개인의 자유를 강조하면서 자유주의와 다원주의적 사고가 중시되었다.

그러면 근대화를 어떻게 이해해야 할까? 어떤 이들은 유럽 등 근대 사회로 먼저 나아간 선진국처럼 저개발 국가들도 산업화 과정을 통해 자연스럽게 근대 사회로 진행하면서 정치·경제·사회문화 모든 측면에서 발전할 것이라고 보았다. 이는 앞서 본 진화론과 같은 맥락으로 전근대 사회보다 근대 사회가 진보한 것이기에 사회발선의 순서로 보아서, 서구가 이루어놓은 근대 사회로 변화해 나가는 것이 옳다고 본 것이다.

이런 주장은 근대화된 서구와 접촉을 통해 서구의 근대화 과정을 배워서 그대로 수용하여 따라해야 한다는 것으로, 근대화 이론이라고 한다.

그러나 실제로 저개발국이 선진국을 따라 근대화하는 과정에서 부작용도 많이 일어나게 된다. 장기간에 걸쳐 민주주의와 산업화가 같이 일어난 서구와 달리 한꺼번에 이 모두를 진행하는 과정에서 예상치 않은 많은 문제가 나타난 것이다. 그러면서 유럽 근대 사회의 발전 모델이 옳은 것인지, 전통 사회는 정말로 폐지되어야 할 구시대의 유물인가 등의 비판이 제기되었다.

이러한 비판의 핵심에 있는 이론이 바로 종속 이론이다. 유럽 등의 근대 사회로의 발전을 저개발 국가에 적용하는 것에 반대하는 이론이다. 이들의 핵심 주장은, 근대화 이론에서 주장하는 것처럼 저개발국이 유럽 등의 선진국과 접촉하는 것은 근대화로 나아가는 것이 아니라 결국은 선진국에 종속될 것이라는 것이다. 결국 선진국은 중심부가 되고, 저개발국은 주변부가 되어 여전히 지배와 종속의 관계를 벗어나지 못할 것이라고 보았다.

이러한 종속 이론은 그 당시 제3세계로 여겨진 라틴 아메리카의 사례를 통해 설명했다고 해서 제3세계 이론이라고도 불린다. 2차 세계대전이 끝나고 냉전체제에서 미국을 중심으로 하는 자유주의 국가 그룹과 소련을 중심으로 하는 공산주의 국가 그룹에 속하지 않은 국가들을 제3세계라고 불렀는데, 주로 라틴 아메리카 지역의 국가들이 해당되었다. '신대륙의 발견'이라는 미명 아래 장기간 유럽의 국가들에게 수탈을 당해온 라틴 아메리카가, 근대화 과정에서 수탈당했던 자신들의 역사를 잊지 않고 유럽의 선진국 모델을 학습하고 따라하기에 반기를 든 이 이론은 라틴 아메리카의 역사적 경험에 기초했다는 점에서 다른 나라에서도 정말 그런 일이 일어날까라는 비판을 받는다.

종속 이론은 국제사회에서 강한 나라의 힘이 지배하는 논리인 제국주의의 문제점을 지적하고 있지만, 일본 등 아시아 지역에서의 신흥 공업국가의 성장의 사례를 설명하기 어렵다는 문제가 있다.

우리나라의 근대화 기록

한국 전쟁이 끝난 후, 한국은 세계에서 가장 가난한 나라 중 하나였다. 그 당시 북한이 남한보다 부유했고, 남한에는 전쟁의 상흔과 피폐한 토지, 부족한 자원 등 불리한 조건들만 남아 있었다. 그리고 1960년 대~1970년대를 지나면서 '새마을 운동'으로 대표되는 근대화 운동이 일어났다. 일본의 메이지 유신처럼 정부 주도의 근대화 과정이었다.

근대화는 성공했고 1986년 아시안게임과 1988년 세계올림픽게임을 개최하고 나서 한국은 1인당 국민소득이 1만 달러가 넘었으며, 세계 15대 경제국 안에 들어갔다. 비록 1990년대 말 IMF체제라는 위기를 겪었지만, 1990년대에는 근대화와 정보화를 한번에 이루어낸 역동적인 국가가 되었다.

지금 우리 나라는 급격한 근대화에 성공한 나라라는 이미지를 업고 선진국 대열로 나아가고자 한다. 그렇다면 우리는 정말로 근대화를 완성했고, 근대적 삶을 살고 있는가? 그 과정에서 문화적·정치적·경제적으로 선진국에 종속 당하지 않고 살고 있는지 자문해 보아야 할 시점이다. 우리는 어떤 삶을 거쳐서 어떤 모습으로 살고 있는가?

사회학 개념 꼬집어보기

★ **사회 변동** : 한 사회의 변화가 포괄적으로 일어나서 정치, 경제, 가치 체계 전반에서 변화하는 양상

★ **순환론** : 사회 변동이 흥망성쇠를 이루면서 순환되는 형태로 일어난다는 주장

★ **진화론** : 사회 변동이 어떤 발전 방향을 가지고 단선 형태로 일어난다는 주장

★ **기술 결정론** : 사회 변동의 동력이 기술에 의해 결정된다고 보는 주장

★ **기술의 사회 구성론** : 사회 변동의 과정에서 나타나는 기술은 사회 구성원의 다양한 사고와 가치체계 속에서 결정된다고 보는 주장

★ **근대화** : 정치, 경제, 사회 생활 등 모든 부분이 후진적인 것에서 보다 향상된 상태로 발전하는 과정을 이르는 말

★ **근대화론** : 근대화 과정에서 이미 근대화된 서구 사회와 접촉을 통해 근대화를 이루어나가야 한다고 보는 이론

★ **종속 이론** : 근대화 과정에서 이미 발달된 서구에 주변부로 전환된 다른 나라가 종속될 것이라고 비판하는 이론

사회 운동은 어떻게
사회를 변화시킬까?

● 사회 운동

한국 사회에서 1987년과 2017년은 중요한 의미가 있다. 1987년에는 헌법 개정을 통해 직선제로 대통령을 뽑는 정치적 변화가 일어났으며, 2017년에는 대통령 탄핵 인용과 그에 따른 민주적 정권 교체가 이루어졌다.

두 사건 모두 광화문을 비롯한 곳곳의 광장에 집결한 시민들의 목소리가 중요한 요인으로 작용했다. 특정한 개인에 의해서가 아니라 민주주의를 원하는 무수한 시민들의 염원이 원동력이 된 것이다.

1987년 봄을 지나 여름으로 가는 광화문 광장에서는 정부 권력에 의해 쓰러져간 대학생들의 주검에 분노한 시민들이 '개헌을 통한 민주주의 회복'을 외쳤다. 2016~2017년 겨울의 광화문 광장에서는 국가 권력을 사적으로 이용하여 헌법을 유린한 대통령에 분노한 시민들이 '대통령 탄핵과 국민주권의 회복'을 외쳤다.

1987년에 일어난 운동은 광화문뿐만 아니라 전국에서 나타났고, '6·10민주항쟁'이라는 이름으로 역사에 남았다. 2016~2017년 전국에서 일어났던 촛불집회도 역사적 사건으로 기록될 것이다.

이런 일들은 최근 우리나라에서만 일어난 것이 아니다. 대표적으로 프랑스 대혁명, 미국 독립운동이 있으며 우리나라의 1919년 독립운동과 4·19혁명, 5·18광주민주화운동도 있다. 사람들은 무엇을 위해 이런 운동에 참여했을까?

다른 경우도 보자. 혹시 4월 22일 저녁에 지구 환경을 보호하기 위해 집에서 한 시간 정도 소등해 본 적이 있는가? 매년 4월 22일은 '지구의 날'로, 시민들이 자발적으로 시작해 세계적으로 확산된 지구 환경보호의 날이다. 우리나라도 '한 시간 소등하기, 대중교통 이용하기, 일회용 컵 대신 텀블러 사용하기, 사용하지 않는 콘센트 제거하기' 등 일상에서 할 수 있는 다양한 활동을 권장하는 행사를 하고 있다. 사람들이 이 행사에 참여하는 이유는 무엇일까?

민주화를 요구하는 사람들과 지구 환경을 보전하기 위한 사람들의 행동은 서로 다른 행위인 것 같지만 사실 공통점이 존재한다. 모두 '사회 운동'이라는 것이다.

세상을 바꾸는 힘, 사회 운동

사회가 변동하는 데는 다양한 요인이 작용한다. 대표적인 요인이 과학과 기술의 발전이다. 산업 사회로의 변화에는 증기기관이, 정보지식 사회로의 변화에는 컴퓨터와 인터넷 기술이 큰 영향을 미쳤다.

또한 인구 변화도 중요한 요인이 된다. 최근 우리나라를 비롯하여 많은 나라에서 저출산 고령화로 인해 가족 구성, 정년, 자녀 양육 등 다양한 방면에서 사회 변화가 일어나고 있다. 이 외에도 기후 변화와 같은 자연환경의 변화, 양성 평등 의식 향상과 같은 가치관·이념의 변화도 사회 변동의 주요 원인이 된다.

여기에 더해 '사회 운동'은 우리가 관심을 가져야 하는 사회 변동의 또 다른 중요한 요인이다. 사회 운동은 사회의 변화와 개선에 영향을 주거나 또는 사회 문제 해결이라는 목적을 이루기 위하여 사회 구성원이 집단을 이루어 지속적으로 행하는 집합 행동을 말한다. 위에서 살펴본 과학 기술의 발전, 인구 변화, 자연환경 변화 등이 처음부터 사회 변동을 의도한 것은 아니라고 한다면 사회 운동은 사회 변동을 목적으로 의도한 것이라고 볼 수 있다.

사회 운동을 제대로 이해하기 위해서는 우선 '집합 행동'을 이해해야 한다. 집합 행동은 다수의 사람들이 우연하게 또는 일시적으로 감정이 분출되어 나타나는 행동에서부터 조직화되어 지속적으로 움직이는 행동까지를 포괄하는 사회학 개념이다.

예를 들어 어느 지역에 눈이 많이 와서 외부로 나가는 유일한 통로인 공항이 3일 정도 마비되었다고 생각해 보자. 이 상황에서 비행기를 기다리는 사람들은 어떻게 행동할까? 아마도 대다수의 사람들이 어떻게 해야 할지 몰라서 패닉을 경험할 것이다. '어느 비행기 회사는 호텔을 잡아주었다' 등의 유언비어를 들을 수도 있다. 일부 사람들은 대책을 요구하며 폭동에 가까운 행동을 할 수도 있다. 또한 시간이 지나면서 각 항공편 이용자들은 대표를 뽑아 조직적으로 비행기 회사와 공항에 대책을 요구할 수도 있다. 이 모든 것들은 각각 집합 행동에 해당된다.

대다수의 집합 행동은 일시적이고 우연하게 시작되는 경우가 많고, 대부분 기존 제도가 제대로 작동하지 못하는 상태에서 발생한다. 6월 민주 항쟁은 민주주의가 제대로 작동하지 못한 상황에서 시작된 것이고, 공항에서의 소요는 폭설로 공항이 제대로 작동하지 못한 상태에서 일어난 것이다.

사회의 어떤 부분에서 문제가 생기면 사회 구성원들이 그 문제를 발견하고 불만을 토로하면서 비조직적인 집합 행동이 약하게 일어나기 시작한다. 그리고 이것이 발전하여 지속적인 행동을 통해 문제 해결이나 제도 개선을 요구하게 되면 조직화된 집합 행동으로 나타난다.

즉, 사회 문제가 생기고 이에 따라 사회가 제대로 작동하지 않을 때 사회 운동의 시초가 되는 집합 행동이 나타난다. 그렇기 때문에 사회 운동은 기본적으로 사회 변동을 의도하게 된다. 그리고 이것은 시민이 자발적으로 행동한다는 데 의미가 있다.

한편, 기존의 질서를 지키거나 사회 변동 양상을 저지·와해시키기 위해서 일어나는 사회 운동도 있다. 이는 지배 계층이 자신들의 이익을 위해 현재의 사회 제도를 존속하거나 강화하려는 목적에서 발생하기도 하며, 과학과 기술의 발달에 의해 만들어지는 사회 변동에 저항하기 위해서 일어나기도 한다. '원자력 발전소'를 반대하는 시민운동이 대표적인 예이다.

사회 운동은 주로 특정 지역이나 해당 국가 안에서 일어나지만 최근에 들어서는 세계적으로 연대하여 이루어지기도 한다. 대표적으로 WTO 반대 운동이나 반핵 운동 등이 전 세계 차원에서 이루어지고 있다.

사회 운동은 어떤 분야에서 일어날까?

지금까지 설명에 비추어 봤을 때 '사회 운동'이라고 하면 어떤 것이 떠오르는가? 미국의 인종 차별 철폐를 위한 민권 운동, 우리나라의 촛불집회 등이 떠오르는가?

우리나라는 정치적인 문제 상황에서 일어나는 사회 운동이 많은 편이지만, 사실 오늘날의 사회 운동은 노동 문제를 비롯하여 일상의 다양한 문제 상황에 대하여 일어나는 경우가 더 많다.

사회 운동은 목적과 영역에 따라 크게 몇 가지로 나눌 수 있다.

첫째는 민주주의 운동으로, 참정권 획득을 위한 유럽의 17~18세기 시민혁명이 대표적이다. 미국의 킹 목사와 흑인들이 주도한 흑인 민권 운동도 여기에 속한다. 또한 우리가 앞에서 살펴본 우리나라의 정치 혁명이나 민주 항쟁, 촛불집회도 있다.

둘째는 노동 운동이다. 경제적 불평등을 개선하고 사회적 분배 조건을 변화시키거나 노동 환경과 조건의 개선을 요구하는 운동이 여기에 속한다. 유럽에서는 산업혁명 이후 열악한 노동 환경과 분배 조건을 개선하기 위한 사회 운동이 나타났다. 산업혁명 초기에 나타난 기계 파괴 운동인 러다이트 운동도 그 예이다.

우리나라는 1970년 "노동자는 기계가 아니다"라며 분신한 전태일이 당시의 열악한 노동 현실을 고발하고 근로기준법 준수를 요구하면서 노동 운동이 확산되었다. 최근 아르바이트와 비정규직 보호, 최저임금 보장 등을 주장하는 운동도 노동 운동의 예로 볼 수 있다.

오늘날 사회 운동의 주요한 원형은 주로 노동 운동에서 찾을 수 있다. 정치적인 사회 운동이 과거 근대 사회를 이루어낸 시민혁명의 확장이라고 본다면, 현대 사회에서는 노동 불평등 해소에 대한 사회적 요구를 계급 투쟁의 성격으로 보고 이를 사회 운동의 핵심으로 본다. 그러나 시간이 지나면서 사회 운동은 계급 투쟁이 아니라 일상에서의 삶의 질 개선을 목적으로 나타나는데 대표적인 것이 환경 운동과 평화 운동이다. 최근에는 여성 운동이나 소비자 운동도 주목받고 있다.

셋째, 환경 운동은 생태계 보호와 관련되어 있다. 인간 때문에 생태계가 변형되고 그로 인해 다양한 환경 문제가 생기는 것을 막으려는 것이다. 해양 투기 저지 운동, 고래 보호 운동, 생물종 다양성 보존 운동 등이 포함된다. 최근에는 기업 생산이나 정부 정책에서 환경 문제를 일으키는 것에 반대하는 운동도 있으며, 생태계를 해치지 않고 살아가는 생활방식을 선택하는 일상 운동도 나타난다.

넷째는 평화 운동이다. 제1차, 제2차 세계대전을 경험하며 인간의 존엄성을 깨닫게 된 사람들은 평화를 외치며 여전히 수많은 곳에서 분쟁과 테러, 전쟁이 일어난다는 것을 알리고 있다. 대표적으로 테러나 전쟁을 일으키는 민족주의에 저항하며, 최근에는 핵무기 폐지 운동이나 군비 확장 반대 및 군비 축소 지지 운동 등도 이루어지고 있다.

다섯째, 여성 운동이다. 이는 일상에서 경험하거나 제도적으로 나타나는 여성 차별에 반대하고 이를 해결하기 위해 성 평등을 주장하는 사회 운동을 말한다. 우리나라의 경우도 여성 운동이 일어나면서 가부장적 제도의 일부인 호주제가 폐지되었고, 직장에서도 취업이나 승진 등에서 남녀 차별을 금지하는 제도가 만들어지는 등의 변화를 이끌어냈다.

여섯째는 소비자 운동이다. 시장 경제에서 소비자들이 경험하는 불평등을 해결하고 소비자의 권리를 지키고자 하는 운동으로, 소비자 고발 운동이 대표적이다. 또한 문제가 되는 기업에 대한 불매 운동도 포함된다. 소비자 운동이 일어나면서 기업이 문제 상품에 대하여 보상해 주는 리콜 제도 등도 만들어질 수 있었다.

마지막으로, 오늘날 다양한 영역에서 소수자들의 권리를 찾는 운동 또한 이루어지고 있다. 대표적으로 성소수자들이나 이주민들이 자신의 정체성에 대한 사회적 인정을 요구하는 운동을 볼 수 있다. 또한 우리나라에서 양심적 병역 거부자들의 사회적 행동도 소수자들의 사회 운동으로 볼 수 있다.

사회 운동의 영역이 일상적인 삶의 문제로까지 확장된 것은 최근의 일이다. 1900년대 중반까지만 해도 대다수의 사회 운동은 정치적인 권리를 요구하거나 노동 현실에 문제를 제기하는 경우가 많았다. 즉 민주주의에 대한 요구와 경제적 불평등, 특히 노동에서 발생하는 문제의 해결이 초기 사회 운동의 주된 내용이었다.

그러다가 사회가 다원화하고 사람들의 의식이 바뀌면서 삶의 다양한 영역에서 사회 문제를 발견하고 개선을 요구하는 목소리들이 모였다. 이것이 평화, 환경, 여성, 소비자, 소수자 운동으로 확장된 것이다.

이런 점에서 민주주의나 노동, 경제적 분배에 초점을 둔 사회 운동과 구분하여 평화, 환경, 여성, 소비자, 소수자 등 삶의 다양성 측면에서 이루어지는 운동을 '신(新)사회 운동'이라고 부른다. 또한 신사회 운동에 대하여 '시민운동'이라고 지칭하기도 한다.

더 나은 세상을 향한 외침

1987년 6·10민주항쟁은 헌법 개헌을 이루어냈으며 주권재민(主權在

民)을 실현하는 민주적 정치 질서를 만들었다. 그리고 이는 다시 광화문 광장에서 일어났던 수많은 촛불집회를 이끌어내는 원동력이 되었다. 또한 평범한 사람들의 목소리가 사회 변화를 이끌어낼 수 있다는 가능성을 확인시켜 주었다. 즉, '나'라는 개인이 모여 집단으로서 '시민'이 되는 순간, 사회를 변화시킬 수 있다는 것을 경험할 수 있었기에 이후의 무수한 사회 운동이 일어날 수 있었던 것이다.

왕가리 마타이라는 이름을 들어 본 적이 있는가? 이 사람은 아프리카 케냐에서 태어난 '여자'이다. 환경 운동가이며 2004년에 노벨평화상을 수상했다. 왕가리 마타이가 태어났던 1940년 당시 아프리카에서는 여자가 학업을 위해 학교에 가기 어려웠고, 학교를 졸업하더라도 직업을 갖기 힘들었다. 여자아이들은 부족한 물을 길러오거나 땔감을 주워야 했기 때문이다.

어려운 형편에도 가족의 도움으로 공부를 할 수 있었던 그는 유학을 가고 대학 교수가 될 수 있었다. 일정 수준의 사회적 지위를 가지고 부족함 없이 살 수 있는 삶의 조건을 갖추게 된 것이다. 그러나 그는 자신의 안위만을 생각하지 않고 자신이 태어나고 자랐던 케냐에서 여전히 힘들게 살아가는 여성들의 삶을 보면서 이들을 위해 무엇을 할 수 있는지 고민했다.

그러다가 무분별한 벌목으로 인해 훼손된 숲을 살리는 '묘목 심기'를 떠올렸다. 여성들이 묘목 심기를 하게 되면 돈을 벌 수 있어 삶의 질이 높아지고 자연 훼손도 막을 수 있기 때문이다. 그는 이를 실천에 옮기고자 이 같은 생각에 동의하는 조력자들을 구해 본격적으로 그린벨트 운동을 시작하게 된다.

그는 환경단체를 만들고 조직적으로 나무 심기 운동을 실행했다. 이와 함께 여성들을 모아 그들의 권리에 대하여 이야기하고, 생태계 보전의 중요성을 알렸다. 이 때문에 서구 자본을 바탕으로 한 개발 정책을 추진하는 케냐 정부와 대립하고 결국 감옥에 가기도 했다.

왕가리 마타이가 주축이 된 그린벨트 운동은 케냐뿐만이 아니라 아프리카 여러 나라에 전파되어 아프리카의 생태계를 보전하는 데 공헌하였다. 사람들에게 자연의 중요성을 알리면서 서구 열강에 의해 아프리카가 개발되는 상황을 막아냈다. 더불어 그린벨트 운동에 참여하는 수많은 아프리카 여성이 스스로 인간으로서 권리가 있음을 알 수 있도록 교육하였다. 또한 여성들의 사회 참여를 독려하고 그들의 삶을 개선해 나갔다.

자신과 함께 살아가는 사람들에 대한 애정에서 시작된 이 운동은 단순히 환경 운동으로 그친 것이 아니라 케냐 국민의 의식을 변화시키고, 여성 권리에 대한 인식을 바꾸고, 최종적으로는 반정부 운동까지 이끌어내며 국민의 뜻에 반하는 정부를 내몰았다.

왕가리 마타이의 행보를 살펴보면 대다수 사회 운동이 어떻게 사회를 변화시키는지 알 수 있다. 사회에 대한 문제의식에서 시작하여 자신이 무엇을 해야 할지 생각하고, 이를 실천하기 위해 조직을 만들고, 일상의 다양한 사람들과 연대하는 것이다. 그로 인해 처음에 존재했던 문제 하나만 해결되는 것이 아니라 사회의 전반적인 문화와 제도까지 바뀌어 가는 것을 알 수 있다. 이것이 바로 사회 운동이 사회 변동을 이끌어내는 방식이다.

마찬가지로 오늘날의 대다수 사회 운동은 시민단체 등과 연관되어 조직적이고 지속적으로 이루어진다. 시민단체는 삶의 질 향상이라는 공공의 이익을 위해 다양한 사회 활동을 주도하기 때문에 '비정부기구

(NGO)'라고 불린다. 오늘날 수많은 NGO가 다양한 영역에서 사회 운동을 이끌고 있다.

시민단체가 중심이 되는 사회 운동은 아주 사소한 것에서 시작된다. 그런 점에서 사회 운동은 청소년도 시도할 수 있다. 학교 내 총기 사건이 많이 일어나는 미국에서 수많은 고등학생이 참여한 '총기 규제 촉구 운동', 우리나라 고등학생들이 자율 학습과 보충 수업을 받지 않고 방학을 보내는 '행복한 방학 보내기 운동'도 청소년 사회 운동의 사례이다.

인간 삶의 위대한 변화를 가져오는 사회 변동은 사람들의 작은 문제의식과 그에 따른 행동에서 시작된다는 점을 기억하고, 오늘 우리가 할 수 있는 일은 무엇인지 주변을 둘러보자.

사회학 개념 꼬집어보기

★ **사회 운동** : 사회 변화와 개선에 영향을 주거나 또는 사회 문제를 해결하기 위해 사회 구성원이 집단을 이루어 지속적으로 행하는 집합 행동

★ **집합 행동** : 집단이나 군중을 이루어 취하는 행동으로, 일시적이고 미조직적인 행동부터 조직적인 사회 운동을 위한 현상까지 포괄

★ **시민운동** : 공익을 위한 시민들의 자발적이고 자율적인 집단 행동. 주로 신사회 운동과 동일한 의미로 사용됨

★ **시민** : 특정 공동체의 구성원으로서 자발적이고 주체적으로 공동체의 일에 참여하는 사람. 공동체와 공동체에 속한 다른 시민들에 대하여 권리와 의무를 가짐

★ **시민단체** : 사회 공공의 이익을 위해 시민들이 자발적으로 만든 집단. 정부 기구와 구별하기 위해서 비정부기구(NGO)라고도 부름

우리 나이 60에는
어떤 일이 일어날까?

● 고령화와 도시화

옥스퍼드 인구문제 연구소의 데이비드 콜만 교수는 우리나라의 저출산 문제를 '코리안 신드롬'이라 이름 짓고 한국이 인구 부족으로 지구촌에서 사라지는 최초의 국가가 될 것이라고 예측했다.

한국은 세계 어느 나라와도 비교할 수 없을 정도로 출산율이 급격하게 낮아진 모습을 보이는데 과연 무엇이 코리아 신드롬을 만들었을까?

여성 한 명이 평생 낳는 평균 자녀의 수, 즉 합계 출산율이 2.1 정도여야 한 나라가 유지되는 수준이라고 할 때 우리나라는 1.3 내외로 매우 낮은 수치이다. 그러다 보니 연령에 따라 사람을 길게 한 줄로 세우면 중앙에 위치하는 연령이 2005년에는 30대이지만 2015년에는 40대, 2050년에는 50대가 될 가능성이 크다. 그만큼 전체 인구 중에서 고령층이 많아진다는 것이다. 다시 말해 아이는 적게 태어나고 사람들의 수명은 더 길어지기 때문에 한 사회에서 65세 이상의 인구가 차지하는 비율도 점차 증가한다.

그런데 출산율이 낮아서 2018년경에 전체 인구가 감소하게 되는 대한민국에서 노인들의 인구 비율이 늘어나고, 아이들의 인구 비율이 줄어드는 것은 어떤 문제를 일으키는 것일까?

한 사회에서 15세~64세까지의 인구를 생산가능 인구라고 하는데, 주로 경제적인 측면에서 생산을 활발히 할 수 있다고 보는 연령이다. 이 생산가능 인구가 65세 이상 노년 인구를 부양해야 하는 정도를 노년부양비라고 하며 노년층이 두터워질수록 노년부양비는 지속적으로 증가한다. 출산율이 낮아질 경우 세월이 지나면서 생산가능 인구는 줄어들고 고령화로 인해 노년부양비 부담은 더 늘어나기 때문이다. 2000년에는 생산가능 인구 10명에게 노인 1명을 부양할 책임이 있었지만, 2030년에는 생산가능 인구 3명이 노인 1명을 부양해야 하니 문제가 되는 것이다.

 ## 인간은 어떻게 오래 살게 되었나?

과거 진시황이 불로초를 구하기 위해 어린 남녀 수천 명을 동쪽으로 보냈다는 이야기는 이미 유명하다. 이제 우리들의 평균 기대수명은 80세를 넘어 조만간 90세, 100세를 바라보게 생겼다. 조선 시대에는 60세까지 사는 사람이 너무 드물어서 60세가 되면 잔치를 할 정도였으나, 이제 60세는 인생 후반부를 시작하는 나이로 여겨진다. 인간은 어떻게 이렇게 오래 살게 되었을까?

과학 기술과 함께 의학이 발달하고, 그에 따라 보건의식도 성숙해지면서 인간의 수명이 확대된 것으로 본다. 어쩌면 백신의 발견은 진정한 불로초의 발견일지 모른다. 최근에는 유전자 연구가 활발히 이루어지면서 생명 연장의 꿈은 실현되었다.

삶이 윤택해지고 편리해질 뿐만 아니라 인간의 생명을 연장하게 되자, 인간은 과학이 인류가 직면한 모든 문제를 해결해 줄 것이라 생각했다. 그러나 근대화가 진행되는 과정에서 인간은 도시로 몰려들었고 무분별한 개발을 위해 환경 파괴와 오염 문제를 경험했으며, 빈부차이의 심화도 경험했다. 발전의 과정에서 인간은 과거와 다른 위협과 문제들을 경험하게 되었고, 이로 인해 인간의 삶에 대한 위험은 과거보다 더 높아졌다. 인류는 더 오래 살게 되었지만 과거와는 다른 새로운 문제를 안고 있다.

도시화로 인한 빛과 그림자

예전에는 장수마을로 제주도나 강원도처럼 공기가 맑고 깨끗한 곳이 손꼽혔다. 그러나 최근 들어 서울 강남 지역도 장수 지역으로 여겨진다. 부자일수록 건강 관리를 잘 할 수 있기 때문에 부유한 도시인이 모여 있는 곳이 새로운 장수촌이 된 것이다.

언제부터 우리나라 농촌 인구보다 도시 인구가 더 많아졌을까? 1970년 즈음이다. 그러다 2005년에는 전체 인구의 90퍼센트가량이 도시에 살게 되는데, 전체 국토면적 중 도시가 차지하는 면적은 10퍼센트 정도이다. 요즘은 전체 인구의 절반 이상이 서울을 비롯한 7개 대도시에 살고 있으며, 서울·인천·경기에만 전체 인구의 반 정도가 살고

있다. 도시의 급격한 성장이나 도시로의 인구 집
중 현상은 우리나라의 급격한 출산율 저하와
그에 따른 고령사회로의 전환과 닮아 있다.

아이가 적게 태어나고, 노년 인구가 급격
하게 증가하면서 문제가 생기는 것처럼
도시 비율이 증가하고, 도시로 인구가
급격하게 집중되는 현상에도 문제가
있다.

가장 큰 문제는 넘쳐나는 인구들
이 들어가서 살만한 집이 부족한
점이다. 도시로 오는 사람들의
숫자보다 집을 짓는 데 걸리는
시간이 더 많이 소요되는 가운
데 수요 공급 법칙이 적용되면서
끊임없이 집값은 오르고, 그것도 사
람들이 모이는 수도권의 집값 문제는
상상을 초월할 정도로 위험하다.

환경 오염도 심각하다. 도시병이라 불리는 아이들의 아토피, 비염,
천식, 그리고 어른들의 스트레스와 운동 부족으로 인한 성인병도 증
가하고 있다. 인간이 파괴한 자연과 오염된 환경은 인간에게 새로운
환경병을 제공한다. 심지어 수컷을 암컷으로 변모시키는 환경 호르몬
까지 나오고 있다. 교통 문제는 언급하지 않아도 악소리가 나올 정도
이다. 더구나 도시화가 진행될수록 빌딩은 점점 더 높아지고 환경 오
염과 생태계 파괴 문제 등은 더욱 심각해지고 있다.

인간은 이제 100세를 넘어 120세를 꿈꾼다. 어쩌면 지금 태어나는 아이들의 경우 150세까지 살 수 있을지 모른다. 문제는 우리가 살아가는 터전은 점점 더 위험한 공간으로 변하고 있다는 점이다.

그러나 어떤 과학자는 과학과 기술이 완벽하게 발전하면 지금의 위험 문제는 다 사라질 것이라고 한다. 지금 일어나는 문제는 과학과 기술이 충분히 발달하지 않아서 생긴 결과라는 것이다. 우리 나이 60, 2050년 쯤에는 이 모든 문제를 극복할 수 있을까?

새로운 위험 사회, 우리 나이 60에는?

건설현장에서 사용하기 위해 발명되었던 다이너마이트가 전쟁 기간에 인간의 목숨을 빼앗아가고, 2차 세계대전이 끝날 때 일본에서 터진 원자 폭탄으로 엄청난 수의 목숨을 앗아가는 것을 본 인류는 과학이 인간의 삶에 행복과 안전만을 가져오는 것이 아니라 그것이 위험을 내포하고 있다는 것을 깨달았다.

인간은 끊임없는 과학과 기술의 발달을 이끌어 왔고, 그 결과 더 편리하고 풍요로운 삶을 누리고자 했다. 그리고 우리는 이전의 선조들과 비교하여 충분히 만족스러울 정도로 풍요로운 삶을 누리고 있다.

그러나 독일의 사회학자 울리히 벡은 과학과 기술의 발달로 과거보다 삶이 훨씬 풍요로워진 것만큼이나 위험 요소도 더 많이 증가했다고 말한다.

자동차가 발달하기 전에 마차나 말로 인해 죽은 사람의 수를 현재 교통사고로 죽은 사람의 수와 비교할 수 있을까? 수많은 공장에서 만

울리히 벡
(Ulich Beck, 1944~)

독일의 사회학자. 서구의
산업화와 근대화 과정에
대한 비판적 성찰을 강조
하였고, 현대 사회의 위기
에 대하여 문제제기를 하
였다. 『위험 사회』, 『성찰
적 근대화』, 『사랑은 지독
한 그러나 너무나 정상적
인 혼란』, 『세계화 이후의
민주주의』 등의 저서가
있다.

들어진 생산품이 우리를 편리하게 하지만, 그 공장의 폐기물은 우리에게 얼마나 위험할까? 2011년 일본에서 일어난 지진과 쓰나미와 같은 자연재해보다 우리를 더 두렵게 했던 것은 원자력 발전소의 폭발과 그로 인한 방사능 확산 문제였다.

결국 사회 구성원들이 누리는 편리함을 담보로 더 많은 위험을 감수하면서 살아가는 것이 현대인의 삶의 모습이고 이것이 바로 울리히 벡이 말하는 위험 사회이다.

이 논리에 따르면 앞으로 과학이 발달할수록 인간은 더욱 윤택한 삶을 누리겠지만 반대 급부로 떠안아야 할 위험도 더 커지는 것이다. 지금 우리를 위협하는 오존층의 파괴와 지구 온난화, 생태계 파괴, 핵 위험, 경제 공황, 신종플루 같은 새로운 질병, 자원의 고갈은 전지구적 차원의 문제로 확대되어 누구도 피할 수 있는, 정말로 위험이 강한 사회가 도래할 수 있다.

인간은 이 모든 것을 스스로 통제할 수 있을까? '부의 사회적 생산은 그보다 더 많은 위험의 사회적 생산을 가져온다'는 울리히 벡의 지적이 옳다면 우리 나이 60에 무슨 일이 일어날까?

이 문제에 대한 해답을 찾기 위해서는 우리 나이 60에 그때 어떤 세상을 살고 싶은가를 생각해야 한다. 이 질문에 대한 해답을 찾아가는 길에 울리히 벡이 던진 힌트는 성찰적 근대성을 회복하는 것이다.

근대의 시민들은 공동체 속의 개인을 발견하고 인간이 가진 이성과 과학에 기초하여 삶의 기초를 닦았다. 고대 그리스의 시민들은 노예

제도를 활용하여 노동에서 자유로웠기에 자신의 시민적 활동 과정에서 적극적으로 의사를 반영하면서 성찰적 삶을 살 수 있었다. 그러나 산업혁명 이후 인간은 경제적 노동에 몰두하여 경제적 기반을 만들어야 해서 시민적 참여와 의사 결정 문제는 관료나 정치가에게 위임하였다.

지금 현재 우리에게 일어나는 다양한 위험 속에서 우리가 꿈꾸는 삶을 위해서는 시민적 권리를 회복하고 선택에 대한 성찰적 사고를 수행할 수 있어야 한다.

그렇다면 우리는 무엇을 해야 할까? 우리가 속한 공동체와 그 안에서 살아가는 시민으로서의 우리 이름을 다시 기억하고, 이성에 기초한 성찰을 통해 과학 기술의 맹목적인 발달을 비판적으로 돌아볼 수 있어야 하지 않을까? 반성을 통해 과학 기술의 미래를 공적으로 논의하면서 서로 연대하는 삶을 살아야 한다는 것이다.

다시 말해 우리가 사는 세상을 돌아보는 것, 사회학적 상상력을 통해 지금 일어나는 일들을 '왜 그럴까? 그것의 의미는 무엇일까?'라고 탐구하는 것, 그리고 사회적 의사 결정과 선택을 그대로 수용하지 않고 끊임없이 성찰하는 것, 이것이 바로 우리가 시작해야 하는 일이다.

사회학 개념 꼬집어보기

★ 도시화 : 도시에서의 사회적 생활 모습이 전반적으로 확산되어 가는 현상

★ 연대 의식 : 사회 구성원간에 공동체 소속원으로서 자각하고 이를 통해 상호의존적인 의식을 나누어 갖는 것

지구는 정말
평평할까?

● 세계화

　〈누들 로드〉라는 다큐멘터리가 방영된 적이 있었다. 그 다큐멘터리
는 중국 신장 지역에서 발견된 인류 최초의 국수가 어떻게 3천 년 동안
이나 동서 문명을 이어오며 60억 인구의 식탁에 오르게 되었는지 그
비밀을 파헤친다. 그 과정에서 각 나라의 사람들이 자신의 입맛에 맞
는 국수를 만들어내는 독특한 방법, 그럼에도 이웃한 나라들 간에 국
수 문화에 담긴 유사성, 그리고 대부분의 나라에서 축제 때 국수를 먹
는다는 것 등을 알려주었다.

　우리나라의 한 방송국에서 제작한 이 다큐멘터리에는 전 세계 다양
한 민족들이 국수를 만들고 즐기는 모습이 담겨 있고, 중국계 미국인
요리사가 주요 설명을 맡았다. 그 덕분인지 세계적으로 유명한 국제
방송상을 받았으며, 다른 나라에 수출되어 방영되기도 했다. 이 다큐
멘터리가 세상 곳곳에 알려지는 일은 국수가 실크로드를 따라 세계로

퍼져 나가는 데 걸렸던 시간의 반의 반도 안 되는, 불과 1년 안에 일어난 일이었다.

교통 수단과 정보화 기기의 발달로 그 어느 시기보다 국가와 개인들의 관계가 더 밀접해진다. 이 과정에서 '지구는 평평하다'라고 하면서 전 세계가 동일한 세계 안에서 서로 평등하게 교류할 수 있는 세계화 시대임을 강조한다. 말 그대로 세계화는 지구촌이 국가 경계를 넘어 하나의 단일화된 공간으로 작동하고, 그 안에 모든 구성원의 상호 의존성이 증가하는 현상을 말한다. 이런 측면에서 본다면 지구는 과거 어느 때에 비해 평평해지고 있는 것이다.

 ## 세계화를 둘러싼 찬반 논란

착한 소비는 지구촌의 환경을 해치지 않고 상품을 만드는 사람들의 정당한 노동력에 적정한 임금을 지불한 상품을 소비하자는 것이다.

어린이들의 노동력을 착취하여 만드는 축구화나 전문점에서 한 잔에 5천 원 정도 하는 커피 등이 그 예이다. 이 운동은 실제 생산지 노동자에게는 200여 원 밖에 안 돌아간다는 문제의 커피를 소비하지 말고, 대신에 노동력에 합당한 임금을 지불한 상품을 소비하자는 것이다.

이런 선택은 과거와 달리 노동이 개별 국가의 영향력에 의해 제한받던 시대가 아니라 노동의 가치에 대한 평가가 세계적인 맥락에서 움직이면서 가능해졌다.

이런 착한 소비를 공정무역이라고도 하는데, '누구에게나 공정한 무역을(FTA, fair trade for all)'이라는 구호를 내걸면서 기존 정부간 자유무역협정(FTA, free trade agreement)에 따른 무역에 반대하는 주장을 한다. 세계화 시장에서의 생산자인 기업의 논리가 아니라 소비자의 선택 논리를 강조한다.

이에 비해 정부간 자유무역협정(FTA)에서는 세계 여러 나라간의 자유로운 무역을 위해 관세 장벽을 철폐하고 상품의 자유로운 이동을 강조한다. 관세 장벽을 통해 보호무역을 했던 것에서 벗어나면서 기업들은 가격 경쟁력이 유리할수록 시장 점유율을 높일 수 있기에 FTA 체제에서는 세계 수준에 부합하는 최고의 상품을 낮은 가격에 만들어내는 것이 세계 시장에서 이길 수 있는 방법이다. 아주 단순하게 보면 선진국에 본사를 가진 거대기업이 막강한 자본을 활용하여 노동력이 싼 나라에서 좋은 물건을 만들 경우 경쟁력이 가장 커지는 셈이다.

공정무역은 이에 반기를 든 것이다. 싸면서도 질 좋은 결과물이 아니라 공정한 생산 과정이 소비자의 선택에서 새로운 기준이 되는 것이다.

FTA가 위에서 설명한 것처럼 두 가지 방식으로 설명될 수 있듯이 지구촌에서 일어나는 세계화에 대해서도 두 가지 방식으로 찬성과 반대 논의가 이루어지고 있다. 국가간의 자유로운 이동과 교역을 통해서 세계의 부가 증가하고 이에 따라 가난한 나라의 삶의 질이 개선되고 선진국과 저개발국의 빈부차가 줄어들고, 주로 선진국에서 논의되던 기본적인 가치인 자유나 인권 등이 세계인에게 확대되면서 세계를 살아가는 모두에게 더 나은 삶을 만들어 줄 것이라고 생각하여 세계화를 찬성하는 주장이 있다.

이에 비해 반대하는 입장에서는 국가 간의 자유로운 상품 이동은 세계의 거대자본을 가진 선진국에 의해 저개발국이 경제적으로 종속될 가능성이 크고, 이로 인해 지구촌의 빈곤과 실업은 더 강화될 것이라

고 본다. 결국 거대 자본을 가진 선진국의 기술이나 규범 등을 어쩔 수 없이 저개발 국가들이 따르게 되면서 세계 여러 민족과 국가의 다양성 이 사라질 것이라고 주장한다.

문화적인 측면에서도 찬성과 반대 입장이 나뉜다. 문화적인 측면에 서 세계화를 찬성하는 경우는 자유무역 상태에서 개별 국가는 자신의 문화 정체성을 유지하면서도 다른 나라와의 접촉을 통해 선진화된 문 화를 수용하면서 문화 다양성을 확보할 수 있을 것이라고 한다.

반대 입장에서는 이미 경제가 모든 것을 지배하는 과정에서 문화 또 한 상품으로 변모하고 그렇게 되면 선진국의 거대 자본을 이용한 맥도 날드 같은 기업이 전 세계를 장악하는 현상이 일반화될 것을 경고한다. 결국 문화 제국주의로 인해 저개발국의 문화 고유성은 사라질 것이라는 주장을 한다.

세계화로 인한 빛과 그림자

사례 1

한 가족이 1년 동안 중국에서 만들어진 제품 없이 살아보기로 했다. 그 결과 가전 제품의 경우 고장이 나면 부품이 없어서 수리가 불가능했고, 아이들의 장난감과 학용품은 시중에서 중국제가 아닌 것을 찾기가 어려웠다. 프린트의 잉크도 중국제가 대부분이어서 직업이 기자였던 아빠는 자신의 기사 마감을 맞추기 어려웠다. 비가 오는 날 중국제가 아닌 우산을 찾기 어려워 아이가 비를 맞으며 학교에 가야 하는 일도 벌어졌다.

사례 2

영어가 세계어가 되어간다. 현실 세계에서는 영어를 사용하지 않는 사람들이 많다고는 하지만, 인터넷 영토에서는 영어가 압도적이다. 고급정보의 대부분은 영어로 되어 있어 인터넷에서 영어는 만국어 역할을 할 것이다. 현실 세계에서도 사라지는 언어들이 증가한다. 지구상에 존재하는 6,900여 개의 언어 중 인구의 4퍼센트 정도만 사용하는 6,600여 개의 언어는 2주일에 1개 꼴로 사라지고 있다. 그리하여 100년 후에는 현재 지구촌 언어의 절반만이 남는다고 한다.

사례 3

세계화로 인해 자본 시장이 연결되면서 어느 한 나라의 경제적 부실은 다른 나라에도 치명상을 입힌다. 미국의 서브프라임 모기지 문제로 시작된 미국 자본 시장의 부실 문제는 미국으로 끝나지 않고 유럽과 아시아로 영향을 미쳤다. 자본, 노동, 상품이 모두 국경을 넘나드는 시대 이제 리스크는 어디서 시작하여 어디서 끝날 것인지를 예측하기 어려워졌다.

사례 4

일부 문화권에서 행해지는 명예살인이나 여성 할례에 대한 인권 논의가 제기되고 있다. 명예살인은 가족 내 여성 중에서 순결을 잃었거나 간통을 한 여인이 있을 경우 그 여인의 친족, 주로 오빠나 남동생이 그 여인을 살해하여 가족의 명예를 지키는 것을 말한다.

이러한 현상에 대해 단순한 문화적 차이의 문제로 보는 것이 아니라 여성의 인권 문제임을 주장하면서 이런 범죄를 막기 위한 노력들이 다양한 국제 인권단체에서 이루어지고 있다. 세계화로 인해 일부 지역에서 일어나는 여성을 비롯한 다양한 소수집단의 권리 문제가 세계적인 논의의 대상이 되고 있다.

사례 5

인도네시아 부톤섬의 찌야찌야 부족이 사용하는 언어에는 문자가 없었다. 전통적인 생활 풍속을 유지하면서 살아가던 이들 부족은 한국과의 교류를 통해 자신들이 가지지 못한 문자를 한글에서 빌려와 자신들의 언어를 표기하는 방법으로 한글을 사용한다. 이를 통해 이들은 그들의 고유한 언어를 기록하고 배울 수 있으며 유지할 수 있게 되었다.

사례 6

세계화로 인해 개별 국가의 문화 상품이 전 세계적으로 소비되는 경향을 보이면서 한류가 각광받고 있다. 〈겨울연가〉로 시작된 드라마 수출은 세계 60개국에 판매된 〈대장금〉을 기점으로 한류로 사랑받으면서 공연, 드라마, 영화, 캐릭터 등 한국의 문화 콘텐츠 산업이 세계로 나아가고 있다. 이에 따라 한국 고유의 문화 정체성을 직접 보려는 외국인 관광객도 늘어나면서 세계인을 위한 한국 문화를 확대하는 방안들이 나오고 있다. 그러나 이에 대해 중국이나 동남 아시아의 여러 국가들은 한류를 문화 제국주의의 한 양상으로 보고 문제를 제기한다.

더 나은 세계화를 위한 많은 노력

위의 사례들처럼 세계화가 진행되는 과정에서 일어나는 일을 보면 지구촌 전체 사람들의 복지와 행복, 삶의 다양성이 증진되는 측면도 있고 또 그 반대의 경우도 있다.

문제는 세계화로 인해 정말로 지구가 평평해졌는가라는 질문에 대해 평평하지 않다고 답하는 사람들이 많다는 것이다. 여전히 가난한 나라와 부유한 나라, 가난한 사람과 부유한 사람들이 존재하고, 세계화로 인해 더 부유해지는 사람들이 생기는가 하면 더 가난해지는 사람들이 생긴다.

이 과정에서 더 나은 세계화를 위한 노력들이 있다. 하나는 세계경제포럼이다. 스위스 제네바에 위치한 민간 재단이 주최하는 모임으로 세계의 정치 및 경제계 인물들이 일주일간 다양한 모임을 갖는다. 스위스 다보스에서 열린다고 하여 '다보스 포럼'이라고도 한다. 이 포럼에서는 정해진 의제는 없지만, 세계 속에서 경쟁력 강화를 위한 협력 방안이나 정치, 경제, 문화에 대한 다양한 이야기를 하는데, 기본적으로 FTA 등 세계화 흐름을 지지하면서 더 나은 세계화를 위한 방안을 모색한다.

이에 대항하여 세계화를 반대하는 사람들의 모임도 있는데, 대표적으로 세계사회포럼이 있다. 이 모임은 세계경제포럼이 선진국 위주의 모임이며 저개발국과 빈곤국가의 관점을 철저히 외면한다고 비판하면서 세계화에 반대하는 각국의 운동가들의 모임이다.

이들의 주요 의제는 부의 집중, 빈곤의 세계화, 지구 환경파괴를 앞당기는 다보스포럼을 중단시키는 것이다. 이 외에도 지구촌의 소수 집단의 인권 문제, 인종 문제, 유전자변형 식품 문제, 부유한 나라에서 자국 농민들에게 제공하는 농산물 수출 보조금 문제, 아동학대 금지 등을 논의의 주제로 다룬다.

처음 세계화 논의가 나왔을 때 세계화는 지역화와 맞닿아 있으며 '세계적으로 인식하고 지역적으로 실천하라'가 주요 모토였다. 이는 세계적인 수준에서 세계 표준대로 사고하되 자신이 살고 있는 현지의 정체성을 유지하면서 행동하라는 것이었다. 또한 세계화 속에서 개별 지역이나 문화의 정체성을 유지하고 이를 통해 다 같이 성장하자는 것이었다.

세계화되어 가는 세상에서 지구가 평평해질 것이라고 예견했지만, 아프리카나 아시아에서 일어나는 빈곤과 환경 문제에서 보듯이 지구는 여전히 울퉁불퉁하거나 더 울퉁불퉁해지고 있다는 문제제기도 의미심장하다. 우리는 과연 무엇을 실천해야 할까?

　우선 세계화된 지구촌에서 살아가는 세계인으로 자신을 인식해야 한다. 특정 국가나 지역, 집단의 관점에만 매몰되지 않고 인류 전체의 관점에서 현재 일어나는 일을 성찰하고 참여하며 연대할 필요가 있다. 그 실천은 우리가 살고 있는 지금 이곳에서 시작해야 한다.

사회학 개념 꼬집어보기

★ 세계화 : 국제사회에서 개별 국가들의 상호의존성이 증가하여 전 세계가 하나의 체계로 전환되는 현상, 지구화라고도 함

★ 세계 시민 : 지구촌에서 개별 국가의 국민으로서가 아니라 상호의존성이 높아가는 지구촌 전체체계를 살아가는 인간으로서 다른 사람과 관계 맺고 세계적 시각으로 지구촌의 문제를 인식하고 합리적으로 해결하려 노력하는 사람

산업화는 늦었지만
정보화는 앞서자고?

● 정보 사회

　아침에 일어나 스마트폰으로 날씨를 확인한다. 등굣길에는 태블릿 PC로 인터넷 강의를 보거나 전자책을 읽는다. 연필과 공책이 아닌 태블릿PC에 필기를 하고, 모르는 것은 아무데서나 바로바로 찾아볼 수 있다. 온라인 몰에서 옷이나 학용품을 주문하고 인터넷 뱅킹으로 입금을 한다. SNS(Social Networking Service)를 통해 세상 곳곳에서 일어나는 일을 실시간으로 알 수 있다. 주말에는 친구들과 3D 영화를 보거나 E-스포츠로 스트레스를 푼다. 이는 꿈같은 미래의 일이 아니라 지금 현재 일어나는 일이다.

　한국 정부는 늦은 산업화로 인해 선진국 대열에 빨리 진입하지 못한 것을 고려하여 대신 새로운 인류 문명의 변화인 정보 사회로의 변화에 앞서고자 하였다. 이 전략은 성공해서 한국은 정보 사회 기반의 측면에서는 어느 사회나 국가보다 앞서나가고 있다.

그러나 근대화 과정에서 민주주의의 도입과 자본주의가 성장하면서 개인의 자유가 신장되고 대량생산에 기반하여 물질적 풍요를 누린 이면에는 환경 오염이나 빈부 격차 같은 다양한 문제점을 경험했던 것처럼 정보 사회로의 발전 과정에서도 명암은 나타난다.

현재 우리는 지식과 정보의 생산, 유통, 이용, 소비 등이 산업 활동을 비롯한 다양한 사회적 활동에서 중심적인 역할을 하는 정보 사회를 경험하고 있다.

이 정보 사회에서 반도체, 디지털, 네트워크, 뉴미디어와 같은 기술의 발전이 끼친 영향력을 무시할 수 없다. 기술 결정론을 강조하는 것은 아니지만, 이러한 기술이 만들어낸 세상이 정보 사회의 핵심이라는 점을 무시할 수는 없기 때문이다.

대표적으로 인터넷이 만들어낸 가상의 영토로 인해 사람들은 일상의 많은 일들을 언제 어디서나 처리할 수 있는 유비쿼터스 시대를 살고 있다.

그러나 산업 사회에서 다양한 문제점을 경험한 것처럼 우리는 정보 사회에서도 다양한 문제점을 경험하면서 살아간다. 정보기술의 발달이 그 자체로 인간의 삶을 유토피아로 만들어주는, 절대적으로 낙관적인 것만은 아니다. 많은 미래 영화가 암울한 회색 도시를 예견한다는 점에서 빨리 발전하는 것이 중요한 것이 아니다.

산업화를 지나 정보 사회로 가는 과정에서 나타나는 다양한 문제를 어떻게 해결할 것인가를 고민하는 것이 더 중요하다.

누군가가 우리를 감시하고 있다면

버스에 있는 CCTV는 무임 승차자를 가려내기 위한 것일까, 아니면 버스 요금을 횡령하거나 문제가 있는 기사를 가려내려는 것일까?[14]

아침에 아파트의 엘리베이터를 탈 때부터 보게 되는 CCTV에 무감각해져서 아무렇지 않게 버스를 타고 내리기는 하지만, 학교에 설치된 CCTV를 볼 때마다 하루내내 감시당하는 느낌이 사라지는 것은 아니다. 길거리, 백화점 등 어디서나 보게 되는 CCTV를 보면 이만한 인권 침해가 없다는 생각이 든다. 하루에 나를 찍어대는 CCTV는 과연 몇 대나 될까?

정보 사회에서 인간을 편리히게 해주고 안전하게 해주는 기술은 역으로 인간의 삶을 통제하고 감시하는 기술이 된다. 이메일을 사용하면 그 기록이 남고, 인터넷을 사용하면 쿠키 기록이 남고, 버스나 지하철을 타면 교통카드 기록이 남고, 신용카드로 결제하면 언제 어디서 무엇을 했는지 기록된다. 인터넷을 통해 개인의 네트워킹을 강화시켜 준 SNS는 이제 스마트폰을 활용하여 트위터나 페이스북으로 순간 순간의 기분마저 지인들에게 실시간 전달할 수 있다. 사적인 것이 순식간에 공적으로 전환된다.

이렇다 보니 어떤 사람의 인터넷 검색 기록을 파악하면 그 사람의 선호도를 파악할 수 있을 정도이다. 정말로 마음만 먹으면 한 사람의 모든 것을 파악할 수 있는 셈이다. 기술이 더 발달하면 기업은 이런 정보를 활용하여 개인들의 취향에 맞는 맞춤형 상품 생산을 하려고 할 것이다. 이렇게 되면 우리가 상품을 선택하는 것이 아니라 상품이 우리를 선택하게 되지 않을까? 이런 생각을 하면 모든 것이 감시 가능한 세상에 아무런 방패도 없이 사는 느낌이다.

CCTV나 스마트폰을 비롯한 첨단기기를 통해 개인들의 삶이 노출되고 어떤 측면에서나 감시하고 통제할 수 있는 오늘날의 중앙통제식 감시는 푸코가 『감시와 처벌』에서 언급한 파놉티콘(pan 전체를＋opticon 들여다보다)과 같은 구조이다.

철학자 제레미 벤담이 처음 제안한 파놉티콘은 중앙에 원형 감시탑이 있고 그 둘레를 반지처럼 감옥이 둘러싸고 있어서 중앙탑에서 모든 감옥을 내려다보며 감시할 수 있지만, 감옥에서는 감시탑을 확인할 수 없어서 시선의 불평등이 일어나는 구조이다. 결국 감시탑에 감독이 없더라도 죄수들은 알 수 없기 때문에 항상 감시하지 않더라도 감옥을 지배할 수 있어 최소의 노력으로 최대의 통제와 감시 효과를 거둘 수 있는 장치이다.

모든 곳에 시선을 집중하며 내 행동을 감시하는 CCTV나 휴대전화 위치 감시 장치로 인해 우리도 파놉티콘 감옥 안의 죄수가 아닌지 의심하지 않을 수 없다. 그마나 CCTV를 비롯한 첨단기기가 범죄자를 검거하거나 범죄예방 효과가 있다고는 하지만, 역으로 생각하면 모든 사람을 범죄 대상자나 행동불량자로 본다는 점에서 불쾌함은 여전하다.

그러나 2008년 촛불시위에서 첨단 이동장비로 시위대와 경찰의 행동에 대하여 현장 중계하는 과정을 보면 역파놉티콘 현상이나 시놉티콘(syn 동시에＋opticon 들여다보다)현상이 나타나서 파놉티콘의 문제를 어느 정도 상쇄하기도 한다.

권력이 다수의 사람을 감시하는 것이 아니라 다수의 사람이 권력을 감시하는 현상인 역파놉티콘이나 다수의 사람들이 다양한 사회 현상을 바라보는 현상인 시놉티콘으로 역감시를 할 수 있기 때문이다.

시놉티콘으로 인해 독도에 장착된 CCTV로 우리는 독도의 모습을 관찰할 수 있다. 이뿐 아니다. 위기 순간에 디지털은 감성을 보여주기도 한다. 2011년 일본 대지진이 났을 때, 끊어진 전화선 대신 가족들의 안부를 확인할 수 있었던 것도 바로 트위터와 같은 최첨단 SNS 덕분이었다.

그럼에도 불구하고 우리의 일상을 쫓아다니는 첨단기기가 만들어내는 불편함도 만만치 않다. 통계청 자료에 따르면 정보화에 따른 영향 조사에서 '생활이 편리해졌다'거나 '국민의 알 권리가 신장되었다'고 긍정적으로 생각하는 사람의 비율은 전체의 3분의 2 이상으로 높기는 하지만, '사생활 침해가 늘었다'나 '소외감과 비인간화를 많이 느낀다'고 인식하는 비율도 3분의 1 정도 된다. 즉 정보 사회에서 기술의 발달로 인한 삶이 그리 유쾌하지만은 않다는 것을 보여준다.

 새로운 계층 문제인 정보 격차

주변 사람들 중에 이메일 주소나 휴대전화를 가지지 않은 사람을 발견하기 어려울 것이다. 20대 중반에 고시 공부를 시작해서 무려 14년을 컴퓨터도 하지 않고 지낸 디지털 문맹이 있다. 한 인간의 생애에서 미처 경험하지 못한 기술의 발달 격차를 한 번에 메우려면 그가 들여야 할 시간과 받아야 할 문명의 충격이 얼마나 될까.

산업화 사회에서 자본을 가진 자와 가지지 못한 자의 빈부차가 문제였다면 이제 정보 사회에서는 디지털 이용에 따른 격차인 디지털 디바이드(digital divide)가 문제된다.

계층, 성별, 연령, 학력, 지역 등에 따라 정보에 접근할 수 있는 기회와 정보를 이용할 수 있는 권력과 능력이 불평등하게 분배되는 디지털 디바이드로 인해 다수의 노동자 계층이 더 많이 하류층으로 전락하면서 계층간 위화감이나 경제적 양극화를 심화시키는 문제를 낳는다. 20퍼센트의 네티즌이 인터넷 정보의 80퍼센트를 사용한다는 이야기가 나돌 정도로 정보의 집중화도 심각하다.

자본의 차이에 따라 계층과 계급이 구분되던 산업화 시대에도 상위 20퍼센트가 전체 부의 80퍼센트를 차지하는 것을 문제 삼았다면 이제는 상위 20퍼센트의 정보활용자가 만들어 소통하는 80퍼센트에 달하는 정보 독점 현상을 문제 삼아야 한다. 부의 양극화 현상은 정보의 양극화 현상으로 대체된다.

또한 우리나라에서는 디지털 매체에 익숙한 십대와 그 부모 세대 간의 대화와 소통의 부재로 인한 문제도 걱정해야 한다. 아이들에게 '도토리'와 어른들에게 '도토리'는 그 의미가 완전히 다르다.

디지털 기술은 어른들이 적응하는 것보다 훨씬 빠른 속도로 변하고 있다. 나이가 들어가면서 변하는 환경을 따라잡기 힘든데, 아이들은 이미 그보다 앞서 있으니 세대 차이는 더 심해질 것이다. 다수 어른들이 첨단기술이 발달한 사회에서 감시와 통제를 걱정하면서도 첨단기술을 버리지 못하고 휴대전화를 새로 구비하면서 살아가는 것은 디지털 기기가 주는 즐거움보다는 어쩌면 디지털 디바이드로 인해 정보 빈곤층으로 뒤처지지 않으려는 욕심 때문인지도 모른다.

정보 사회에서 필요한 윤리들

인터넷 악플로 인해 마음고생을 하다가 자살한 연예인들의 이야기를 보면 정보 사회의 사이버 영토에서 발생하는 폭력이 얼마나 심각한지 알 수 있다. 익명성이 강조되는 이 공간에서는 평상시에는 드러내기 어려운 언어 폭력이 공격적으로 부풀려지고, 확대 재생산되면서 한 사람을 사회에서 완전히 파괴시키는 심각한 지경에까지 이르게 한다. 모든 사람들이 평등하고 자유롭게 의견을 나누는 공론의 장 역할을 하던 곳이 이제 마음만 먹으면 한 사람을 매장할 수 있는 공간이 되었다.

고대 그리스의 올림피아 경기장인 스타디움처럼, 경기하는 한 사람을 여러 사람이 같이 볼 수 있는 구조이기도 한 인터넷에서는 어떤 사람을 영웅으로 만들 수도 있고 천하의 문제아로도 만들 수 있다. 결국 인터넷과 같은 디지털 영역에서 살아가는 사람들인 디지털 노마드에게 인터넷은 다양한 의견의 표출이 가능한 전자 민주주의의 성역이기도 하고, 어떤 경우에는 누군가를 공격하고 죽일 수 있는 어둠의 공간이기도 한 셈이다.

최근엔 저작권 문제도 불거지고 있다. 블로그에 올린 정보가 주인도 모르게 옮겨져 있기도 하고, 공개되기 원치 않는 자료들이 인터넷을 타고 이동하기도 한다. 인터넷에서 고급정보를 위한 소통이라도 할라치면 자신의 정체를 알려야 한다. 악플 등을 방지하여 다른 디지털 노마드를 보호하기 위해서라는 것은 알지만 꺼림칙함은 어쩔 수 없다. 더 심한 것은 디지털 세계에서 개인의 이동경로는 쿠키 정보로 기록되어 개인정보 유출 문제도 생긴다. 은행 거래를 하는 경우 비밀번호 문제가 있다. 종종 일어나는 인터넷 뱅킹 사기를 고려한다면 정보 사회

의 환경이 과거 원시 사회의 환경보다 낫다고 보장하기는 힘들다. 쓰레기 같은 스팸메일이나 문자 메시지도 끔찍한 디지털 환경에 일조한다.

지식과잉으로 인한 정신비만도 문제이다. 과거와 달리 인터넷을 열어 검색에 입력하는 순간 곧바로 지식이 손쉽게 안겨오는 세상이니 말이다. 이 중에서 내게 맞는 지식을 찾고 그렇지 않은 것을 버리는 선별 작업도 힘이 든다. 머릿속에 전자동 지우개가 있어 필요 없는 것을 지워주면 좋겠지만 어찌된 일인지 쓰레기 같은 정보만 남고 결정적으로 중요한 것들은 다 빠져나가 버린다.

인간의 삶에서 정보 사회를 지나면서 차원이 다른 새로운 기술 사회로 발전할 수도 있고, 아니면 이 문제투성이의 사회에서 고통을 받으면서 힘들게 살 수도 있다. 정보 사회가 진행될수록 앞으로 다가올 미래 사회가 유토피아일 것인지, 디스토피아일 것인지에 대한 논쟁은 여전할 것이다.

그러나 중요한 것은 인간이 정보과학 기술을 어떻게 사용하느냐에 따라 유토피아이기도 하고 디스토피아이기도 한 것이 아닐까? 결국 미래와 관련하여 중요한 것은 사회 변동의 흐름 속에서 현재를 살아가는 우리가 현재의 문제를 어떻게 파악하고 현재의 기술을 활용하면서 미래를 준비하느냐에 달린 것이 아닐까?

사회학 개념 꼬집어보기

★ **정보 사회** : 사회의 핵심 동력이 정보와 지식이며, 정보의 생산과 전달로 사회 전체가 움직이는 사회

★ **정보 격차** : 새로운 정보기술의 변화 과정에서 정보 기술에 접근하는 사람과 그렇지 않은 사람들이 경험하는 사회적 격차

★ **유토피아** : 인간의 이상향, 과학과 기술의 발달이 인간의 불편과 위험을 없애고 행복을 가져다 줄 것으로 기대되는 사회의 모습이나 그것을 지향하는 사상

★ **디스토피아** : 유토피아에 반대하는 것으로 과학과 기술의 발달로 인해 인간 사회가 위험 사회, 부정적인 암흑의 세계로 나아간다고 보는 사상

인지부조화 실험과 성찰적 인간

　레온 페스팅거 교수는 대학생을 모아서 못 쓰는 필름을 상자에 담아서 버리는 일을 시켰다. 그저 담고 버리면 된다. 1시간 동안 이 일을 하면서 학생들은 재미도 없고 보람도 없다는 것을 알게 되었다.

　이 일이 끝나자 교수는 학생들을 두 집단으로 나누었다. 그리고는 한 집단에는 1달러를, 다른 집단에게는 20달러를 주며 "이 일을 하려고 밖에 사람들이 모여 있습니다. 이 돈을 받고 밖에 있는 사람들에게 이 일이 재미있다고 이야기해 주었으면 좋겠습니다"라고 하면서 그들의 동의를 구했다.

　그런데 진짜 실험은 그들이 거짓말의 대가로 받은 돈의 액수에 따라 진짜 속마음이 달라지는지를 확인하는 것이었다. 그래서 실험 마지막에 전체 학생들에게 솔직히 자신이 했던 아르바이트는 어땠는지 질문했다. 20달러를 받은 학생은 자신들이 한 일을 "정말로 지루하다"고 고

백한 반면, 1달러를 받은 학생들은 그 일을 "재미있다"고 답했다.

결과에 대하여 페스팅거 교수는 20달러를 받은 사람들은 20달러를 받았기에 나는 거짓말을 한 것이라는 자기 합리화가 가능해서 자신의 진짜 속마음을 정확하게 드러냈지만, 1달러를 받은 사람들은 '고작 1달러 때문에 거짓말을 한 자신을 인정할 수 없어서' 자신의 속마음을 스스로 속였다는 것이다.

이것은 인간이라는 존재가 주어진 상황에 따라 자신의 인지와 다르게 표현하는 인지 부조화를 가지고 있음을 보여준다. 이것은 인간이 합리성 및 이성과 동떨어진 것을 활용하여 자기 합리화를 하는 기제로 사용할 수 있음을 보여준다.

대표적으로 『이솝 우화』에 나오는 '여우의 신포도 이야기'가 그 예이다. 인간은 자신의 편리를 위해서 필요한 경우에는 자신의 기억과 사고를 왜곡하면서 그 상황을 합리화하는 존재이다.

정치가들은 물론 각 분야의 전문가 그리고 우리도 마찬가지이다. 우리 주변에서 일어나는 다양한 사건, 사회 현상, 사회 제도와 관련하여 전문가들이 표현하는 언어를 항상 옳다고 인정하거나 당연하다고 믿어서는 안 되는 이유는 그들도 이러한 인지적 부조화를 경험하는 인간이기 때문이다. 모든 것에 대하여 비판적이고 성찰적인 태도를 가지고 살아가야 하는 이유도 바로 우리가 그러한 인간이기 때문이다.

　피아노를 잘 치려면 악보 보는 방법을 배워야 하듯, 사회 문화 현상을 잘 연구하려면 탐구 방법을 먼저 배워야 합니다. 사회학자들은 우리가 살아가는 세상의 모든 것에 관심을 갖고 끊임없이 질문을 던지지요. 그리고 답을 찾기 위해 사회학자들만의 고유한 연구 방법을 사용합니다. 지금부터 우리도 사회학자가 되어 그들의 눈으로 사회 현상을 바라보고 분석하는 연습을 해봅시다.

6장

사회학자의 눈으로
세상 바라보기

사회학의 눈으로
바라보는 세상은 어떨까?

사회 현상의 탐구

　영화 〈살인의 추억〉을 보면서 도시화되어 가는 공간에서 발견하게 되는 전근대와 근대의 모순을 포착한다. 또 다른 영화 〈괴물〉을 보면서 그 괴물이 바로, 살아 있는 한국 사회의 모순 그 자체라는 것을 읽어낸다.

　친구들과 노래방에서 노래를 부르면서도, 왜 우리는 지하의 작은 공간에서 모여서 주어진 악보에 따라 노래하는가라는 질문을 던진다. 새해에 차례를 지내거나 조상의 기일에 맞추어 제사를 지내면서도 결혼식에 축의금을 내는 사람들과 신랑신부를 보면서도 '왜 사람들은 이렇게 행동하지?' 라고 생각한다.

　이처럼 사람들의 행동을 개인의 심리적인 문제로 보지 않고 사회 측면에서 끊임없이 '왜'인지 질문한다면 혹은 그 이면에 담긴 의미를 궁금해 한다면, 당신은 이미 사회학적 상상력을 가진 셈이다.

일반적으로 사회학은 사회 현상을 과학적으로 바라보고 의미를 부여하거나 인과적으로 설명하려는 학문이다. 따라서 사회학은 관찰하려는 대상을 어떻게 바라볼 것인지 탐구 과정을 정하고, 그 결과로서 사회 현상에 대한 의미 부여나 인과적인 설명하려고 한다. 그렇다면 사회학자가 바라보는 사회 현상은 어떤 특징을 보일까?

 ## 당신은 어떤 순서로 라면을 끓이는가?

라면을 끓일 때 물에 스프를 같이 넣어서 끓이면 시간이 절약된다. 기본적으로 물은 100도에서 끓지만, 이물질이 들어가면 끓는점이 올라가기 때문이다. 이처럼 물은 100도에서 끓지만 이물질이 들어가면 물이 더 빨리 끓는다는 것은 실험을 통해 알 수 있다.

그렇다고 모든 사람이 라면을 끓일 때 물이 끓기 전에 스프를 넣어서 빨리 끓게 하는 방식을 선택하지는 않는다. 누군가는 정해진 매뉴얼대로 면을 먼저 넣은 후 스프를 넣기도 하고, 면과 스프를 같이 넣는 등 그 행동은 매우 다양하다.

물의 끓는 점이 항상 일정한 것과 같이 인간의 의도나 가치에 영향을 받더라도 변하기 어려운 현상이 있는데, 이것을 우리는 일반적으로 자연 현상이라고 하며, 대부분의 자연 현상에서는 일정한 법칙을 발견할 수 있다.

여기서 잠깐! 누군가가 이런 생각을 할 수 있다. 100도에서 끓는 물에 인간이 스프를 넣는 행위를 하면 끓는 물이 내려가니 자연 현상에도 인간이 영향을 미치는 것이 아니냐고. 아니다. 인간의 행위는 '순수한 물은 100도에서 끓는다'라는 현상을 바꾼 것이 아니라 물을 더 빨리 끓게 하도록 조건을 변화시켰을 뿐이다.

라면을 끓이는 과정에서 빨리 끓이기 위해 스프를 먼저 넣는 현상이나, 동일한 라면인데도 먹는 사람이 처한 상황에 따라 그 맛이 다르게 나타난 현상은 자연과학의 법칙이 적용되는 현상과는 차이가 있다. 이 현상에는 자연 현상과 달리 그것에 참여하는 사람들의 의도와 가치가 들어 있다. 이처럼 사회 현상은 사람과 사람들이 다양한 관계를 맺으면서 살아가는 과정에서 사람들의 의도와 목적이 담겨 있는, 즉 인위적으로 만들어내는 현상을 말한다.

'순수한 물은 100도에서 끓지만, 이물질이 들어간 물은 100도보다 더 높은 온도에서 끓는다'는 것처럼 자연 현상은 상당히 엄격한 인과법칙에 따라 발생한다. 그러므로 인간의 의도나 가치가 개입될 여지가 없다. 물 끓이는 사람의 기분이나 생각에 따라 물의 끓는점이 변하는 것이 아니니, 이 현상에는 가치가 개입되지 않는다. 즉 몰가치성인 셈이다. 엄격한 인과법칙에 따라 자연 현상이 일어나기에 그것은 언제나 동일하게 일어나는 보편성을 보인다. 또한 조건만 맞는다면 그러한 현상이 일어나는 것은 당연한 일이기에 필연성을 보인다. 결국 자연 현상은 인간의 의도나 가치와 상관없이 그 자체로 나타나는 것으로 존재의 법칙에 따라 발생한다.

그런데 라면을 끓이거나 먹는 행위는 순수한 물의 끓는점이 일정한 것과는 차이가 있다. 라면을 먹는 행위와 연관하여 우리는 '왜, 언제, 어떻게 먹는가?'라는 다양한 내용을 명확하게 설명할 하나의 인과적 법칙을 찾기가 어렵다. 배가 고파서, 심심해서, 그냥 기분 전환으로 등등 그 이유는 다양하다. 한 가지 설명할 수 있는 것은 라면을 먹는 행위에는 인간의 감정이나 의지가 개입되어 있다는 것이다.

즉 행위자의 가치가 함축되어 있다. 누군가에게는 이별의 기억이 될 수 있고, 누군가에게는 자취생의 설움에 대한 추억일 수 있고, 누군가에겐 부자간의 애정 행위일 수 있는 등 다양한 의미가 부과된다.

또한 라면을 끓이거나 먹는 행위와 관련해서 사람들은 이런저런 이야기를 한다. 이렇게 끓이는 것이 맛있다, 라면을 빨리 먹기 위해서는 물이 끓기 전에 스프를 먼저 넣고 끓이는 것이 좋다, 성장기 아이들에게는 좋지 않다, 다이어트를 위해서는 먹지 않는 게 좋다는 등. 이처럼 사회 현상은 좋다거나 좋지 않다는 등의 가치 판단이 개입되어 있다. 그러다 보니 사회 현상은 인간의 가치에 따라 '마땅히 해야 한다'는 방향으로 움직이는 경향이 있어서 당위법칙이 적용된다.

또 하나 관심 있게 볼 것은 라면 먹기가 많은 지역에서 이루어지기에 어느 정도 보편적인 행동이라 볼 수 있다. 그런데 같은 봉지라면도 나라마다 끓이는 방법이 다르고, 같이 곁들여 먹는 반찬에서도 차이가 난다. 이점에서 사회 현상은 시간이나 장소에 따라 다르게 나타나는 특수성이 존재한다.

이로 인해 자연 현상과 달리 사회 현상은 명확한 인과법칙보다는 그것이 어느 정도 나타날 가능성과 경향을 보여주는 개연성과 확률의 원리가 더 많이 적용된다.

그런데 이렇게 자연 현상과 비교하여 사회 현상이 갖는 차이를 어떻게 이해하는가에 따라 사회학의 고유한 연구 방법론이 존재하느냐 아니냐에 대한 해답이 다르다. 자연과학과 동일한 과학적 방법을 사용해야 한다고 주장하는 학자들은 자연 현상과 사회 현상의 차이는 있지만, 사회 현상도 자연 현상처럼 어느 정도는 인과적인 법칙을 찾을 수 있다는 것을 고려한다. 이에 비해 자연과학과 전혀 다른 사회과학 나름의 고유한 연구 방법을 사용해야 한다는 학자들에게는 인간의 가치 개입이라는 요소로 인해 사회 현상은 자연 현상과 완전히 다른 것이고 인과적 법칙보다는 사회 현상에 개입된 인간의 의도를 파악하고 그 의미를 밝히는 것이 중요하다.

예측은 왜 빗나갈까?

테베의 왕자 오이디푸스. 태어나기 전에 '아비를 죽이고 어미를 범한다'는 신탁을 받았기에 태어나자마자 산중에 버려진다. 그러나 그는 이웃나라 목동에 의해 구출되어 그 나라의 왕자로 자라게 된다. 청년이 되어 자신의 출생을 알기 위해 스스로 신탁을 받았는데 그 또한 '아비를 죽이고 어미를 범한다'는 것이었다. 이를 피하려고 홀로 세상을 방랑하던 중 우연히 테베의 한 길가에서 만난 노인과 싸우다가 결국 노인을 죽이게 된다. 계속 방랑을 하다가 테베인을 괴롭히는 괴물인 스핑크스를 만나게 된다. 이 때 스핑크스는 "아침엔 네 발, 점심엔 두 발, 저녁엔 세 발로 다니는 것이 무엇이냐?"는 수수께끼를 낸다. 오이디푸스는 "사람"이라는 정답을 이야기하였고, 테베를 살린 공로를 인정받아 테베의 왕이 되고 당시의 법에 따라 왕비와 결혼하게 된다. 길에서 만나 죽인 노인은 그의 아비인 테베의 왕이었고, 결혼한 왕비는 어미였으니 신탁은 완성되었다. 그러나 그는 사실을 모른 채 어머니인 왕비와의 사이에서 3자녀까지 낳고 잘 살고 있었는데, 테베에 몹쓸 병이 돌게 된다. 나라에 돌고 있는 병의 원인을 찾는 과정에서 자신의 죄가 병의 원인이라는 것을 발견한 오이디푸스는 자신의 두 눈을 뽑아내어 속죄하고 방랑을 택하였다. 왕비도 스스로 죽었으며, 그 자녀는 왕위 찬탈을 벌이다가 죽게 된다. 그리스 비극 중의 최대 비극이다.

그런데 오이디푸스에게 최초의 신탁이 내려지지 않았다면 그의 일생은 달라지지 않았을까? 아비를 죽이고 어미를 범할 운명이라는 신탁에서 벗어나기 위해 테베를 떠나서 살지 않지 않았다면 이런 비극은 일어나지 않았을 것이다. 이처럼 어떤 것을 예언함으로써 그러한 현상이 일어나는 것을 심리학에서는 '오이디푸스 효과'라고 한다. 그런데 이런 효과는 자연 현상에는 나타나지 않는 것으로 인간의 의도를 담아내는 사회 현상에서만 나타난다. 결국 '사회 현상에서 의도하지 않은 결과'가 나타나는 것이다.

사회 현상에서 의도하지 않는 결과는 다양하다. 어떤 학자가 A지역은 이러저러해서 교통사고가 많이 일어나서 문제가 될 것이라는 예언적인 법칙을 주장한다. 그리고 이 내용이 언론에 알려지면 그 지역은 사람들이 적게 다님으로써 교통사고가 적게 일어날 수 있다. 예언과 다른 결과가 나타나는 것이다. 또한 어떤 학자가 B지역은 향후 도시로 성장하기에 좋은 지역이라고는 예언적 법칙을 주장하게 되고, 이 내용이 언론에 알려지면서 사람들의 부동산 거래가 잦아지고, 이동이 많아지면서 도시로 성장하게 되는 경우도 생긴다. 이 경우는 예언이 성취된 것이다.

이처럼 사회 현상은 자연 현상과 달리 어떤 학자들의 주장이 현실 세계에 반영되면서 학자가 주장한 법칙을 이끌어내기도 하고, 법칙 자체를 바꾸게도 할 수 있다. 즉 자연 현상과 달리 사회 현상에는 인간의 의지와 가치가 함축되어 있기에, 그러한 것을 연구하는 인간 역시 그 사회 현상의 일부로서 사회 현상의 전개에 영향을 끼치게 된다. 이 점에서 많은 학자들은 사회 현상의 연구가 자연 현상의 연구와 달라야 하며, 사회 현상을 연구하는 과정에서 연구의 엄밀성이 더 많이 요구된다고 본다.

 ## 복잡해지는 사회 현상, 세분화되는 사회학

요즘 들어 사회학자들이 가장 관심을 갖는 분야는 무엇일까? 초기 사회학자의 관심은 사회 현상 전체에 관한 것이었다. 그러다 보니 사회학자들이 연구한 영역은 경제 현상이나 정치 현상과도 관련이 있었다. 콩트나 스펜서, 마르크스, 베버 등의 학자들은 경제, 정치 영역까지 사회학의 영역으로 생각하여 이와 관련한 저술과 논의를 제공했다.

그러나 요즘 들어서는 이렇게 다양한 분야의 연구를 하는 사회학자는 거의 없다. 과거에는 한 학자가 경제 현상이나 정치 현상과 관련하여 사회학적 논의를 했다면 이제는 사회학 영역 안에서도 각자 전문적인 분야를 나누어 연구한다.

이렇게 되면서 사회학의 내용은 점점 세분화되고, 학자들의 연구 분야도 매우 전문적으로 나누어진다. 그래서 사회학의 경우 그 전문 분야에 따라 이름도 매우 세분화된다. 도시사회학, 교육사회학, 문화사회학, 인구학, 지역사회학, 환경사회학, 정치사회학, 시민사회학, 정보사회학, 농촌사회학, 범죄사회학, 사회사……. 학문이 분화되면서 학자들이 다루는 사회 현상 또한 점점 더 세밀해진다. 이는 사회 현상이 복잡해지면서 그 현상을 연구하는 학자들도 세분화되기 때문이다.

콩트
(A. Comte, 1798~ 1857)

프랑스의 철학자이자 '사회학'의 창시자. 인지의 발달을 '신학적 단계, 형이상학적 단계, 실증적 단계'로 구분하고, 실증주의 철학을 강조하였다. 말년에 신비주의에 빠져 '인류교'라는 종교를 만들어 스스로 대주교가 되었다. 『실증철학 강의』 등의 저서가 있다.

그런데 재미있는 것은 학자들의 세분화된 논의와 달리 사회 현상은 여전히 통합적으로 일어난다는 것이다. 여성의 사회 진출은 늘어났지만 아이 양육은 엄마의 몫이라고 생각하니, 출산율은 내려가고, 육아를 위한 사회적 지원이 적어서 직장에 다니다가 육아를 위해 휴직하는 여성의 비율은 높아지고, 그러니 직장에서는 여성보다 남성을 더 선호하고, 결국 남녀 임금차이는 지속된다. 이 현상에는 매우 복합한 요소들이 섞여 있어서 어느 현상이 먼저인지, 해결을 위해 무엇을 먼저 해야 할지를 세분하여 살펴보기가 어렵다.

이와 관련하여 학자들은 '저출산 현상, 육아지원 문제, 맞벌이 현상, 여성 저임금 문제' 등을 나누어 세밀하게 분석하기도 하지만, 그 답을 찾거나 해결책을 모색하기 위해서는 관련성이 높은 세부 학문 분야의 학자들이 모두 모일 수밖에 없다.

이렇게 되면서 사회 현상에 관련된 여러 학문을 연구하는 사람들이 함께 연구하는 방식인 학제적 접근이나 간학문적 연구가 많이 이루어진다. 예를 들어 '현대 직장여성의 삶'을 분석하기 위해서는 여성에 대한 사회학적 접근뿐만 아니라 법학·경제학·정치학·심리학 등 다양한 학문에서 여성의 문제점을 같이 살펴보아야 한다.

이렇게 되면서 여러 학문에 기초한 간학문적 학문으로서 여성학이 생겨나기도 한다. 요즘 들어서 서울학, 북한학이나 일본학과 같은 지역학이나 여성학, 남성학, 청소년학과 같은 인간을 대상으로 하는 학문들이 간학문적인 연구에 의해 생겨나는 학문이라고 볼 수 있다.

결국 사회가 복잡해지고 사회 현상이 세밀해지면서 사회 현상을 연구하는 사회학은 더욱 세밀해지기도 하면서 작은 부분을 상세하게 살피는 연구 작업도 이루어지고, 더욱 큰 현상을 여러 관점에서 크게 그려내는 연구 작업도 이루어지는 셈이다.

이처럼 사회학자들이 바라보는 사회 현상은 그 시작이 어디이고, 그 끝이 어디인지 알 수 없다. 아마도 인간의 삶이 계속되는 한 앞으로도 지속적으로 나타날 것이다.

사회학 개념 꼬집어보기

★ **사회 현상** : 인간의 의도와 가치가 개입되어 일어나는 현상

★ **자연 현상** : 인간의 의도와 가치와 무관하게 자연계에서 일어나는 현상

★ **인과 법칙** : 현상에 대한 원인과 결과가 분명한 관계로 나타나는 것

★ **간학문적 연구** : 여러 학문의 연구 내용과 접근 방법을 종합하여 어떤 주제나 연구 대상을 연구하는 것

사회학자는 어떻게
연구를 할까?

　TV가 바보상자라고 불리는 이유는 그것을 보는 사람들을 생각 없는 바보처럼 만들기 때문이다. 사람들이 TV가 만들어내는 언어나 생각, 그리고 행동을 따라하면서 유행어도 생기고, TV 맛집에 나오게 되면 그 다음날 줄을 서서 먹으려는 사람들이 많아진다.

　그런데 TV에서 다루는 내용, TV를 보는 사람들의 행동에 대해 그냥 지나치지 않고 질문을 던지는 학자들도 있다. "TV의 폭력물은 아이들에게 폭력성을 키워주지 않을까?"라는 질문을 하거나 "TV로 만나는 아이돌은 학생들의 삶에 어떤 의미를 던질까?"라는 질문을 하는 학자들도 있다.

　이러한 생각은 TV를 시청하는 현상에 매몰되지 않고 그 현상에 대하여 한 번 더 되짚어보는 성찰적인 태도에서 나오는 질문이다. 연구자는 이렇게 자신이 살아가는 사회 현상에 대하여 그대로 수용하지 않고 성찰하여 연구를 시작한다.

그리고 자신이 가진 질문에 대한 답을 찾기 위하여 움직이기 시작한다. 연구를 시작하게 되면 연구자는 사회 현상에 대하여 가지고 있던 느슨한 질문을 연구를 위한 매우 구체적인 질문으로 바꾼다. 예를 들어 "TV의 폭력물은 아이들에게 폭력성을 키워주지 않을까?"라는 느슨한 질문은 "TV에서 폭력물을 많이 보는 아이들이 그렇지 않은 아이들에 비해 폭력성이 더 많이 나타나지 않을까?"라는 질문으로 구체화된다. 이런 구체화된 질문은 연구자 스스로 만들기도 하지만 기존의 연구자들이 이미 행한 연구 결과물인 문헌 등을 살펴보면서도 이루어진다.

연구자가 구체적인 질문을 가지게 되면 그것에 대한 답을 찾기 위해 연구를 실시한다. 이 때 연구자는 자신이 가진 연구 질문의 특성에 따라 양적 연구를 하기도 하고, 질적 연구를 하기도 한다. 연구 질문에 답을 찾기 위해 자료를 수집하고 자료를 분석하기 위해 연구 설계를 하고, 연구 설계에 따라 자료를 수집한 후 자료를 분석하여 연구 결과를 얻게 된다. 그리고 연구를 통해서 얻은 연구자의 해답인 연구 결과는 다시 다른 연구자의 연구에 자극을 주거나 연구 질문을 구체화하거나 연구 설계를 하는 데 도움을 주면서 순환된다.

 ## 인과적인 법칙을 발견하기 위한 양적 연구 방법

사회 현상도 자연 현상처럼 연구를 통해 법칙을 발견할 수 있다고 보는 것은 사회학의 창시자로 불리는 콩트의 생각에 기초하고 있다. 산업혁명 이후 인간의 삶이 발전하면서 복지가 증가할 것으로 생각했지만 오히려 인간을 처참하게 하는 새로운 사회 문제가 나타나자, 콩트는 사회 현상도 자연 현상처럼 법칙을 발견할 수 있다면 미래를 예측할 수 있고 앞으로 나타날 사회 문제의 예측과 해결 방안을 모색할 수 있을 것이라 생각했다.

이런 생각에는 사회 현상을 연구하는 과정이 기본적으로 자연 현상을 연구하는 과정과 큰 차이가 없다는 점이 전제되어 있다. 이런 생각을 방법론적 일원론이라고 한다. 자연 현상과 마찬가지로 일정한 법칙을 발견하고자 하는 연구 방법은 가설을 세우고 자료 수집을 통해 가설을 검증하는 자연과학의 연구 방법을 차용한 것으로 실증주의적 방법이라고 한다. 실증주의 연구 과정에서는 자료를 분석할 때 계량화된 수를 활용하기에 양적 연구 방법이라고도 불린다.

양적 연구 방법은 사회 현상이 경험적으로 증명될 때 사회적 실재가 된다고 본다. 여기서 말하는 경험적 증명이라는 것은 실제로 관찰이나 실험을 통해서 얻은 자료를 계량화하여 그 일반성을 밝혀내는 것이다.

이를 위해서 양적 연구 방법에서는 먼저, 연구자가 정한 구체적인 질문에 대한 잠정적인 답을 만들어본다. 이것이 가설이다. 가설을 증명하기 위해 사회 현상을 관찰이나 실험 가능한 현상으로 전환하는데 이를 용어의 조작적 정의라고 한다.

예를 들어 "TV의 폭력물을 많이 보는 아이들은 폭력 성향이 더 많이 나타날 것이다"라는 가설을 경험적으로 증명하기 위해서는 '폭력물을 많이 보는 것'과 '폭력 성향이 더 많다는 것'이 구체적으로 무엇인지를 관찰이나 실험 가능한 것으로 정리해야 한다. 그래서 '폭력물을 많이 보는 것'은 '지난 한 달 동안 폭력 행위가 나오는 드라마를 시청한 횟수'로 '폭력 성향이 많은 것'은 '폭력 성향 검사지의 조사 결과에서 점수가 평균보다 높게 나타나는 것'으로 조작적 정의를 하게 된다.

구체적인 연구 질문에 대한 가상적인 해답인 가설을 정하고 가설을 경험적으로 증명하기 위해 용어를 조작적 정의를 한 후에는 실제 경험적 자료를 구하기 위해 연구 설계를 한다. 이 과정에서 자료의 수집 대상, 수집 방법, 수집 기간 등을 정한다.

그리고 실제로 연구 설계에 따라 자료를 수집하고, 수집된 자료를 통계적으로 분석한 후 분석 결과가 가설과 일치하는지를 살펴본다. 연구 결과가 가설과 일치하면 가설은 선택되고, 일치하지 않으면 가설을 기각되어 버리는 것이다.

이처럼 조작적 정의나 가설 등을 설정하여 사회 현상을 연구하는 실증주의 연구자들은 인간의 정신적 행위도 경험적으로 증명 가능하다고 한다. 예를 들어 '사랑의 깊이'를 '하루에 연인을 생각하는 시간'이나 '한 달간 연인과 만나는 횟수' 등으로 조작적으로 정의하고 이것을 통해 경험적으로 관찰할 수 있다고 본다.

그러나 이에 반대하는 학자들도 있다. 이들은 인간의 내면에 깊이 담긴 의도나 목적은 이런 양적 연구 방법으로 세밀하게 파악하기 힘들다는 주장을 한다.

 ## 사회 현상에 담긴 의미를 파악하려는 질적 연구 방법

콩트의 방법론적 일원론과 달리 방법론적 이원론을 주장하는 학자도 있다. 바로 막스 베버이다. 그는 사회과학은 자연 현상과 달리 목적과 의도를 가진 사람들의 행위를 연구하는 학문이기에 계량적 방법으로는 이를 파악하는 것이 어려우며, 실증주의와 달리 직관적인 통찰과 그 이면의 의미에 대한 해석이 중요하다고 보았다. 이런 연구 전통에서 나온 것이 바로 해석학적 연구 방법이고 행위의 의미에 초점을 둔다고 하여 질적 연구 방법이라고도 한다.

이들이 방법론적으로 이원론을 주장하는 데는 몇 가지 이유가 있다. 사회 현상을 연구하는 사람이 살아가는 곳이 바로 사회이며, 이에 따라 연구 과정에서 연구 대상을 객관화하거나 연구자의 주관을 배제하는 것이 어렵다. 둘째, 자연 현상과 달리 사회 현상은 연구자가 처한 상황에 따라 관찰하기에 적합한 상황으로 현상을 조작하거나 통제하기가 어렵다. 셋째, 현상의 원인을 명확하게 파악하기가 어렵기에 보편적인 법칙으로 사회 현상을 설명하기가 어렵다.

그러므로 이런 문제점을 극복하기 위해서는 차라리 사회 현상을 연구할 때, 연구자 자신의 감정을 이입하여 그 현상을 이해하고 인간의 의도를 밝힐 수 있는 비공식적인 문서나 자료, 대화 등을 통해서 사회 현상에 담긴 깊이 있는 의미를 발견하는 것이 낫다.

질적 연구 방법에서도 연구할 질문에 따라 연구 주제를 정하기는 한다. 그러나 이 때의 연구 주제는 양적 연구 방법에서 가설을 정하는 것처럼 매우 세밀하지 않은 경우가 대부분이다. 그냥 궁금한 것, 즉 사회 현상에 대한 의문 그 자체를 가지고 연구 현장으로 가는 것이다. '중학생들이 TV에서 보는 아이돌의 의미'를 대략적인 주제로 정하고, '모범생의 눈'으로 볼 것인지, '연예인을 꿈꾸는 중학생의 눈'으로 볼 것인지 등 상황에 따라 세부 연구 문제는 달라진다. 다만 자신이 연구 대상으로 정한 중학생과 지속적인 만남을 통해 그들이 아이돌을 바라보는 의미를 발견하는 그것이 중요한 연구 과정이 된다.

연구 현장으로 가기 전에 질적 연구 방법을 하는 연구자들도 양적 연구 방법에서와 마찬가지로 일정한 연구 설계를 한다. 자신의 연구 대상, 특히 매우 세밀하게 접촉해야 하는 대상을 설정하고 그들과 어떻게 접촉할지를 정한다. 그후 자료 수집은 대체로 참여 관찰이나 면접을 통해 연구 대상과 비교적 오랫동안 깊은 관계를 유지하면서 이루어진다.

양적 연구 방법과 달리 질적 연구 방법은 연구를 진행하는 과정에서 독특한 것을 발견하게 되면, 처음에 의도했던 것과 다른 연구로 변경되기도 한다. 이렇게 하여 얻은 자료를 바탕으로 자료를 해석하며, 자료에 담긴 의미를 이해하게 되고 이를 통해 연구의 결과를 발견하는 것이다.

> **슈츠**
> (A. Schutz, 1899~1959)
> 미국의 사회철학자. 오스트리아 출신으로 막스 베버의 연구에 관심을 가졌고, 후설 등의 철학에 영향을 받아 사회과학에서의 현상학적 연구에 대한 방법론적 철학에 많은 업적을 남겼다. 『사회 세계의 현상학』 등의 저서가 있다.

일반적으로 질적 연구 방법에 대하여 자료 분석의 객관성이 떨어진다고 하는데, 해석학 연구 방법 철학자인 슈츠는 '전형화'를 강조하면서 질적 연구 방법의 자료 분석에서 연구자의 주관성을 어느 정도로 객관화하는 과정이 이루어질 수 있음을 설명한다. 질적 연구를 진행하면서, 연구자는 사회적 행위자가 만들어내는 사실을 관찰한다. 연구자는 자신의 관찰을 토대로 사회적 행위자의 행위를, 전형적인 행위로 파악하는 '전형화'를 하여 객관화를 추구하는 것이다.

예를 들어 한국의 교실을 연구자가 교실을 관찰하는 경우를 생각해 보자. 교실에 교사가 들어올 때 반장이 '차렷, 경례'라는 구령에 따라 학생들이 조용해지는 현상을 여러 번 관찰했다면 이 때 행위는 연구자에게 '전형화'로 보인다.

이렇게 만들어진 '전형화'를 근거로 연구자는 '의식을 가진 가상의 행위자'를 상정하고 그 가상의 행위자에게 전형적인 생각, 목적, 목표를 부여한다. 즉 연구자는 자신의 관찰에 비추어 '한국 고등학교 교실에서 학생'이라는 '의식을 가진 가상의 행위자'들이 수업 시작에서 하는 경례 행위는 '쉬는 시간과 공부 시간의 경계를 알려주는 전형화된 행위'라고 의미를 부여하는 것이다.

그후 연구자는 자신이 만들어낸 가상의 행위자와 같은 방식으로 만들어진 다른 가상의 행위자들과 상호 작용하며 살아간다고 가정하여 '일상적 삶의 세계' 모형을 구성한다. 이렇게 연구자가 전형화를 하는 과정은 일상적 삶을 살아가는 사람들 간에 존재하는 상호주관성 덕분에 가능한 것이다.[15]

질적, 양적 연구 방법의 구분

양적 연구 방법과 질적 연구 방법의 가장 중요한 구분은 연구 과정에서 연구 자료를 계량화하느냐 아니면 질적인 의미 분석을 강조하느냐 하는 점이다. 따라서 연구 대상이 문헌이라고 해도 그 내용을 계량화하여 법칙을 밝혀냈으면 양적 연구 방법에 따른 연구가 되고, 자료의 질적인 서술에 비추어 의미를 파악하면 질적 연구 방법에 따른 연구가 된다.

예를 들어 조선시대 사료 중에서 가족 구성원 형태를 양적으로 분석하여 양반의 핵가족과 확대 가족의 비율, 중인의 핵가족과 확대 가족의 비율을 따져보아서 '조선시대에 양반일수록 핵가족의 비율이 더 높다'와 같은 분석을 하게 되면 자료의 계량화를 통해 일정한 법칙을 밝혀내는 것이기에 양적 연구가 된다.

이에 비해 조선시대 여인들의 서간문이나 문집 등에 나타난 가족에 대한 인식을 통해 '사회 활동이 제한된 양반가의 여성들이 가족의 출세를 자신의 대리 만족으로 삼았기에 자녀 양육과 교육에 헌신했다'는 등의 의미를 부여하는 논의를 한다면 이것은 질적 연구가 된다.

'조선시대 가족의 특성'이라는 주제만 놓고 보면 연구자에 따라서 문헌 자료를 활용해서도 양적 연구를 할 수 있고, 또 질적 연구를 할 수도 있는 셈이다. 그러므로 단순히 연구 주제만 보고 이 연구는 질적 연구, 혹은 양적 연구로 구분하는 것은 매우 위험하다.

 함께 사용하기도 하는 두 연구 방법

실증주의 연구와 해석학적 연구, 즉 양적 연구 방법과 질적 연구 방법은 서로 대립적인 이론에 기반을 두고 있는 연구 방법이다. 따라서 이 두 가지를 같이 사용한다는 것은 말이 안 되는 이야기이다.

일반적으로 양적 연구자들은 질적 연구자들에게 "당신의 연구는 타당성이 결여된 주관적인 이야기"라고 말하고, 질적 연구자들은 양적 연구자들에게 "당신의 연구는 사회 현상에 담긴 깊은 의미를 전혀 발견하지 못하는 논의"라고 비판한다. 그래서 양적 연구 방법을 사용하는 학자들과 질적 연구 방법을 사용하는 학자들은 앙숙처럼 상대측 연구 방법의 근본적인 문제를 서로 지적하기 때문에 연구 내용에 대해서는 이야기조차 하지 않으려고 하는 경우도 있었다.

그런데 요즘 양적 연구 방법을 사용하는 학자들은 연구의 세밀한 의미를 분석하기 위하여 자신의 연구 대상 일부에게 심층 면접을 하거나 관찰을 통해 질적 연구 방법을 하기도 하고, 질적 연구 방법을 한 후에 자신의 발견 결과를 일반화하기 위해 양적 연구 방법을 행하기도 한다. 이렇게 양적 연구와 질적 연구의 조화를 추구한다. 양적 연구를 한 후 그 대상을 좁혀 질적 연구를 하는 경우가 대부분이지만 두 가지 연구 방법을 같이 사용하는 통합적인 연구가 많아지고 있다.

이런 경향에는 기본적으로 사회가 복잡해지고, 그에 담긴 의미가 복잡해지면서 인과법칙과 더불어 행위자의 의도를 세밀하게 파악함으로써 해결책이나 대응을 좀더 다각적으로 분석하려는 의도가 담겨 있다. 따라서 두 가지 연구를 같이 사용하는 경우에는 양적 연구가 갖는 객관적이고 법칙 발견이 가능한 점과 질적 연구가 갖는 세밀한 인간 행위의 의도 분석이라는 두 가지를 모두 다 긍정적으로 해낼 수 있어야 할 것이다.

사회학 개념 꼬집어보기

★ 방법론적 일원론 : 사회 현상과 자연 현상을 연구하는 방법이 기본적으로 동일하다고 보는 주장

★ 방법론적 이원론 : 사회 현상과 자연 현상을 연구하는 방법이 기본적으로 달라야 한다고 보는 주장

★ (개념의) 조작적 정의 : 추상적인 개념을 경험적으로 관찰하기 쉽도록 계량할 수 있는 지표로 바꾸는 것

★ 간(상호)주관성 : 개인들이 가진 주관성 중에서 공유되는 주관성

사회학자는 어떻게
자료를 수집할까?

● **자료 수집 방법**

　스페인의 가우디 성당은 무려 100년 동안 지어지고 있다. 다양한 형태의 벽돌이 차근차근 올라가면서 독특한 모양의 성당이 만들어지는 것이다. 이처럼 오랜 기간 하나의 건물을 짓는 데 올라가는 벽돌같은 역할을 하는 것이 바로 연구자의 연구물이다. 자신이 연구하는 하나의 큰 연구 주제(성당) 분야를 완성하기 위하여 연구자는 자신의 연구 논문(벽돌)을 적절하게 올려놓아야 한다.

　가우디 성당에 새롭게 올려지는 벽돌은 아래에 있는 기존의 벽돌에 의한 틀 위에서 튼튼하게 서 있을 수 있다. 이 점에서 다른 사람들이 만든 연구 논문(벽돌)은 자신의 연구 질문을 정하고 연구 방법을 결정하는데 매우 중요하다.

　즉 연구는 기존의 연구 결론을 바탕으로 새로운 연구 문제가 제기되는 순환적 과정이기에 연구자들은 대부분 다른 연구 결과물을 바탕으로 새로운 연구 질문을 만들어 연구를 시행한다.

그러므로 사회 현상의 연구자들이 일상적으로 사용하는 자료 수집 방법은 문헌 연구법이다. 연구자들은 기존의 문헌을 통해 연구를 시작한 후, 구체적으로 자신만의 새로운 자료를 수집하기 위해 다른 자료 수집 방법을 사용하기도 한다.

따라서 연구 문제를 찾거나 이론적 논의로 활용하기 위한 문헌연구법은 독립된 자료 수집 방법이 아니라 다른 연구 자료 수집 방법과 함께 사용하는 것이 일반적이다.

그런데 문헌 연구법 그 자체를 독립된 자료 수집 방법으로 활용하는 경우도 있다. 가령 북한의 중학교 수업 연구를 위해서 북한의 수업을 다룬 소설, 신문, 영화 자료 등을 활용하는 것도 가능하다.

이처럼 실제로 접근하기 어려운 지역에서 발생하는 현상이나 과거의 역사적인 어떤 시기의 사건 등 동시대에서 직접 접하기 어려운 현상에 대해서는 문헌 연구를 활용한 자료 수집이 많이 이루어진다.

일반적으로 문헌 연구를 통해 수집한 연구 자료는 2차 자료여서 연구자의 목적과 의도에 꼭 일치하지 않는다는 점에서 한계를 갖는다. 1차 자료는 연구자 자신이 직접 만든 자료인데 비해, 2차 자료는 다른 사람이 어떤 의도를 가지고 서술하였거나 연구된 내용이기 때문이다.

따라서 문헌 자료를 활용할 때 그 문헌의 신뢰도가 떨어지면 연구 자체의 신뢰도에 문제가 발생할 수 있기에 믿을 만한 공식적인 자료를 사용하는 것이 좋다.

질문지법, 당신의 의견을 알고 싶어요

　사람들의 의견을 알고 싶을 때 가장 좋은 방법은 그 사람들에게 직접적으로 질문하는 것이다. 한두 사람의 의견만을 듣게 되면 그것은 그 사람의 주관적인 의견이지만 1,000명을 넘어서게 되면 어떤 집단의 보편적인 의견이 된다. 그리고 그 사람들을 선정할 때 집단을 대표할 수 있도록 잘 뽑기만 하면 전체 집단의 의견이 될 수도 있다. 그러므로 질문지법에서 핵심은 자신이 알고 싶은 것을 명확하게 조사하게 해주는 도구인 질문지를 만드는 것과 연구 집단을 대표할 조사 대상인 표본을 구하는 것이다.

　종종 연예 뉴스에서 '여름휴가를 같이 가고 싶은 남자 연예인 1위는?'과 같은 기사를 보게 된다. 아마도 인터넷 포털 사이트 등에서 질문을 주고 가장 인기있는 남자 연예인을 10명 정도 제시한 후 그 중에서 한 사람을 선택하게 하여 가장 표를 많이 받은 남자 연예인을 1위로 정하여 기사를 쓰게 되었을 것이다.

　쉽게 생각하면 질문지법도 이런 과정을 거쳐서 자료 수집을 하게 된다. 가장 먼저 할 일은 내가 조사하고 싶은 연구 주제에 가장 적합한 질문을 구성하는 것이다. 그런데 질문을 구성할 때는 몇 가지 조심해야 할 점이 있다.

　첫째, 질문은 짧고 간결해야 한다. 그러므로 질문에서 부연 설명이나 단어를 중복적으로 사용해서는 안 된다. 예를 들어 '우리나라의 대통령은 5년간 국가를 책임지는 자리입니다. 국가의 책임자로서 대통령은 어떤 특성을 가져야 한다고 생각하십니까?'라는 질문을 보자. 이것은 앞 문장과 뒷 문장의 내용이 반복되기에 앞 문장의 내용은 넣지 않아도 된다.

둘째, 질문은 무엇을 묻는지 의미가 명확해야 한다. 예를 들어 '당신은 우리나라의 교육 제도에 대하여 어떻게 생각하십니까?'라는 질문에서는 '교육 제도'가 구체적으로 무엇을 이야기하는지 명확하지 않기에 문제가 된다. 또한 '당신은 책을 몇 권이나 읽습니까?'와 같은 질문은 기간이 한정되어 있지 않아서 문제가 된다.

셋째, 응답자의 수준을 고려하여 질문을 구성해야 한다. 예를 들어 초등학생에게 '당신은 수준별 교육과정 운영에 어떻게 생각하십니까?'라는 질문을 할 경우, '수준별 교육과정'을 초등학생은 이해할 수 없기 때문에 잘못된 질문이 된다.

넷째, 하나의 질문에 두 가지 질문이 담기면 안 된다. 예를 들어 '당신이 희망하는 직업과 임금은 어느 정도입니까?'라는 질문에는 직업과 임금 수준에 대한 두 가지를 묻고 있어서 문제가 된다.

다섯째, 질문을 구성할 때 질문에 대답을 유도하는 내용이나 특정의 가치가 들어가서는 안 된다. 예를 들어 '경쟁을 강조하는 우리의 교실 수업에 대하여 어떻게 생각하십니까?'라는 질문에는 '경쟁을 강조하는'이라는 부정적인 표현이 있어서 반대하는 쪽 의견을 끌어낼 가능성이 높다.

여섯째, 응답 항목을 구성할 때도 답지간 중복과 응답의 모호성을 줄이기 위하여 답지간 상호배제성을 갖추어야 하고 '당신이 작년 한 해 동안 읽은 책은?'이라는 질문에 대하여 '①0권 ②10권 이하 ③20권 이하 ④30권 이하' 이렇게 답을 구성하는 것은 문제가 있다. 이 경우 '①0권 ②1~9권 ③10~19권 ④20~29권 ⑤30권 이상' 등으로 답지 간 내용이 겹치지 않도록 응답을 명료하게 구분해야 한다.

일곱째, 사회적으로 금하는 주제의 경우 규범적인 응답을 할 가능성이 크기에 질문에 유의해야 한다. 학생을 대상으로 하는 질문에서 '당신은 흡연을 하십니까?'하고 물을 경우, '흡연'은 문제가 되는 행동이기에 실제 하고 있어도 아니라고 응답할 가능성이 크다. 이럴 경우 '우리 반 친구 중에 흡연을 하는 사람은 어느 정도 된다고 생각합니까?' 등으로 바꾸어 질문할 수 있다.

여덟째, 태도나 견해에 대한 질문을 할 경우에는 응답 범위에서 균형성을 갖도록 응답지를 만들어야 한다. 예를 들어 '당신은 학교 생활에 만족하십니까?'라는 질문에 대하여 '① 매우 만족 ② 만족 ③ 매우 불만족'으로 하면 응답지의 균형성이 맞지 않기 때문에 만족하는 비율이 전반적으로 더 높게 나올 수 있다. 이 경우에는 '① 매우 만족한다 ② 대체로 만족한다 ③ 그저 그렇다 ④ 대체로 불만족스럽다 ⑤ 매우 불만족스럽다'처럼 양쪽의 균형을 맞추는 것이 중요하다.

질문지를 잘 구성했다고 해서 질문지법으로 자료를 쉽게 구할 수 있는 것은 아니다. 이제 조사 대상을 정해야 한다. 기본적으로 질문지법은 다수를 연구 대상으로 할 경우 조사 대상을 선정하는 문제가 남게 된다. 연구의 전체 대상을 모집단이라고 하는데, 실제로 모집단을 다 조사하기엔 비용이나 시간상의 어려움이 있다. 이와 같은 이유로 모집단 전체에 대하여 조사를 하는 것은 정부에서 10년 단위로 하는 인구 센서스가 유일할 정도이다. 그러므로 모집단을 대표할 수 있는 조사 대상을 뽑아야 한다.

예를 들어 '우리나라 고등학교 3학년의 여가 활동 실태 연구'를 질문지법으로 조사할 경우 우리나라 고등학교 3학년 전체가 모집단이 된다. 그런데 이 모집단을 전부 조사하는 것은 불가능하기에 실제 조사

할 대상인 표본을 정한다. 우리나라 고등학교 3학년의 모집단은 계층, 지역, 성, 계열, 학업 성적 등 다양한 특성을 갖는다. 이런 특성을 반영할 수 있도록 지역, 성별 등을 고려하여 고등학교를 정하고, 그 중 한 학급의 학생을 조사 대상으로 정하는 경우도 있다. 이것은 몇 차례 층위를 두어 표집한다고 하여 층화표집이라고 한다.

어쨌든 조사 대상 표집에서 중요한 것은 모집단을 정확하게 대표할 수 있어야 한다는 것이다. 왜냐하면 조사 결과는 보통 통계 처리하여 표로 제시하게 되는데, 조사 결과표를 해석할 때는 모집단을 이용하기 때문이다.

예를 들어 고등학교 3학년을 모집단으로 하여 400명을 표집하여 조사했을지라도 조사 결과표를 해석할 때는 "고등학교 3학년의 경우~"라고 표의 내용을 설명한다. 그런데 경기도에 있는 고등학교 3학년 세 학급과 제주도에 있는 고등학교 3학년 두 학급만 조사하였다면, 표본이 전국의 고등학교 3학년 학생을 대표할 수 없어서 문제가 된다. 그러니 표본을 잘 정하는 것이 필수적이다.

이런 질문지법은 많은 사람의 의견을 한꺼번에 조사할 수 있기에 짧은 시간에 많은 자료를 수집하는 장점이 있다. 그렇지만 조사 대상으로부터 질문지 회수율이 낮을 경우 일부 표본만으로 모집단 전체를 대표하기에 문제가 있어서 결과 해석에 문제가 생길 수 있다.

더불어 응답자가 질문 내용을 제대로 이해했는지를 확인하기 어려운 문제도 있다. 또한 조사 결과의 세부 내용을 구체적으로 파악하기 어렵기도 하다.

따라서 질문지법은 한 번 조사하면 그 자료를 보완하기가 어렵기에 예비조사를 통해 질문지의 문제점을 파악하여 최종적으로 수정한 후 사용하는 것이 좋은 자료를 얻는데 도움이 된다. 그리고 질문지 조사 결과를 바탕으로 조사할 내용을 조사했는지를 파악하는 내용 타당도와, 조사한 내용이 신뢰할 만한지 알 수 있는 신뢰도를 확인해야 좋은 자료가 된다.

간혹 질문만 있고 답변이 없는 질문지를 사용하여 질문지법으로 자료를 수집하는 경우도 있다. 이 경우는 응답자에게서 좀더 심층적인 답변을 얻기 위해서 사용한다. 비구조화된 질문지를 사용하여 그 응답을 다시 통계적으로 계량화하는 경우도 있지만, 응답의 심층적인 의미를 발견하는 질적 연구로도 사용이 가능하다.

그러므로 질문지의 형식이나 그 해석에 따라 질문지법은 양적 연구나 질적 연구 방법 모두에서 사용이 가능하다.

 ### 실험법, 실험을 통해 파악해 보아요

TV나 영화는 연속된 동작을 보여주는 것 같지만 사실 몇 개의 정지 화면이 연속되면서 동영상처럼 보이는 것이다. 사람들은 영화나 TV 화면 사이에 순간적으로 하나의 낯선 광고 화면을 넣어 실제 화면에서는 보이지 않게 사람들의 무의식을 자극했다. 이것은 서브리미널 광고 (subliminal advertising)라고 한다.

1957년 미국의 한 영화관에서 실제 이 광고의 효과를 살펴보는 실험이 이루어졌다. 영화를 상영하면서 영화 중간에 3천 분의 1초로 '콜라를 마시자', '팝콘을 먹자'라는 광고를 넣어서 상영하자 그날 콜라와 팝콘의 매출액이 증가했다는 것이다.

그런데 이 실험에 대해 많은 사람들이 문제를 제기했다. 정확한 실험법이라고 보기 어렵다는 것이다. 연구 대상이 명확하게 무선 표집(모집단에 속한 모든 피검자들이 각기 표본으로 추출될 확률이 동일한 방법)되지 않았고, 비교 집단이 없었다는 것이 문제였다.

그 후에 실험 상황에 맞게 다시 이 실험이 진행되었다. 연구 대상을 무선 표집하여 같은 수로 두 팀을 나눈 후, 두 개의 공간에서 동일한 영화를 틀어주었다. 이 때 한 팀에게는 장면 중간 중간에 햄버거와 콜라 화면을 3천 분의 1초로 넣은 영화를, 나머지 한 팀에게는 원래 영화를 보여주었다. 영화 상영이 끝난 후 출입문 앞에 콜라와 햄버거를 먹을 수 있는 시식대를 만들어 두었다. 그리고는 어느 팀에서 햄버거와 콜라를 많이 먹는가를 살펴본 것이다.

이 실험을 좀 자세히 살펴보자. '서브리미널 광고가 상품의 소비 효과를 자극할 것이다'가 가설이라면 '서브리미널 광고 유무'는 그 자체가 어떤 효과를 파악하기 위한 변인으로 독립변인이다. 그리고 '상품의 소비 효과 유무'는 광고 유무에 따라서 나타나는 것이기에 종속변인이라고 한다. 그리고 실제로 실험에서 콜라를 마시자, 햄버거를 먹자와 같은 광고를 넣는 것을 실험 처치라고 하며, 실험 처치를 한 집단을 실험 집단, 그렇지 않은 집단은 통제 집단 또는 비교 집단이라고 한다.

실험법은 실험 상황을 만들어 실험 집단과 통제 집단을 잘 선택하고 실험 처치를 실시하여 독립변인과 종속변인의 관계를 잘 밝혀내면 매우 엄밀하면서 실증적인 자료를 얻을 수 있는 좋은 자료 수집 방법이다.

그러나 실험을 하기 전에 연구 대상자에게 실험 목적을 설명해야 하는데 이로 인해 실험이 잘못된 방향으로 흐를 수 있어서 그 엄밀성에 문제가 나타나기도 한다. 또한 통제된 실험실 상황의 결과가 현실적으로 그대로 적용될지에 대해서도 의문이다.

그래서 따로 실험실에서 실험하기보다는 실제 생활하는 가운데 실험을 하기도 하는데 이를 유사 실험법이라고 한다. 예를 들어 학생들에게 수업 전에 사고력 검사를 하고 난 후 점수가 비슷한 두 학급을 선택하여 한 반에는 토론 수업을, 다른 반에는 설명식 수업을 실시하고, 그 다음에 다시 사고력 검사를 하여 토론 수업을 한 학생의 사고력이 설명식 수업을 받는 학생의 사고력보다 더 높은 점수를 받았는지를 확인하는 실험이 이에 해당된다.

이 경우 수업은 실험실이 아니라 일반 교실에서 평상시 수업 환경을 그대로 활용하되 실험 처치만 적용된 경우이다. 실험의 엄밀성은 떨어지지만 나름대로 현실을 반영한 실험이라고 볼 수 있다.

실험법의 가장 큰 문제는 인간에게 위해를 가하는 경우가 발생할 수 있다는 점이다. 1971년 스탠퍼드 대학교의 짐바르도 교수는 '무엇이 인간을 악하게 하는가?'라는 질문에 답하기 위해 독특한 실험을 구상했다. 면접을 통해 전과나 정신 질환 등의 증세가 전혀 없는 지원자 24명을 선발하여 '교도소 실험'을 한 것이다.[16]

연구자들은 우선 실험에 필요한 교도소를 만들었다. 이전에 교도소 생활 경험이 있는 사람들의 조언을 토대로 실험실을 진짜 교도소처럼 만들었다. 실험에 참여한 24명에게는 눈을 가리고 그 공간에 들어가게 하여 그 공간을 진짜 교도소라고 믿게 했다. 참가자를 반으로 나누어 12명에게는 교도관 복장을 입혀서 교도관 역할을, 12명에게는 죄수복을 입혀서 죄수 역할을 하도록 했다. 그런데 실험은 6일 만에 멈추게 되었다.

실험을 시작한 지 이틀 만에 죄수 역할을 맡은 사람들은 진짜 죄수처럼 이상 증세를 보이고 폭동을 일으키거나 교도관에게 항의하였고, 이에 맞서 교도관 역할을 맡은 사람들은 실제 나치와 같이 유사한 방식으로 죄수 역할을 맡은 사람을 폭행하면서 진압하였다.

한 번도 교도소나 죄수 경험이 없는 사람들을 이렇게 만든 요인은 무엇이었을까? 바로 감옥이라는 공간 그 자체이다. 이 연구 결과는 인간을 악하게 하는 사회 구조의 영향력이 얼마나 크며 감옥이라고 하는 공간이 인간에게 얼마나 끔찍한 곳인지에 대한 많은 논의를 불러일으키게 했다.

그러나 이 연구를 통해 우리는 또 하나 더 생각해 보아야 한다. 그것은 바로 실험 참가자에 대한 윤리 문제이다. 이 실험에 참가한 사람들은 그 후에 어떤 기억으로 살아갔을까?

 참여관찰법, 함께 생활하면서 공감해요

인류학의 어머니로 불리는 마가렛 미드, 그의 연구는 주로 남태평양의 사모아 제도, 뉴기니 군도 등에서 그곳에 사는 사람들의 사랑과 결혼 방식, 남녀의 기질 차이가 문화적 차이와 연관되어 있음을 밝혀내는 것이었다. 그의 대표적인 연구가 앞서 설명한 '세 부족의 성과 사랑 이야기'이다.

그는 자신의 연구 대상인 사모아나 뉴기니의 섬에 직접 가서 그들 부족과 생활하면서 그들을 관찰하고, 그러면서도 객관적으로 그들의 삶을 이해하려고 하였다. 그는 연구를 위해 원주민 추장의 아들과 결혼까지 하면서 연구 대상과 밀접한 관계를 유지했다. 이 친밀함이 얼마나 강력했던지, 나중에 뉴욕으로 돌아간 미드가 죽자 연구 대상이었던 부족들은 추장이 죽었을 때 하는 것처럼 5일간 추도식을 할 정도였다.

마가렛 미드의 연구는 참여관찰법에 의해 이루어졌다. 이처럼 참여관찰법은 실제 연구 대상들의 삶에 깊이 들어가서 그들의 모습을 관찰하고 대화하면서 연구 대상의 문화적 특징을 발견하고 그 의미를 이해하려는 자료 수집법이다. 마가렛 미드가 자신의 연구 진행하며 추장 아들과 결혼한 것처럼 종종 연구자들은 자신이 그 집단의 일원으로 행동하면서 그 문화를 이해하기도 한다.

이 연구 방법은 연구 대상자의 삶을 이해하는 것이 1차적인 목적이지만, 연구를 통해 자신의 문화가 항상 옳다고 여겼던 것이 자신의 문화적 특징에 따른 독특한 문화적 선택이라는 사실을 깨닫게도 해준다.

그렇다고 모든 연구자가 이 정도로 연구 대상과 밀접한 관계를 갖는 것은 아니다. 실제 연구 대상과 밀접한 관계를 맺음으로써 그들의 생생한 언어와 모습을 연구할 수 있는 장점이 있는 반면, 오히려 그것으로 인해 연구 결과에 연구자의 주관이 반영되어 객관적인 연구가 가능한가라는 비판을 받을 수도 있기 때문이다.

마가렛 미드도 사후에 많은 인류학자들에 의해 그의 연구가 상당히 주관적인 해석이라는 비난을 받기도 했다. 결국 이 자료 수집법에서는 연구자가 얼마나 객관성을 추구하는지가 매우 중요하다.

예전에는 참여관찰법이 주로 낯선 문화 집단을 대상으로 하는 인류학 연구에 많이 사용되었으나, 최근에는 자신이 경험하는 문화 또는 일상 속 낯선 집단의 문화에 대한 연구에서도 많이 사용된다.

예를 들어 어떤 연구자가 '노는 아이들'이라는 청소년들의 삶이 궁금할 경우 그들과 만나고 접촉하면서 그들의 문화를 기술할 수 있다. 또한 교사 자신이 다른 교사의 수업을 참여 관찰하면서 수업이 이루어지는 과정에서 발견되는 교사와 학생의 다양한 행위와 언어에 대해서도 자료를 얻을 수 있다. 중요한 것은 연구 대상의 언어와 행위에 대하여 낯설게 보면서 그들의 문화적 특성을 파악하는 것이다.

면접법, 그들의 목소리를 직접 들어보아요

한 사람의 생애를 이해하기 위해서는 어떻게 하는 것이 가장 좋을까? 지금 생존해 있는 분이라면 그분을 만나서 그의 이야기를 직접 듣는 것이 가장 좋은 방법이다. 자신의 생애에 대하여 자신만큼 정확하게 기억하고 이야기해 줄 수 있는 사람은 없다.

이런 점에서 면접법은 연구 대상을 직접 만나서 그들에게 연구 내용을 질문하고 그의 답변을 토대로 연구 결과를 제시할 때 사용하는 자료 수집 방법이다.

연구에서 면접법을 할 때는 연구 대상 1명을 만나서 구체적으로 질문하는 경우도 있지만, 몇몇의 연구 대상자들과 집단으로 면접하는 경우도 있다.

기본적으로 면접법은 심리학에서 임상 대상자나 상담자를 대상으로 그들 내면에 있는 깊이 있는 이야기를 듣기 위한 방법이었다. 이런 점에서 면접법은 다른 자료 수집법에 비해서 연구 대상자의 의도나 의견, 감정 등을 파악하는 데 유용하다.

연구자가 면접법으로 자료 수집을 할 경우, 명확하게 무엇을 물을지 미리 질문을 정해서 면접을 하는 경우도 있지만, 면접을 진행하는 과정에서 새로운 질문을 만들면서 자료를 더 수집하는 방법을 사용하기도 한다.

또한 연구 대상자와 직접 대면해서 이야기를 들어야 하기에 언어적 상호 작용이 중요하다. 이런 점에서 연구에 가장 적합한 조사 대상자를 구하기 어려운 점과 대화 과정에서 연구자의 주관이 개입될 가능성이 문제가 된다.

면접법의 경우 대체로 연구 대상자의 깊이 있는 이야기나 의도 등을 파악하기에 해석학적 연구에 주로 사용되지만, 면접법을 통해 다수의 연구 대상자와 대화하고 그 결과를 계량적으로 정리할 수도 있다.

 자료 수집법과 연구 방법 간의 궁합

이처럼 다양한 자료 수집 방법이 있어서 연구자는 자신이 연구하고자 하는 대상의 특징과 문제의 특징에 따라 자료 수집 방법을 다양하게 활용할 수 있다.

그런데 자료 수집 방법을 사용하는 것과 관련된 오해가 있다. 면접법과 참여관찰은 질적 연구를 위한 자료 수집 방법이고, 실험과 질문지법은 양적 연구를 위한 자료 수집법으로 생각하는 것이다. 사실 면접법과 참여관찰은 질적 연구 방법에서 많이 활용되고, 실험과 질문지법은 양적 연구 방법에서 많이 활용될 뿐이지 이분법적으로 구분하여 이것은 양적 연구 방법에 적합하고, 저것은 질적 연구 방법에 적합한 자료 수집 방법이라고 단정하기 어렵다.

또 하나 고려해야 할 것은 하나의 연구에 하나의 자료 수집법만을
활용하는 것은 아니라는 점이다. 문헌연구와 실험, 실험과 질문지법,
참여관찰과 질문지법, 문헌연구와 참여관찰 등 매우 다양한 조합이 가
능하다. 즉, 자료 수집법은 정말로 말 그대로 자료를 수집하는 방법일
뿐이다.

사회학 개념 꼬집어보기

★ **1차 자료** : 연구자가 자신의 연구목적에 따라 원하는 자료를 직접 수집한
자료, 원자료라고도 함

★ **2차 자료** : 다른 연구자나 문헌 등의 자료를 활용하여 가공한 자료

★ **신뢰도** : 측정도구를 반복하여 사용하여도 동일한 자료를 수집할 수 있는
정도를 말하는 것으로 신뢰도가 높을수록 좋은 측정도구임

★ **타당도** : 측정하고자 하는 내용을 재는 정도를 말하는 것으로 타당도가
높을수록 좋은 측정도구임

★ **독립변인** : 양적연구 방법에서 가설을 인과적으로 설정할 경우 원인이 되
는 변인을 말함

★ **종속변인** : 가설에서 주로 독립변인에 의해 결정되는 변인을 말함

★ **실험 집단** : 독립변인에 속하는 실험 처지를 행하여 종속변인의 변화가
있는지를 확인하고자 하는 집단

★ **통제 집단** : 실험 집단과 비교하기 위하여 실험 집단에 행하는 실험 처치
를 가하지 않는 집단

사회학자는 언제나
중립을 지켜야 할까?

연구 윤리

    사실과 가치가 있다. 사실은 있는 그대로의 현상 그 자체이지만 가치는 '옳다', '그르다' 같이 평가를 내리는 것이다. 앞서 이야기한 대로 사회 현상에는 인간의 의도와 목적이 개입되어 있기에 가치 함축적이며, 그 현상을 연구하는 학자도 자기 나름의 가치를 가지고 있다.

    그런데 연구는 객관적이어야 한다고 이야기한다. 연구 설계를 하고 자료 수집을 하는 과정에서도 끊임없이 강조된 것이 연구자의 주관이나 가치를 배제해야 한다는 것이었다.

    객관적이라는 것은 누가 보아도 동일하다는 것을 의미한다. 장미꽃은 누가 보아도 장미꽃이다. 빨강은 누가 보아도 빨강이다. 그런데 어떤 사람이 키가 크다는 것은 보는 사람에 따라 달라지는 진술이다. 누구의 눈에는 키가 클 수 있지만, 누구의 눈에는 작을 수 있다. 그러므로 '철수는 키가 크다'는 진술은 객관성이 떨어진다. 그렇다면 철수의 키를 객관적으로 진술하기 위해서는 어떻게 해야 할까? 그 방법은 '철수의 키는 180센티미터이다'라고 실제 사실을 알려주거나 '철수의 키는 영희보다는 크고 민수보다는 작다'라는 비교 기준을 제시하면 된다. 이렇게 주관을 배제하는 것을 객관적이라고 한다. 이렇게 되면 누구도 '저는 그것에 반대해요'라고 하기가 어려울 것이다.

결국 사회 현상을 연구하는 과정에서 주관을 배제하고 객관적이어야 한다는 것은 바로 누구라도 그 내용을 인정할 수 있도록 설명하는 것이다. 그런데 연구 과정에서 이렇게 객관성을 갖는 것은 생각보다 쉽지 않으며, 그렇기에 연구자는 어떻게 자신의 주관성을 배제하면서 올바른 연구를 할 것인가를 끊임없이 생각해야 한다.

 연구자의 가치 중립

어떤 연구자는 사회가 매우 갈등의 상태에 있다고 보고, 어떤 연구자는 사회가 매우 기능적으로 움직인다고 본다. 어떤 연구자는 개인 행위자들에게 관심이 있고, 어떤 연구자는 사회 구조가 어떻게 움직이는지에 관심이 있다. 어떤 연구자는 질적 연구를, 어떤 연구자는 양적 연구를 주로 한다.

기본적으로 연구자는 사회 현상을 바라보면서 연구 주제를 정하고 연구 문제, 연구 설계, 연구 방법, 자료 수집 방법을 정할 때 자신의 주관이나 가치를 개입시킬 가능성이 있다. 또한 연구 결과와 관련하여 '이 연구 결과는 ∼ 측면에서 의의가 있으며 이와 관련하여 앞으로 ∼해야 한다'라고 주장하는 경우에도 가치 개입이 일어난다. 그러므로 연구 주제를 정하거나 결과를 통해 결론을 내릴 경우에도 가치중립을 강조하지만 이 과정에서는 연구자의 선호가 작용하기에 어느 정도 가치를 연관시키는 것을 용인한다.

그렇다면 연구자에게 요구하는 가치중립은 무엇일까? 이는 연구 설계에 따라 연구를 진행할 때, 즉 연구 대상을 정하고 자료 수집을 하고, 수집된 자료를 분석할 때 연구자 자신이 가진 개인적인 가치나 주관 등을 개입시켜서는 안 된다는 것을 말한다.

어떻게 해야 가치 중립이 될까? 이것은 마치 국가간 축구경기를 하는데 양 국가 중 한쪽의 국적을 가진 사람이 심판을 하는 것과 같다. 공정하고 중립적으로 판정을 내리기 위해 심판은 어떻게 해야 할까? 심판이 오는 공을 자국의 선수 쪽으로 차주거나, 파울을 한 상대 선수에게만 옐로카드를 주거나, 자국의 선수가 찬 들어가지도 않은 공을 골인이라고 인정하는 등의 일을 했다면? 만약에 그렇게 하면 심판의 오심판정이 논란이 될 것이고 결국 그 국가가 승리하더라도 그것은 항상 문제가 될 것이다.

연구도 마찬가지이다. 연구자는 대부분 자신이 속한 사회 현상을 연구하게 된다. 너무 잘 알아서 또는 친밀감이 있어서 혹은 자신의 편의를 위해서 오심판정을 하듯이 연구를 하면 문제가 된다. 여기서 말하는 오심판정이란 연구자의 가치개입 문제이다.

예를 들어 질문지법으로 자료 수집을 하면서 자신이 원하는 가치가 개입된 질문 문항을 만드는 것과 원하는 답을 해줄 수 있는 일부 집단만을 한정하여 조사 대상으로 하는 것, 실험이나 조사 결과를 왜곡하는 것, 문헌 연구를 하면서 자신에게 불리한 의견이나 내용은 넣지 않고 유리한 자료만 서술하는 것, 면접 자료나 참여관찰한 자료를 자신의 주관에 따라 적당히 해석하는 것 등, 이 모든 것이 심판의 오심과 같은 것이다. 따라서 이런 일을 하지 않는 것이 연구자에게 필요한 가치중립의 기본 사항이다.

그런데 경기 중 심판은 자기도 모르게 오심을 할 경우가 있다. 이 경우에 의도적인 것이 아니었다면 다른 사람들의 지적을 받아들이거나 나중에라도 자신의 착오를 사과하는 장면을 볼 수 있다.

연구자도 마찬가지이다. 자신의 연구 과정에서 가치중립을 위해 최대한 노력하지만, 불가피하게 가치가 개입되는 경우가 있다. 이 점에서 연구자는 자신의 연구 과정을 공개하고, 다른 사람들이 연구에 대하여 가치가 개입되었음을 이야기하면 연구 과정을 새롭게 살펴보거나 분석을 다시 하는 등의 노력을 보임으로써 가치중립을 위해 노력해야 한다. 결국 가치중립은 연구자의 의무이면서도 연구자로서 양심을 걸고 최대한 노력해야 하는 연구의 한 과정이다.

 ## 연구자의 주관을 객관화하는 방법

『어린왕자』를 읽다 보면 재미있는 대화가 나온다. 어린왕자가 묻는다. "이 그림 무섭죠?" 그림을 보던 어른이 대답한다. "무섭다고? 머리에 쓰는 모자가 뭐가 무섭다고 그러니?" 그런데 어린왕자는 모자를 그린 것이 아니라 코끼리를 통째로 삼킨 보아뱀을 그린 것이었다. 결국 어린왕자의 의도를 모르는 사람들에게 어린왕자는 모자처럼 생긴 모양 안에 코끼리를 그려준다.

이처럼 우리의 일상에서 관찰한 것이 무엇인가를 설명할 때 사람마다 다르게 이해하는 현상은 자주 일어난다. 사람들은 대체로 자신의 주관에 따라 세상을 보기 때문이다.

그렇다고 사람들의 주관에 따라 완전히 다르게 세상을 이해하지는 않는다. 길을 가다가 돌을 보고 어떤 이는 '돌이다'라고 하겠지만, 어떤 이는 '자갈이다'고 할 것이다. 또 다른 이는 '돌멩이다'라고 할 것이고, 어떤 이는 '돌덩어리다'라고 할 것이다. 모두 동일한 대상을 관찰하고도 다르게 지칭한다.

그런데 한 가지 유사성이 있다. '돌, 자갈, 돌멩이, 돌덩어리'라는 인식에서 차이는 있지만 기본적으로 돌이라는 인식에서 크게 벗어나지는 않는다. 이렇게 '돌, 자갈, 돌멩이, 돌덩어리'라고 인식하는 것은 개인의 주관적인 측면이 반영된 것이다. 그럼에도 사람들의 주관적인 의견에는 어느 정도의 유사성이 들어 있음을 알 수 있다.[17]

일정하게 비슷한 환경이나 경험을 한 사람들의 경우, 각기 자신의 주관에 따라 무엇인가를 보더라도 여러 사람의 주관이 모이면서 그 안에 담긴 나름의 유사성을 확인할 수 있고 그러한 유사성으로 인해 일정한 결론에 도달할 수 있다. 이처럼 각자가 가진 주관 안에 엿보이는 유사한 측면, 즉 여러 사람의 주관 속에 '공유'되는 주관성이 있는데 이것을 간주관성이라고 한다.

연구자가 자기 나름의 연구를 하면서 자신의 주관에 치우치지 않고 객관성을 유지한다는 것은 누가 봐도 '그것이다'라고 인정할 수 있는 객관성으로 나아가야겠지만, 어떤 경우에는 유사한 연구를 하는 다른 연구자가 봤을 때 '그것인 것 같다'라는 인식이 가능한 간주관성만 확보해도 주관성을 배제하려는 노력한 것으로 이해받을 수 있을 것이다.

이런 점에서 연구자는 연구를 진행하면서 최대한 주관성을 배제하려는 노력을 해야 한다. 결국 연구자에게 가치중립이란 연구 과정에 대하여 객관성이나 간주관성을 갖춘 것으로 인정받은 것을 말한다. 따라서 객관성이나 간주관성을 위해서 연구자는 자신의 연구 설계와 연구 과정을 개방하여 다른 사람의 비판을 수용하고, 자신의 연구 과정에 대하여 성찰적으로 반성하면서 가치 개입이 일어나지 않았는지 끊임없이 반성하는 자세가 필요하다.

연구자가 반드시 가져야 하는 연구 윤리 문제

우리는 자주 설문 조사에 응답해 달라는 요구를 받는다. 귀찮아서 싫다고 하는 경우도 있지만 내 답변이 알려질까 봐 거부하는 경우도 있다. 질문지에 답을 적는 순간 내 개인의 의견이나 판단을 제공하는 것이기 때문이다. 특히 "당신은 술을 마셔본 적이 있습니까?", "당신은 결혼 전 성관계에 대해 어떻게 생각하십니까?"와 같은 질문을 받게 되면 한국 사회에서 학생들이 답하기 곤란한 문제라는 생각이 들 수 있다.

따라서 연구자들은 질문지 조사를 할 때 몇 가지를 유의해야 한다. 우선 연구자의 수치심을 자극하는 질문을 해서는 안 되며, 강제로 답변을 요구해서도 안 된다. 또한 조사 대상자가 처음부터 혹은 중간이라도 그만두겠다고 하면 응답을 더 이상 강요해서는 안 된다. 더 중요한 것은 조사 내용은 오로지 조사의 목적만으로 사용해야 하고 응답자의 사생활을 유출해서는 안 된다. 이를 위해서 연구자는 연구의 목적과 내용, 그리고 연구자 자신에 대하여 명확하게 밝혀야 한다.

그런데 연구 대상자의 사생활을 보호하고 연구 대상자에게 연구 목적이나 연구자를 밝히는 문제는 질문지법에서만 해당되는 것은 아니다. 이것은 모든 자료 수집법에 해당되며 연구자는 어떤 경우에라도 연구 대상자의 익명성을 지켜주어야 한다. 그래서 연구 대상자가 한 명이거나 소수 집단인 경우, 예를 들어 면접법으로 누군가를 조사한 내용을 연구 결과에 기록할 때는 항상 가명을 적게 되어 연구 대상자를 추측하기 어렵게 한다.

연구자의 윤리는 이런 부분만 있는 것은 아니다. 연구자는 자신이 연구하는 주제와 내용이 사회와 사람들에 미칠 영향도 고려해야 한다. 자신이 만든 다이너마이트가 전쟁에 사용되자 혼란을 느끼고, 다이너마이트로 모은 자신의 재산을 세계 평화를 위해 사용한 사람에게 상을 주는 재단을 만든 노벨과 같이, 자신의 연구 결과가 인류에게 미친 영향에 대하여 사후에 반성적으로 성찰하기보다는 사전에 성찰할 필요가 있다.

또한 연구자가 연구 주제를 정하고 연구의 결론에 기초하여 제언을 할 때 어느 정도 가치 개입이 일어나는 것을 용인받는다고 하여 인간 사회를 해치거나 인권을 침해하는 방향에서도 허용되는 것은 아니다.

독일의 히틀러는 인간에게는 우수한 형질을 가진 자와 그렇지 않은 자가 나누어진다는 우생학자들의 연구 결과를 믿었다. 그리고 우수한 형질을 가진 인간은 사회 유지에 긍정적이고 그렇지 않은 인간은 부정적이기에 우수하지 못한 형질을 가진 사람들을 사회에서 제거해야 한다는 주장을 이끌어냈다. 이에 따라 혼혈아와 청소년 범죄자에 대해서는 불임 시술을 했고, 유대인은 대학살까지 이른다.

이외에 몇몇 나라에서도 우생학 연구 결과를 받아들여서 장애가 있거나 정신질환이 있는 경우에 국가가 불임시술을 하는 경우도 있었다.

연구자는 주체적으로 자신의 연구를 계획하고 실행하면서 사회 현상에 대하여 법칙을 통해 설명하거나 사람들의 행위에 대한 의미를 이해하는 일을 한다. 이를 통해 연구자는 스스로의 지적 호기심을 만족시키며, 사회적으로는 사회 현상에 대한 이해와 사회 문제의 해결책 등을 발견하는 역할을 한다.

그런데 이 과정에서 연구자는 자신의 연구가 미칠 사회적 영향력을 고려할 책임이 있으며, 더불어 사회도 연구자들의 연구에 대하여 비판적으로 점검할 책임이 있다. 인간의 도덕과 양심은 어느 경우에도 포기해서는 안 된다. 인간을 대상으로 하는 연구에는 더욱 그렇다.

사회학 개념 꼬집어보기

★ **가치 개입** : 연구자가 연구 대상의 선정이나 자료 수집 및 자료 분석 단계에서 자신의 주관이나 가치에 적합하게 연구를 진행하는 것을 말함

★ **가치중립** : 사회 현상을 연구하는 과정에서 연구자가 자신의 주관이나 가치를 배제하고 연구를 수행하는 것

★ **연구 윤리** : 사회 현상을 연구하는 학자가 연구를 수행하는 과정에서 연구 대상자에게 지켜야 할 윤리, 연구 과정이나 내용을 조작하지 않을 윤리, 연구 결과가 사회적인 문제를 일으킬 가능성을 고려하면서 연구할 윤리 등을 통칭하여 표현하는 것임

사회학자, 시카고의 갱단을 만나다

　1989년 어느 날 사회학자 수디르 벤카테시는 도시의 빈민가를 연구하기 위해서 시카고의 흑인 갱단 '블랙킹스'가 점령한 구역을 찾았다. 처음에 그는 그 지역에 사는 사람을 조사하여 기초적인 자료만 얻어갈 예정이었다.

　그런데 그곳에서의 첫날 이 초보 연구자는 갱단을 만났고, 그중 한 명이 그에게 치명적인 말을 던졌다. "얼간이 같은 질문이나 하면서 돌아다니기보다 우리 같은 사람하고 어울려야지."

　이 말에 충격을 받은 그는 그곳에 살면서 그들의 생활을 관찰하기 시작했다. 그러면서 마약상과 코카인 중독자, 사회 운동가, 경찰, 주민 대표 등 다양한 사람들과 친분을 쌓고 그들에게 각종 정보를 얻었다. 또 그 지역에서 가장 중요한 인물인 갱단 보스의 도움을 받아 '블랙킹스'와 그 조직에 몸담은 빈민가 청소년의 삶을 연구할 수 있었다.

    10년 동안 그 지역에서 살았던 덕분에 수디르는 갱 조직 간에 일어나는 영역 다툼, 코카인 판매로 운영되는 지하 경제, 그리고 누구도 알지 못했던 빈민가 사람들의 은밀한 삶의 특징에 대해 그 누구보다 상세히 기록할 수 있었다.

    즉, 실제 참여관찰을 통해 도시 빈민의 삶을 연구하면서, 대학의 세미나실에서 진행하던 논의가 실제 빈민 거리에서 일어나는 역동적인 현상에 비해 얼마나 추상적이고 생기 없는 것이었는지 깨달았다.

    더불어 그는 10년에 걸친 연구 과정을 통해 연구자의 가치와 태도에 관해 고민할 수 있었다. 대상을 관찰하는 중에 싸움이 일어난다면 어떤 선택을 해야 하는지에 관한 것이었다. 객관적인 연구자로서 단순히 보고만 있어야 하는지 아니면 상황에 영향을 미치더라도 피해자를 도와주어야 하는지에 관한 질문이 그것이다. 마치 이것은 미래에서 과거로 시간 여행을 온 사람이 자신의 순간적인 행위로 시간의 흐름이 바뀌지는 않을까 고민하는 것과 같은 문제였다. 결국 이 문제는 연구자의 객관성과 윤리 문제였던 셈이다.

---

* 수디르 벤카테시(2009). 『괴찌사회학』(김영선 역), 서울 : 김영사.

사회 문화 현상을 공부하기 위한 기본 방법들

Sociology

 사회학의 개념 이해하기

사회학에서 개념은 아주 중요하다. 개념이란 일상적으로 일어나는 다양한 사회 현상 중에서 유사한 모습들을 묶어 학자들이 이름을 붙인 것이다. 우리가 일상적으로 사용하는 '협동', '경쟁', '갈등', '상호 작용'도 모두 개념이고 '문화'도 개념이다. '사회 집단', '1차 집단', '2차 집단'도 마찬가지이다. 그런 점에서 사회학에 가장 많이 등장하는 지식은 사실상 개념이라고 할 수 있다.

개념을 알기 위해서는 그것이 무엇인지 설명하는 정의(의미)와 개념이라 이름 붙이게 되는 현상(사례)과 공통적으로 나타나는 특성(속성)을 이해해야 한다.

• 개념: 1차 집단

- 정의: 혈연이나 지연 등 귀속적 요인을 바탕으로 형성된 집단
- 사례: 가족, 또래 집단
- 특성: 혈연과 지연 등의 요인에 의해 형성된다.

대부분의 개념은 이러한 구조로 이루어져 있으므로 사회학을 공부할 때에는 정의와 사례 그리고 특성이라는 이 세 가지를 기본적으로 이해해야 한다. 그리고 다음의 내용도 살펴보자.

첫째, 학자들이 자신이 연구하는 사회 현상의 유사성을 묶어서 개념으로 설명하지만 그것이 사회 현상의 전체를 설명하는 것이 아니다.

예를 들어 가족의 유형을 설명할 때 사용하는 핵가족과 확대 가족 개념은 '한 가족 내에서 결혼한 세대가 하나인가 둘 이상인가'라는 기준에 따라서 구별한 것이다. 그렇다고 이 두 개념이 모든 가족 유형을 설명하는 것은 아니다. 이 기준은 머독이라는 학자가 산업 사회에서의 가족 현상을 설명하기 위해 정한 것이기 때문이다.

이처럼 하나의 개념과 그에 속하는 유형만으로 그와 관련한 모든 사례나 상황을 설명하는 것이 아니라, 학자마다 자신이 정한 어떤 대상을 한정하고 있다는 점을 기억해야 한다.

둘째, 개념을 이해하기 위해서는 특성을 정확하게 파악해야 한다. 그런데 그 중에서 모든 사례에 적용할 수 있는 결정적인 특성이 있는가 하면 일부 사례에만 해당하는 특성도 있다. 그러므로 무엇보다 개념에 해당하는 결정적 특성을 정확하게 이해하고 구분할 필요가 있다.

가령 '날다'라고 하는 것을 새의 결정적 특성이라고 생각하는 사람들이 많은데, 타조처럼 날지 못하는 새도 있기 때문에 그것은 새의 결정적 특성이 될 수 없다. 새의 결정적 특성은 '깃털이 있다, 알을 낳는

다'와 같은 것이다.

셋째, 적절한 사례에의 적용도 중요하다. 어떤 개념에 대한 대표적 현상은 학자들이 그 개념을 설명할 때 사용한 것이다. 어떤 학자가 처음 이야기한 개념이 사회학뿐만 아니라 일상 생활에서 자연스럽게 사용되면서 점차 다른 사례까지 포함된 경우가 많다.

앞서 언급한 새의 경우, '참새, 오리, 닭, 비둘기, 펭귄' 등이 사례에 포함된다. 하지만 '박쥐, 잠자리, 나비, 비행기'는 날아다닌다는 점에서 새와 유사해 보여도 우리는 이것들을 새라고 부르지 않는다. 이처럼 사례를 확장하거나 사례가 그 개념에 속하는지 명확하게 구분하려면 개념의 특성을 고려해야 한다.

또 하나 사회 현상에서 사례는 서술적으로 나타난다. '협동'이라는 개념의 사례로는 '공장에서 사람들이 분업을 하여 하나의 전자제품을 생산하는 현상'처럼 서술적으로 제시되는 경우가 많다.

이처럼 사회학을 이해하기 위해서는 무엇보다도 개념이란 학자들이 사회 현상을 설명하기 위해 만든 것임을 짚고 넘어가야 한다. 그러므로 하나의 개념을 정확하게 알기 위해서 그 특성과 그에 적합한 사례가 무엇인지를 정확하게 살펴보는 것이 바람직하다.

 다양한 관점 혹은 이론 이해하기

사회 현상은 기본적으로 확률과 개연성에 의해 움직이기 때문에 존재 법칙보다는 당위의 법칙에 의해 나타난다. 즉 사회 현상에는 인간의 의지와 가치가 개입되어 있다. 더불어 사회 현상의 경우 자연 현상과

달리 어떤 현상을 설명하는 관점이나 이론이 매우 다양하다.

예를 들어 일정 온도에서 기체의 압력과 부피가 반비례하는 현상은 '보일의 법칙'이라고 이름 붙여져 있다. 이 현상에 대해서는 다른 이론은 없다. 대체로 자연 현상은 어떤 과학자가 인과 관계를 찾아내어 명백하게 증명하거나 설명하면 하나의 이론으로 인정받는다.

그러나 사회 현상은 한 사람의 이론만으로 완벽하게 설명하지 못하는 경우가 대부분이다. 사회학에는 어느 현상이나 연구 주제에 대한 다양한 이론이 존재한다. 성차별 문제, 청소년 일탈, 노동 문제, 가족 해체 현상 등 다양한 사회 현상을 하나의 이론만으로 설명하는 경우는 찾아보기 어렵다. 여러 학자들이 "이 현상은 ~라고 본다"라며 자기 주장을 펼친다.

이처럼 사회 현상에 대한 이론이나 관점은 학자마다 자신의 일정한 시각으로 분석하고 기록한 것이다. 그러므로 어떤 학자의 주장을 읽을 때, 우리는 그 사람이 이야기하고자 하는 이론이나 관점을 파악할 수 있어야 한다.

또한 사회학은 다양한 이론으로 정리할 수 있다. 기능론은 사회의 안정과 조화를 강조하고 부분이 전체를 위해 유기적으로 역할을 담당하는 것을 강조한다. 이에 반해 갈등론은 사회를 대립적인 측면에서 보고 사회 변화를 긍정적으로 본다. 이런 기능론과 갈등론은 그 자체로 완전한 이론이 아니라 단지 하나의 관점이나 이론이라 할 수 있다. 따라서 각기 그 현상을 설명하기에 적합한 장점과 단점이 있다. 이처럼 사회 현상을 공부하기 위해서는 이론이나 관점을 살펴볼 때 다음 사항을 유의해야 한다.

우선 각각의 관점이나 이론이 '무엇'을 설명하고 있는지를 살펴보아야 한다. 기본적으로 '기능론, 갈등론, 상징적 상호 작용론' 등은 대부분의 사회 현상을 설명할 수 있는 포괄적인 이론이다. 그러나 '실증주의, 해석학'처럼 연구 방법과 관련된 이론, '사회 실재론' 같이 개인과 사회와의 관계를 설명하는 이론, '진화론'처럼 사회 변동을 설명하는 이론, '문화 사대주의, 자문화 중심주의, 문화 상대주의'처럼 문화를 바라보는 이론 등 어떤 현상에 맞추어 설명하는 개별 이론도 많다. 따라서 학자들이 진술한 내용이나 사람들의 일상적 대화에 담긴 설명이나 주장이 '무엇'에 초점을 둔 관점이나 이론인지를 파악해야 한다.

둘째, 이론이나 관점의 특징과 장단점을 구별할 수 있어야 한다. 앞에서 설명했듯이 이론이나 관점은 그 자체로 세상의 여러 현상을 설명하기 때문에 나름의 특징이나 장단점이 있다.

사회 실재론과 사회 명목론의 설명에서 나타나는 특징이나 장단점은 서로 다르다. 그러므로 그 이론 자체에 대한 명확한 특징과 장단점을 구별할 수 있어야 한다. 이를 위해서는 그 관점이나 이론의 핵심적 특성을 다른 이론과 비교하면서 파악하는 것이 중요하다.

셋째, 일상적인 사례 중에서 그 관점이나 이론에 해당하는 적합한 사례들을 이론과 연결하여 이해해야 한다. 예를 들어 결혼 배우자를 고를 때 배우자 개인의 성격보다 집안을 고려하는 것은 사회 실재론과 사회 명목론 중 어느 쪽과 가까울지 가늠해 볼 수 있다. 배우자 개인보다 가문이라는 전체를 고려한다는 점에서 사회 실재론의 관점을 보여 주는 사례이다.

또 누군가가 '도덕적인 사람들로만 모인 집단이라도 비도덕적일 수 있어'라고 한다면 '아, 저 말은 개인과 달리 집단의 특성이 존재한다고 보는 입장이니 사회가 실재한다고 보는 것이구나. 그러니 사회 실재론 관점이 담긴 이야기구나'라고 연관지어 파악할 수 있어야 한다.

넷째, 이론과 이론과의 연계성을 파악할 수 있어야 한다. '기능론과 갈등론', '상징적 상호 작용론', '교환 이론'은 위에서 포괄적 이론이라 한 바 있다. 개별적인 현상을 설명하는 이론은 대부분 이 네 가지 포괄적인 이론과 연관된다.

가령 일탈 행동을 설명하는 '아노미 이론'은 사회 내에서의 합법적인 목표와 수단 간의 괴리를 강조하면서 그 해결책으로 사회 규범의 확립을 주장한다. 따라서 아노미이론은 기능론적 요소가 강하다. 이처럼 하나의 이론을 독립적으로 이해하지 말고 연계된 다양한 이론을 연결하여 살펴볼 필요가 있다.

다섯째, 하나의 현상에 대하여 두 개의 관점이나 이론이 나란히 제시되었을 때는 보통 대립되는 두 이론을 비교하면서 이해해야 한다. 대립되는 두 개의 이론이나 관점이 전체 내용을 바탕으로 서로 어떻게 대립되는지 살펴보아야 한다. 이에 반해 하나의 설명이 있을 경우에는 그 내용을 읽고 그 관점이나 이론을 명확히 파악해야 한다. 대부분의 경우 하나의 내용에 두 가지 관점이나 이론이 혼재되어 있는 경우가 많으므로 관점에 기초하여 내용을 잘 파악하는 것이 필요하다.

표를 잘 읽는 방법

사회학에서는 사회 현상에 대한 연구 결과를 표로 보여주는 경우가 많다. 즉, 표를 잘 보면 다양한 사회 현상을 쉽게 이해할 수 있다. 하지만 많은 사람들이 표나 통계 자료만 보면 지레 겁을 먹는다. 표를 읽을 때 주의할 사항을 살펴보고 손쉽게 표 읽는 방법을 살펴보도록 하자.

〈표 1〉 인터넷 이용자를 대상으로 한 정보화 영향에 대한 의견 조사 결과

(단위 : 퍼센트)

		생활이 편리해졌다				사생활 침해가 늘어났다			
		그렇다	이전과 비슷하다	그렇지 않다	모르겠다	그렇다	이전과 비슷하다	그렇지 않다	모르겠다
2000년	중졸 이하	76.2	10.1	3.7	8.0	63.6	14.7	8.8	12.9
	고졸	82.5	11.0	2.7	3.7	71.0	14.1	7.7	7.2
	대졸 이상	86.7	9.6	2.2	1.5	78.1	12.6	5.9	3.4
2007년	중졸 이하	68.2	17.1	7.5	7.2	47.3	25.2	15.3	12.2
	고졸	73.6	15.3	5.9	5.2	55.9	22.1	12.1	9.9
	대졸 이상	82.8	11.4	3.7	2.1	67.3	18.5	9.8	4.3

• 자료 : 2009학년도 대학수학능력시험 문제지 사회문화 3번

〈표 2〉 노후 준비 여부와 노부모 부양에 대한 견해

(단위 : 퍼센트)

	1994년				2002년			
	노후 준비 있음	노부모 부양에 대한 견해			노후 준비 있음	노부모 부양에 대한 견해		
		스스로	가족	국가		스스로	가족	국가
20대	36.8	8.6	88.5	2.9	45.9	9.0	66.5	24.5
30대	57.4	8.3	89.1	2.6	68.5	7.9	66.3	23.6
40대	58.2	11.1	86.3	2.6	71.0	7.5	74.0	18.5
50대	60.6	13.4	84.2	2.4	72.7	11.0	73.7	15.3
60세이상	40.5	10.7	86.1	3.2	51.0	13.6	74.8	11.6

• 자료 : 2009학년도 대학수학능력시험 문제지 사회문화 11번

먼저 표가 단순한 비율 분포를 나타내는 것인지, 비율의 증감을 나타내는 것인지 파악해야 한다. 일반적으로 단순한 비율 분포인 경우는

집단에 따라 제시된 비율의 칸에 있는 수치를 합하면 100퍼센트(종종 0.1~0.2 정도의 오차는 있다)가 된다. 그러면 그 집단을 중심으로 세부 항목의 비율을 읽으면 된다. 그렇다면 이런 표는 어떻게 읽어야 할까?

첫째, 모집단과 표본을 정확하게 이해하고 그 집단을 중심으로 표를 이해해야 한다. 제목에서 명확하게 제시하는 해당 집단이 무엇인지 파악해야 한다. 연령이나 학력, 또는 다른 특징이 기술되어 있을 때는 그것에 한정하여 집단을 이해할 수 있다.

예를 들어 〈표 1〉 제목에서 명시한 '인터넷 이용자'를 국민 전체나 컴퓨터 이용자 등으로 확장해서 읽어서는 안 된다. 〈표 2〉처럼 종종 표나 관련 설명에서 조사 대상이 모호하게 표현이 되어 있을 때가 있다. 이 경우는 집단별 '응답자'로 이해해야 한다. 〈표 2〉의 경우에는 제목에서 응답자가 명확하게 표기되어 있지 않으므로 '응답자는', '응답 비율은' 등으로 읽어야 한다.

둘째, 비율과 수를 구분해야 한다. 일반적으로 비율과 전체 응답자의 수를 기록하는 것이 좋은 표이지만, 그렇지 않은 경우가 많다. 따라서 그 수를 명확하게 파악할 수 없을 때에는 표를 읽을 때 비율을 수로 대체하여 이해하거나 비교해서는 안 된다.

〈표 1〉을 보면 '생활이 편리해졌다'에 대해 '이전과 비슷하다'고 답한 2007년도 중졸 이하 응답자의 비율은 17.1퍼센트, 고졸 응답자는 15.3퍼센트로 중졸 응답자의 응답 비율이 더 높다. 그러나 전체 응답자 수가 표시되지 않았기 때문에 '그렇다'고 대답한 중졸 이하 사람들이 고졸 집단 사람보다 많다고 읽는 것은 무리가 있다. 이 경우 중졸 이하 집단과 고졸 집단의 전체 응답자의 수가 얼마인지에 따라 달라지기 때문에 추론이 불가능하다.

반면 비율만 나와도 수를 비교할 수 있는 경우가 있다. 예를 들어 〈표 1〉에서 2007년 고졸 학력 집단 중 '사생활 침해가 늘었다'에 '그렇다'고 응답한 비율은 55.9퍼센트, '생활이 편리해졌다'에 '그렇다'고 응답한 비율은 73.6퍼센트이다. 이 조사는 동일한 응답자를 조사한 것이기에 표에 그 수가 나오지 않더라도 비율을 수로 대체하여 이해할 수 있다. 그래서 이때는 2007년 고졸 학력 집단 중 '사생활 침해가 늘었다'에 '그렇다'고 응답한 사람보다 '생활이 편리해졌다'에 '그렇다'고 응답한 사람의 수가 더 많다'고 읽어도 무리가 없다.

셋째, 제시된 응답 항목의 집단 간 비율을 더해서 읽어서는 안 된다. 이것도 응답자 수와 관련된 문제인데, 각 집단마다 응답한 사람의 수가 다르므로 비율을 합하면 문제가 발생한다. 다만 동일한 집단 내에는 응답 항목 간에 묶어서 표를 읽는 것은 가능하다.

예를 들어 〈표 2〉'노부모 부양에 대한 견해'에서 '스스로'라고 답한 20~30대의 비율은 두 항목의 비율을 합한 16.9퍼센트이다'라는 것은 틀린 진술이다. 20~30대를 합해 두 집단의 수를 고려하여 다시 비율을 내면 20~30대의 응답 비율은 8.3퍼센트와 8.6퍼센트 사이에 존재한다고 보는 것이 옳다.

그렇다면 이런 유의 사항을 바탕으로 좀더 꼼꼼하게 표를 살펴보자.

〈표 1〉의 경우, '연도', '학력', '정보화의 영향'이라는 세 가지 항목이 연관되어 있다. 그래서 매우 복잡한 표로 보이지만, 연도별 안에서 학력 수준에 따라 '생활이 편리해졌다'와 같은 항목 아래에 있는 가로 칸의 수치를 합하면 100이다. 가령 2007년 고졸 응답자 중 '생활이 편리해졌다'라는 항목에 '그렇다': 73.6, '이전과 비슷하다': 15.3, '그렇지 않다': 5.9, '모르겠다': 5.2를 더하면 100이 되는 것이다. 그러므로

이 표를 통해 연도별 및 학력 수준에 따라 인터넷을 이용하는 집단의 '편리한 생활'과 '사생활 침해'에 대한 인식 비율이 어느 정도 되는지를 읽을 수 있다.

그럼 〈표 1〉을 읽고 아래 예문 같이 문장을 직접 작성해 보자.

● 예문 ●

예문 1) '중졸 이하'의 인터넷 이용자 중에서 '생활이 편리해졌다'에 '그렇다'고 응답한 비율은 2000년에는 76.2퍼센트인데, 2007년에는 68.2퍼센트로 나타났다.

예문 2) 2007년에 인터넷 이용자 중에서 '사생활 침해가 늘었다'는 항목에 '그렇다'고 응답한 비율을 학력별로 보면 '중졸 이하'는 47.3, '고졸'은 55.9, '대졸 이상'은 67.3퍼센트로 나타났다. 즉 학력이 높을수록 사생활 침해가 늘었다고 인식한 비율이 높게 나타났다.

그런데 〈표 2〉는 〈표 1〉과 조금 다르다. 단순 비율 분포를 나타낸 경우의 표인데도 〈표 1〉처럼 칸의 수치를 다 더해도 100퍼센트가 되는지 파악하기 어려운 경우가 있기 때문이다. 이런 경우는 응답이 보통 '있다'와 '없다'로 나뉘어져 있는데 '있다'에만 표기한 응답자를 대상으로 정리한 것으로 보아야 한다. 역시 이 또한 비율 분포표로 보아야 한다. 〈표 2〉의 경우, '노후 준비 있음'이라는 항목만 표기되어 있는데, 이것은 '노후 준비 없음'이라는 답에 대한 비율을 제시하지 않은 것이다.

그러나 '노부모 부양에 대한 견해' 항목에서의 응답은 '스스로', '가족', '국가'라는 칸 아래 수치를 가로로 더하면 100퍼센트가 되니, 비율 분포표라고 볼 수 있다. 그렇다면 〈표 2〉를 보고 스스로 이해한 내용을 다음의 예문을 참고하여 써보자.

● **예문** ●

예문 1) 1994년에 노후 준비를 하는 20대의 비율은 36.8퍼센트이며, 노부모 부양을 '가족이 해야 한다'는 비율이 88.5, '스스로 해야 한다'는 비율이 8.6, '국가가 해야 한다'고 생각하는 비율이 2.9퍼센트이다.

예문 2) 노후 준비가 되어 있는지에 대하여 60세 이상의 응답자는 1994년의 경우 40.5퍼센트, 2002년에는 51.0퍼센트로 나타났다.

이와 달리 연도별로 증가 또는 감소하는 비율 변화 양상을 보여주는 비율 증감표는 어떻게 읽어야 할까? 〈표 3〉을 함께 살펴보자.

〈표 3〉에서 연도가 있는 세로줄을 더해보자. 어떤 경우라도 합계가 100퍼센트일 수 없다. 더구나 이 표는 매우 복잡해서 앞서 이해한 방식으로 살펴볼 경우 실수하기 쉽다. 그러니 몇 가지 방법을 더 익혀보자.

첫째, 이처럼 비율이 증가하거나 감소하는 표를 읽을 때는 전체 건수가 제시되지 않는 한 증감률을 가지고 전체 건수를 읽어서는 안 된다. 보통 증감률은 전년 대비 비율을 알리는 것(전년 대비가 아닌 경우에는 언제를 기준으로 했는지 표시되어 있으니 그것을 참고하면 된다)으로 지속적으로 증가하다가 한 해 비율이 감소할 경우일지라도 증감률이 마이너스로 표시되지 않는다면 전체 건수는 계속 증가하는 것이다.

〈표 3〉에 '외국인과의 혼인 증감률'에서 2004년의 증감률은 39.8퍼센트이지만, 2005년에는 22.3퍼센트이다. 이 의미는 2004년에는 전년도에 비해 38.5퍼센트가 더 증가했고, 2005년에는 2004년에 비해 22.3퍼센트가 증가했다는 것이다. 그러므로 비율은 줄었지만, 외국인과의 혼인 건수(2004년: 3만 4,640건, 2005년: 4만 2,356건)는 늘어났음을 표의

〈표 3〉 연도별 외국인과의 혼인 증감률 변화

연도	2000	2001	2002	2003	2004	2005	2006	2007	2008	2009
총 혼인 건수	332,090	318,407	304,877	302,503	308,598	314,304	330,634	343,559	327,715	309,759
외국인과의 혼인	11,605	14,523	15,202	24,776	34,640	42,356	38,759	37,560	36,204	33,300
총혼인 건수 대비 구성비	3.5	4.6	5.0	8.2	11.2	13.5	11.7	10.9	11.0	10.8
증감	1,782	2,918	679	9,574	9,864	7,716	-3,597	-1,199	-1,356	-2,904
증감률	18.1	25.1	4.7	63.0	39.8	22.3	-8.5	-3.1	-3.6	-8.0
한국남자+외국여자	6,945	9,684	10,698	18,751	25,105	30,719	29,665	28,580	28,163	25,142
증감률	29.3	39.4	10.5	75.3	33.9	22.4	-3.4	-3.7	-1.5	-10.7
한국여자+외국남자	4,660	4,839	4,504	6,025	9,535	11,637	9,094	8,980	8,041	8,158
증감률	4.6	3.8	-6.9	33.8	58.3	22.0	-21.9	-1.3	-10.5	1.5

• 자료 : 통계청(2010)

수치로도 확인할 수 있다.

둘째, 비율 증감표에서 마이너스 표시는 전년에 비해 수치가 줄어들었다는 것을 의미한다. 따라서 마이너스 증감률을 보이는 연도의 건수가 전년 이외의 이전년도의 건수를 비교하여 작다고 보아서는 안 된다. 〈표 3〉 중 '외국인과의 혼인 증감률'에서 2006년은 -8.5퍼센트, 2003년은 63.0퍼센트임을 확인할 수 있다. 그러나 '외국인과의 혼인' 건수를 보면 2006년은 3만 8,759건, 2003년은 2만 4,776건이다. 보통 건수가 표시되지 않고 증감률만 보이는 경우, 마이너스 증감률이라도 훨씬 이전년도와 비교하게 되면 해당 건수가 늘어났을 가능성이 있기 때문에 조심해야 한다.

셋째, 비율 증감표에서 마이너스 표시가 지속적으로 나오는 경우에는 처음 마이너스 표시가 나오는 해부터 해당 건수가 줄었음을 말한다. 〈표 3〉에서 '외국인과의 혼인 증감률'은 2006년부터 마이너스 비율로 표시되는데, 위의 '외국인과의 혼인' 건수를 보면 2006년에 3만 8,759건으로 전년에 비해 줄었고, 이후 지속적으로 감소하여 2009년에 3만 3,300건이 되었음을 알 수 있다.

넷째, 비율 증감표에서 전체 건수 혹은 대비하여 살펴볼 다른 증감률이 제시되어 있으면 증감률만으로도 해당 건수의 변화를 읽을 수 있다.

〈표 3〉에 '총 혼인 건수'와 '외국인과의 혼인 증감률'만 제시되었고, '총 혼인 건수 대비 외국인과의 혼인 구성비'는 제시돼 있지 않다고 가정하여 표를 읽어보자. 2002년과 2003년을 비교했을 때 2002년 총 혼인 건수는 30만 4,877건이고 외국인과의 혼인 증감률은 4.7퍼센트이다. 이에 반해 2003년 총 혼인 건수는 30만 2,503건이고 외국인과의 혼인 증감률은 63.0퍼센트이다.

2002년과 2003년을 비교하면 총 혼인 건수는 감소했지만, 외국인과의 혼인 증감률은 증가했기에 총 혼인 건수 중에서 외국인과의 혼인 건수가 차지하는 비율이 매우 증가했음을 추론할 수 있다. 실제 〈표 3〉을 보면 총 혼인 건수 대비 구성비에서도 2002년 5.0퍼센트에서, 2003년에는 8.2퍼센트로 증가했음을 알 수 있다. 이처럼 비교할 기준이 있는 경우에는 증감률이나 건수 등의 다양한 비교가 가능한 경우도 많기에 표에서 제시된 상황을 매우 꼼꼼하게 살펴보는 노력이 요구된다. 〈표 3〉의 내용은 매우 어렵지만 같이 한번 살펴보자.

● 예문 ●

예문 1) 연도별 외국인과의 혼인 건수를 보면 2006년을 기점으로 감소한다.

예문 2) 모든 연도에서 외국인과의 혼인에서 아내가 외국인인 혼인의 비율이 남편이 외국인인 혼인의 비율보다 더 높다.

사회적 삶의 의미 찾기

이때까지 우리는 많은 질문을 던지고 많은 답을 생각했다. 그러나 이 책을 다 읽을 때까지도 우리의 마음에는 여러 질문들이 남아 있다. 많은 학자들도 이런저런 관점, 이런저런 이론을 다양하게 내놓고 있을 뿐 정작 내가 원하는 답을 찾지 못했을 수 있다. 그래서 우리가 처음 시작하면서 던진 질문, '나는 왜 학원에 다니는가?'에 대한 사회학적 답을 여전히 찾지 못했을 수 있다.

그래도 한 가지, 단순히 그 문제를 나의 개인적인 혹은 심리적인 문제로만 한정지어 생각해서는 안 된다는 점을 알게 되었다. 우리는 앞으로 살아가면서 무수히 많은 질문을 만나게 될 것이다. '왜 나는 대학에 갔는가(혹은 가지 않았는가)?', '왜 나는 자녀를 한 명만 낳았는가 (혹은 자녀 없이 살기로 했는가)?', '왜 나는 이 직업으로 일하고 있는가?', '왜 노후를 위해 연금을 들어야 하는가?'와 같은 질문들을.

이런 질문에 대한 답을 위해서는 다시 사회학적 상상력을 발휘해야 한다. 그 이유는 내가 사회적 존재이고, 나의 선택과 행위는 나의 삶뿐만 아니라 내가 살아가는 다른 사회 구성원들에게도 영향을 미치기 때문이다. 그런 점에서 이 책에서 던진 질문과 답이 도움이 될 것이다.

이 책에서 질문을 던지고 답을 쓰면서 나 또한 여러 가지 책에서 도움을 받았다. 대표적으로 언급하면 다음과 같은 책들이다.

- 앤서니 기든스(2009).『현대 사회학』(5판, 김미숙 외 역).
- 한국산업사회학회(2004).『사회학』.
- 권태환 외(2009).『사회학의 이해』.

이 책들은 사회학 기본 서적들로 이 책에서 답한 내용보다 훨씬 더 엄밀하고 폭넓은 답변을 제시할 자료와, 또 다른 질문들을 제공해 준다. 그러니 이제 책을 덮으면서 사회학에 대하여 좀더 진지하게 알아가려면 위에 소개한 책을 하나 잡아서 읽어보면 된다.

그래서 나와 우리가 살아가는 이 사회에 대하여 좀더 과학적으로 생각해 보고, 반성적으로 성찰해 보자. 그리고 앞으로 나의 선택과 행동을 어떻게 할지 생각하면서, 그리고 살아가자.

1 한국산업사회학회 역(2004).『사회학』, pp 75-77.

2 http://www.copanea.com/167 : 클래식 스타일 대 재즈 스타일.

3 정문성(2000).『협동학습의 이해와 실천』, 서울 : 교육과학사.

4 윤종상 외(2008).『Vitamin Reading 도약』, 서울 : 두산동아.

5 한덕웅 외(2007).『사회심리학』, 서울 : 학지사, pp 394-397.

6 레비스트로스(1998).『슬픈열대』(박옥줄 역), 서울 : 한길사.

7 S. Hall(1982). The discovery of 'ideology' : Return of the repressed in media studies. In Michael Gurevitch et al.(Eds.),『Culture, society and the media』(pp 56-90), London : Methuen.

8 김이선 외(2007).『다민족·다문화사회로의 이행을 위한 정책 패러다임 구축(Ⅰ): 한국 사회의 수용 현실과 정책과제』, 서울 : 여성정책연구원.

9 박경태(2008).『소수자와 한국사회』, 서울 : 후마니타스, p 13. 박경태는 사회적 약자와 소수자에 대하여 집단 구분을 다르게 하여 설명하지만, 여기서는 사회적 약자와 소수자를 같이 보고자 하며 그의 소수자에 대한 설명을 활용하고 이해하고자 한다.

10 Dworkin and Dworkin(1999: 17-24), 윤인진(2000). "한국 사회의 배타성: 소수 차별의 메카니즘",『사회비평』, 25, pp 24-36에서 재인용.

11 이후의 내용은 구정화(2009).『퍼센트 경제학』, 서울 : 해냄출판사, pp 392-399와 일치하는 부분이 있음.

12 교육인적자원부에서 개발한『부모의 양성평등 교육 프로그램 개발』에 나오는 사례.

13 구정화(2009).『퍼센트 경제학』, 서울 : 해냄출판사, pp 79-86.

14 이후 서술 내용은 구정화(2009).『퍼센트 경제학』과 일부 겹침.

15 강수택(1998).『일상생활의 패러다임』, 서울 : 민음사.

16 필립 짐바르도(2007).『루시퍼 이펙트』(이충오, 임지원 역), 서울 : 웅진지식하우스.

17 홍두승, 권태환, 설동훈(2008).『사회학의 이해』, 서울 : 다산출판사.

청소년을 위한 사회학 에세이

초판 1쇄 2011년 9월 26일
초판 32쇄 2026년 1월 25일

지은이 | 구정화
펴낸이 | 송영석

편집장 | 박신애
기획편집 | 최예은 · 이나연
디자인 | 박윤정 · 유보람
마케팅 | 김유종 · 한승민
관리 | 송우석 · 전지연 · 채경민

펴낸곳 | (株)해냄출판사
등록번호 | 제10−229호
등록일자 | 1988년 5월 11일(설립일자 | 1983년 6월 24일)

04042 서울시 마포구 잔다리로 30 해냄빌딩 5·6층
대표전화 | 326−1600 **팩스** | 326−1624
홈페이지 | www.hainaim.com

ISBN 978−89−6574−321−7